ein Ullstein Buch

Ullstein Buch Nr. 3246
im Verlag Ullstein GmbH,
Frankfurt/M – Berlin – Wien

Originalausgabe

Umschlagentwurf:
Kurt Weidemann

Printed in Germany 1976
Gesamtherstellung:
Ebner, Ulm
ISBN 3 548 13246 4

Lutz von Werder

Erziehung und gesellschaftlicher Fortschritt

Einführung in eine soziologische Erziehungswissenschaft

ein Ullstein Buch

Inhalt

»Die Besitzenden verfügten über das Bildungsmonopol auch in einer Gesellschaft formal gleicher; die Entmenschlichung durch den kapitalistischen Produktionsprozeß verweigerte den Arbeitenden alle Voraussetzungen zur Bildung, vorab Muße. Versuche zur pädagogischen Abhilfe mißrieten zur Karikatur. Alle sogenannte Volksbildung – mittlerweile ist man hellhörig genug, das Wort zu umgehen – krankte an dem Wahn, den gesellschaftlich diktierten Ausschluß des Proletariats von der Bildung durch die bloße Bildung revozieren zu können.«

Theodor W. Adorno

»Zeigt die Geschichte der Bildung auch eine stete Antizipation der endgültigen Versöhnung des Menschen mit sich selbst, so ist sie zugleich Geschichte eines größeren Schmerzes, den das Bewußtsein durchläßt, die Geschichte einer Verfolgung. Das Interesse der Mächtigen verbündet sich den dumpfen Haß auf den Geist, der Angst vor den Messern, die die geschlossene Muschel durchbohren. Die Blutspur endet nicht.«

H. J. Heydorn

Vorwort

Seit der Auflösung der geisteswissenschaftlichen Pädagogik unterwirft sich die Erziehungstheorie mehr und mehr einem »technologischen Erkenntnisinteresse«[1]. Das Vordringen der positivistischen Erziehungstheorie von W. Brezinka[2] u. a., sowie die wachsende Bedeutung der Vertreter einer technologischen Pädagogik wie H. Frank, F. v. Cube u. a. sind ein Indiz dafür, daß die Erziehungsprozesse mehr und mehr auf der Basis »des Paradigmas vom zweckrationalen und erfolgskontrollierten Handeln« verstanden werden[3].

Die technologische Wende in der Erziehungswissenschaft, die mit der Übertragung der in der Naturwissenschaft entwickelten positivistischen Forschungsmethodik auf die Erziehung einhergeht, droht die »qualitative Andersartigkeit pädagogischer Probleme«[4] zu verschütten. Die technologische und positivistische Erziehungswissenschaft unterstellt quasi natürliche Verhältnisse in der Erziehung. Sie blendet die gesellschaftlichen Bedingungen der Erziehung aus der Erziehungstheorie aus, weil diese gesellschaftlichen Zusammenhänge nicht in das Verfahren »experimenteller Überprüfung realwissenschaftlicher Theorie« einzubringen sind[5]. Erziehung als »gesellschaftliches Phänomen und entsprechend eigener Forschungsgegenstand« gerät mehr oder weniger aus dem Blickfeld[6].

Das zentrale Problem des Verhältnisses von Erziehung und gesellschaftlichem Fortschritt wird von der herrschenden Erziehungswissenschaft »schlicht in den Zusammenhang geschichtsphilosophischer Spekulationen abgeschoben«[7].

---

1 D. Ulich (Hrsg.): Theorie und Methode der Erziehungswissenschaft, Weinheim 1972, S. 47; F. Huisken: Zur Kritik bürgerlicher Didaktik und Bildungsökonomie, München 1972, S. 334.

2 W. Brezinka: Von der Pädagogik zur Erziehungswissenschaft, Weinheim 1971.

3 E. Becker, G. Jungblut: Strategien der Bildungsproduktion, Frankfurt 1972, S. 14.

4 K. G. Zenke: Pädagogik – kritische Instanz der Bildungspolitik? München 1972, S. 191.

5 K. G. Zenke, a. a. O., S. 191.

6 H. J. Gamm: Einführung in das Studium der Erziehungswissenschaft, München 1974, S. 101.

7 K. G. Zenke, a. a. O., S. 192.

Die geschichtliche Dimension wie die Funktion der Erziehung für den Fortschritt der Gesellschaft werden hier dem erziehungswissenschaftlichen Denken ausgetrieben.

Diese Entwicklung wurde von seiten einer emanzipatorischen Erziehung kritisiert. Für die emanzipatorische Erziehung muß eine Erziehung, die ihrem Wesen gerecht werden will, nicht nur auf die Herausbildung mündiger Menschen ausgerichtet sein. Sie muß zugleich auf den Fortschritt der Gesellschaft in der Weise einwirken, daß durch Demokratisierung der bestehenden Gesellschaft die sozialen Bedingungen von mehr Mündigkeit entwickelt werden.

Die Vorstellung der emanzipatorischen Erziehung über den Zusammenhang von Erziehung und gesellschaftlichem Fortschritt wandelte sich. Zuerst wurde von der Erziehung emanzipierter Individuen recht abstrakt die »zielgerichtete Veränderung der Gesellschaft im Sinne zunehmender Demokratisierung«[8] erwartet.

Später wurden von den Vertretern emanzipatorischer Erziehung die Zusammenhänge zwischen Erziehung und gesellschaftlichem Fortschritt konkretisiert. Nur die Erziehung sollte zum gesellschaftlichen Fortschritt beitragen, die sich auf eine »Aufhebung der Klassengesellschaft« orientierte[9] und deshalb die »Ermächtigung (der Individuen) über sich selbst auch auf dem Bereich der materiellen Produktion auszudehnen« suchte[10].

2.

Allerdings ist die emanzipatorische Erziehungswissenschaft heute von rechts und links schärfster Kritik unterworfen. Von rechts wird behauptet, die emanzipatorische Erziehungswissenschaft stelle einen »Angriff auf die Legitimität unserer Lebensordnung«[11] dar. Sie unterstütze die »geistige Vorbereitung eines totalitären,

---

8 H. Giesecke: Die Jugendarbeit, München 1971, S. 147; ähnlich W. Klafki u. a.: Erziehungswissenschaft, Frankfurt/M., 1971, Bd. 3, S. 265, K. Mollenhauer: Erziehung und Emanzipation, München 1968, S. 67, K. Mollenhauer: Theorien zum Erziehungsprozeß, München 1972, S. 68;
K. H. Schäfer, K. Schaller: Kritische Erziehungswissenschaft und kommunikative Didaktik, Heidelberg 1971, S. 9.

9 H. J. Heydorn: Zu einer Neufassung des Bildungsbegriffs, Frankfurt/M. 1972, S. 121.

10 H. J. Gamm: Einführung . . ., a. a. O., S. 120.

11 H. Bath: Emanzipation als Erziehungsziel, Bad Heilbrunn 1974, S. 147.

sozialistischen Gesinnungsstaates«[12]. Sie betreibe die »Entmündigung im Namen von Emanzipation«[13]. Die »ganze Gesellschaft und nicht nur die Erzieher« werden zum Widerstand gegen die emanzipatorische Erziehungswissenschaft aufgerufen[14].

Von links wird der emanzipatorischen Erziehungswissenschaft unterstellt, sie reproduziere die »Ideologie des Kleineigentümers«[15]. Von ihr wird behauptet, daß sie nur »Diener der Reaktion«[16] sei. Jede Wissenschaftlichkeit wird ihr abgesprochen, weil es ihr »offensichtlich an letzter Klarheit über die eigene ideologisch-politische Position« mangeln soll[17].

Angesichts dieser massiven Kritik, die die Existenz der emanzipatorischen Erziehungswissenschaft durchaus in Frage stellt, wäre die Resignation und innere Emigration der Vertreter der emanzipatorischen Erziehungswissenschaft nicht überraschend. Um dieser Kritik zu widerstehen, und um weiter für den gesellschaftlichen Fortschritt wirksam Partei ergreifen zu können, muß sich eine fortschrittliche Erziehungswissenschaft gründlichere Kenntnisse der Gesellschaftswissenschaft aneignen als es bei der emanzipatorischen Erziehungswissenschaft der Fall war. Fortschrittliche Erziehungswissenschaft muß sich nach dem Scheitern der Bildungsreformen und angesichts massiver politischer Angriffe als soziologische Erziehungswissenschaft entwerfen. Sie muß sich das Programm einer systematischen pädagogischen Gesellschaftstheorie geben. Dieses Programm hat folgende Aspekte:

Soziologische Erziehungswissenschaft analysiert auf der Basis einer gründlichen Gesellschaftstheorie die Bedingungen der Entstehung fortschrittlicher Erziehungswissenschaft. Sie bemüht sich um die Klärung der Bedingungen, unter denen Erziehungswissenschaft wirklich einen Beitrag zum Fortschritt der Gesellschaft leisten

---

12 W. Brezinka: Erziehung und Kulturrevolution, München 1974, S. 224.
13 H. Bath, a. a. O., S. 37.
14 W. Brezinka: Die Pädagogik der neuen Linken, Stuttgart 1973, S. 63.
15 H. G. Hoffmann: Der Antikommunismus in den bürgerlich-reformistischen und anarchistischen pädagogischen Lehren der Gegenwart. In: Pädagogik, 29. Jg., 1974, Nr. 7, S. 672.
16 G. Sielski: Auseinandersetzung mit kleinbürgerlich-revolutionaristischen Erziehungsauffassungen der »Neuen Linken«. In: Pädagogik, 27. Jg., 1972, Nr. 11, S. 1054.
17 F. Hofmann: Zur Situation der pädagogischen Wissenschaft in der BRD. In: Pädagogik, 28. Jg., 1973, Nr. 3, S. 279.

kann. Soziologische Erziehungswissenschaft geht von der verdeckten Realität der Klassengesellschaft aus, die sich auch durch Erziehung so lange reproduziert, bis entschiedene Gesellschafts- und Erziehungsreformen zusammenfallen. Sie untersucht deshalb die Ansatzpunkte der Weckung von gesellschaftlichen Reforminitiativen an der Massenbasis, die sich nicht nur auf den Bereich des Erziehungssystems beziehen. Sie gründet sich auf der wissenschaftlichen Einsicht, daß Arbeiterschaft und Intelligenz von den gesellschaftlichen Verhältnissen unter bestimmten Umständen zu gründlichen Reformen auch im Bereich der Erziehung gezwungen werden. Sie weiß, daß das Reformpotential besonders der Arbeiter durch gesellschaftlich hergestellte Bildungsabstinenz[18] am Handeln gehindert wird. Soziologische Erziehungswissenschaft versucht deshalb die Gesetze zu erforschen, die Arbeiter und Intellektuelle zwingen, an die Veränderung der Erziehung zu gehen. Sie forscht nach den Gründen, warum Arbeiter und Intellektuelle Schwierigkeiten haben, sich der Unterordnung unter affirmative Bildungspolitik und Erziehung zu entziehen, auch wenn sie in Fragen der Wirtschafts- und Sozialpolitik schon die Notwendigkeit von fortschrittlichen Reformen erkannt haben. Sie untersucht die Bedingungen, unter denen sich die herrschende technokratische Erziehungswissenschaft als Herrschaftswissenschaft entlarven muß und der Prozeß der Verwissenschaftlichung der Erziehungstheorie und -praxis wieder in Gang kommt. Sie deckt die Verdrängung der wirklichen gesellschaftlichen Triebkräfte bei der Entwicklung des Ausbildungssektors in den herrschenden Konzeptionen der pädagogischen Anthropologie, der Soziologie der Erziehung und der Geschichte der Erziehung auf. Sie untersucht, wieweit die Arbeiterjugend und Arbeiterkinder in den Prozeß der fortschrittlichen Reform der Erziehung integriert werden. Sie prüft, wieweit gewerkschaftliche und parteiliche Selbsthilfeorganisationen der Arbeiter und der Arbeiterjugend ein Stück Reform der Erziehung aus eigener Kraft leisten können. Sie erforscht die wirkliche Geschichte der Entwicklung des Erziehungssystems der Gesellschaft als Geschichte eines dauernden Gesellschaftskonflikts. Sie greift

18 Vgl. S. Grimm: Die Bildungsabstinenz der Arbeiter, München 1966; C. Labonté: Industriearbeiter und Weiterbildung, Stuttgart 1973; G. Lehnhardt: Berufliche Weiterbildung und Arbeitsteilung in der Industrieproduktion, Frankfurt 1974.

dabei auf verdrängte fortschrittliche Quellen dieses Gesellschaftskonflikts zurück. Soziologische Erziehungswissenschaft ist schließlich an Hilfsdiensten für die Verwissenschaftlichung der Bildungspolitik und Erziehung fortschrittlicher Kräfte in der Bundesrepublik orientiert. Sie will an der Grundlegung einer wissenschaftlichen Bildungsreformstrategie und -taktik mitarbeiten und die Bedingungen der Veränderung von Produktion und Erziehung klären. Da aber die Reform der Erziehung weder allein von außerschulischen Kräften noch allein von innerschulischen Kräften geleistet werden kann, muß soziologische Erziehungswissenschaft neben der Unterstützung des außerschulischen Fortschritts auch den Fortschritt im Ausbildungssektor fördern, wie er durch das berufliche Handeln von pädagogischer Intelligenz möglich ist. Sie muß zur Verwissenschaftlichung der Ausbildungs- und Berufspraxis der pädagogischen Intelligenz beitragen[19]. Sie muß die soziologische Kritik der herrschenden Erziehungswissenschaften fortführen und aufzeigen, wieweit die berufliche Sozialisation der pädagogischen Intelligenz ein falsches Bewußtsein von ihrer Berufspraxis erzeugt. Nur so kann sie helfen, der »Regression der Lehrereinstellungen beim Übergang vom Studium zur Berufspraxis« entgegenzuwirken[20].

Um angesichts enger politischer Grenzen der Arbeit in staatlichen Erziehungsinstanzen[21] die pädagogische Intelligenz nicht weiter in Resignation verfallen zu lassen, muß soziologische Erziehungswissenschaft über die Bedingungen der Mitarbeit von pädagogischer Intelligenz in den pädagogischen Selbsthilfeorganisationen der Arbeiterklasse aufklären. Sie muß für die pädagogische Intelligenz Wissen erarbeiten, welches ihr bei der Arbeit mit erwachsenen Arbeitern, Arbeiterjugendlichen und Arbeiterkindern nützen kann.

---

19 Zu ersten Versuchen in dieser Richtung vgl. L. v. Werder: Sozialisation für Pädagogen. In: Päd extra 1974, Nr. 24, L. v. Werder: Vier Aspekte eines sozialwissenschaftlichen Grundstudiums für Pädagogen. In: Päd extra 1975, Nr. 5; L. v. Werder: Familiäre Sozialisation. Ein Grundkurs. In: Recht der Jugend und des Bildungswesens 1975, Heft 8.

20 A. Combe: Zur Arbeitssituation des Lehrers. München 1975, S. 115. Zum Probleme der Regression des Lehrers beim Übergang vom Studium zur Berufspraxis vgl. auch: D. Hänsel: Die Anpassung des Lehrers. Weinheim 1975; J. J. Koch: Lehrer, Studium, Beruf. Ulm 1972.

21 Vgl. Zu den Grenzen der Arbeit der pädagogischen Intelligenz E. Frister (Hrsg.): Wie links dürfen Lehrer sein? Reinbek 1972; H. Bethge, E. Roßmann: Der Kampf gegen das Berufsverbot, Köln 1973.

Die soziologische Erziehungswissenschaft verbreitet nicht den Glauben, daß die im Erziehungsprozeß durchschlagende gesellschaftliche Irrationalität mit pädagogischen Mitteln wegrationalisiert oder aufgehoben werden kann. Sie versucht, über den wirklichen Zusammenhang von Erziehung und gesellschaftlichem Fortschritt aufzuklären und darauf hinzuwirken, daß Erziehung dem Fortschritt der Gesellschaft nützen kann.

3.

Zur Zeit der Herrschaft der geisteswissenschaftlichen Erziehungswissenschaft, als man von einem gesicherten Stand kanonisierten pädagogischen Wissens ausging, warf eine Einführung in die Erziehungswissenschaft kaum Probleme auf. Die scheinbar gesicherten Ergebnisse der traditionellen Aspekte der Erziehungswissenschaft: das pädagogische Verhältnis samt Erzieherpersönlichkeit und Zöglingstypologie, die Erziehungsinstitution, die Inhalte, Methoden, Erziehungsmittel und Erziehungsziele einschließlich Forschungsmethoden und Forschungsschulen galten in ihrer systematischen Darstellung zugleich als Einführung[22]. Der Student hatte nur den vorgegebenen gesicherten Forschungsergebnissen zu folgen, um in die Wissenschaft eingeführt zu werden.

Heute wird eine Einführung in Erziehungswissenschaft zum Problem. Das hat folgende Gründe:

1. Die politische Disziplinierung fortschrittlicher Erziehungswissenschaftler und die Diffamierung ihrer Arbeit durch die positivistische Erziehungswissenschaft behindern die Ausarbeitung einer gründlichen Erziehungswissenschaft, die sich als Gesellschaftswissenschaft verstehen kann[23].
2. Die Berufspraxisanforderungen für Pädagogen, an denen sich

---

22 Vgl. etwa die Beiträge H. Röhrs: Allgemeine Erziehungswissenschaft, Weinheim 1969; M. J. Langeveld: Einführung in die Pädagogik, Stuttgart 1969.
23 Die Situation der »tiefgreifenden Um- und Neuorientierung« der heutigen Erziehungswissenschaft charakterisiert W. Klafki u. a. durch den Hinweis, daß es »heute kein anerkanntes theoretisches System« der Erziehungswissenschaft gebe. (W. Klafki u. a.: Erziehungswissenschaft ..., a. a. O., Bd. 1, S. 28); H. Giesecke ergänzt: »Nicht einmal darüber, ob Pädagogik überhaupt eine Wissenschaft ist, besteht Einigkeit.« (H. Giesecke: Einführung in die Pädagogik, München 1969, S. 10, ähnlich H. Giesecke: Anleitung zum pädagogischen Studium, München 1974, S. 34).

eine Einführung orientieren muß, sind noch weitgehend ungeklärt.

3. Die bloße autoritäre Rezeption vorliegender Forschungsresultate durch die Studenten kann heute angesichts emanzipatorischer Ansprüche kaum den Anforderungen einer Einführung genügen.
4. Die systematische Analyse universitären Lernens von Sozialwissenschaft ist für Pädagogen bisher kaum entfaltet worden[24].

Diese problematische Situation, in der sich jeder befindet, der in die Erziehungswissenschaft einführen will, wird damit zu lösen versucht, daß auf eine systematische Form der Einführung in die Erziehungswissenschaft verzichtet wird. So versucht H. Giesecke die Studenten dadurch in die Erziehungswissenschaft einzuführen, daß er »die wichtigsten Probleme der gegenwärtigen Pädagogik in einer zweckmäßigen Reihenfolge« vorstellt[25]. Ähnlich verfahren W. Klafki u. a. Sie versuchen in ihrer Einführung in die Erziehungswissenschaft, »allgemeine Fragestellungen, die die moderne Erziehungswissenschaft verfolgt, zu verdeutlichen«[26]. H. J. Gamm schließt sich ihnen an. Seine Einführung soll solche Probleme vergegenwärtigen, »mit denen es die Erziehungswissenschaft vornehmlich zu tun hat«[27]. Nicht nur in ihrem unsystematischen Charakter unterscheiden sich die heutigen Einführungen in die Erziehungswissenschaft von früheren, sondern auch in ihrer Funktion. Sollten die geisteswissenschaftlichen Einführungen zur affirmativen Betrachtung der Erziehung anleiten, so versuchen die neueren fortschrittlichen Einführungen, die Studenten über die Notwendigkeit des Fortschritts der Erziehung und der Gesellschaft aufzuklären. Sie konzentrieren sich deshalb auf die Analyse und

24 Dort, wo die Notwendigkeit eines sozialwissenschaftlichen Studienanteils innerhalb der Ausbildung von Lehrern und Erziehern begriffen wurde, beschränkte man sich auf die unreflektierte und autoritäre Vorgabe plausibler Seiten einer Soziologie der Erziehung. Das Problem des wissenschaftlichen Lernens soziologischen Denkens durch Pädagogen wurde unterschlagen und ging in die Darstellung des Stoffes überhaupt nicht ein. Vgl. etwa die Beiträge J. Girschner-Woldt u. a.: Soziologie für Pädagogen, Stuttgart 1973; J. Beck u. a.: Erziehung in der Klassengesellschaft, München 1970; K. Brede u. a.: Soziologie für die Schule, Freiburg, 1973.

25 H. Giesecke: Einführung . . ., a. a. O., S. 14.

26 W. Klafki u. a.: Erziehungswissenschaft . . ., a. a. O., S. 34.

27 H. J. Gamm: Einführung . . ., a. a. O., S. 16.

Kritik autoritärer Erzieher-Zöglings-Verhältnisse[28] und führen in den Zusammenhang von Autoritätsabbau in der pädagogischen Interaktion und der Demokratisierung der Gesellschaft ein[29]. Durchgängig versuchen die fortschrittlichen Einführungen den Studenten den Schein der gesellschaftlichen Autonomie der Erziehung zu lüften, den die alten Einführungen munter befestigten.

So sollen in den fortschrittlichen Einführungen die Studenten darüber aufgeklärt werden, daß man mit den Begriffen »Macht und Herrschaft« die erzieherischen Prozesse tiefer analysieren kann, als wenn man »das pädagogische Geschehen unter dem Denkmodell von Eigenständigkeit faßt«[30]. Die fortschrittlichen Einführungen wollen den Studenten nicht zur blinden Rezeption verdinglichten Wissens, sondern zum »kritischen Nachdenken«[31] und zu »produktiver Reflexion«[32] führen.

Wenn die vorliegende Einführung auch mit den progressiven Einführungen im Hinblick auf ihren nicht-systematischen Charakter und ihre kritische Funktion übereinstimmt, so unterscheidet sie sich hinsichtlich der Auswahl und Sicht der Grundprobleme, die heute für die Erziehungswissenschaft und damit für die Studenten aktuell sind. Die vorliegende Einführung ist nicht so sehr an den Inhalten der emanzipatorischen Erziehungswissenschaft orientiert, sie versucht vielmehr, in die wichtigsten programmatischen Probleme der soziologischen Erziehungswissenschaft einzuführen. Sie will nicht nur den Schein pädagogischer Autonomie auflösen, sondern auch zeigen, daß Erziehung unter bestimmten sozialen Machtverhältnissen zum Fortschritt der Gesellschaft beitragen kann. Sie will außerdem verdeutlichen, daß die Vermittlung eines gesellschaftlichen Bewußtseins an die größten Teile der Jugend, das deren sozialer Lage auch angemessen ist, der wesentlichste Beitrag der Erziehung zum gesellschaftlichen Fortschritt sein kann.

Diese Einführung geht davon aus, daß jeder junge Pädagogik-Student meist in der Auseinandersetzung mit Verhaltenskonflikten

---

28 Vgl. z. B. K. Mollenhauer: Theorien zum Erziehungsprozeß . . ., a. a. O., S. 15 ff., 68 ff.

29 H. Giesecke: Einführung . . ., a. a. O., bes. S. 92 ff.

30 H. J. Gamm: Einführung . . ., a. a. O., S. 13.

31 H. Giesecke: Einführung . . ., a. a. O., S. 14.

32 K. Mollenhauer u. a.: Die Familienerziehung, München 1975, S. 9.

in Schule und Familie und durch Aneignung der herrschenden Ideologie beim Studienbeginn schon über eine unreflektierte Gesellschaftstheorie verfügt. Diese Gesellschaftstheorie, die meist Gesellschaft als den schlichten Zusammenhang aller Individuen vorstellt, hat Konsequenzen für die Betrachtung auch von Erziehung. Erziehung erscheint im Rahmen dieser individualistischen Gesellschaftstheorie unreflektiert zumeist als der Prozeß der Ausbildung individueller Lebenskompetenz. Der Erfolg der Erziehung bei der Aneignung von Lebenskompetenz wird dabei weitgehend vom individuellen Einsatz und Leistungswillen abhängig gesehen. Diese Einführung will zur Aufhebung dieser unreflektierten Vorstellung beitragen. Sie soll den Studenten bei der Reorganisation und wissenschaftlichen Fundierung ihrer Ansichten vom Verhältnis von Erziehung und Gesellschaft Orientierungshilfen geben. Sie will die individualistische Gesellschaftstheorie der Studenten der Anfangssemester verunsichern und sie zur Ausbildung soziologischer Phantasie schon bei Beginn des Studiums motivieren[33].

Die vorliegende Einführung in die soziologische Erziehungswissenschaft geht deshalb von einer Diskussion aktueller Grundfragen des soziologischen Denkens über Erziehung aus. Sie zielt darauf ab, durch die Erschließung neuer Fragen und durch Vermittlungs kritischer Begriffe bei den Studenten im Anfangssemester auch die Motivation und Kompetenz für ein systematisches sozialwissenschaftliches Grundstudium der Erziehung zu legen.

Diese Einführung zerfällt in folgende drei Teile:

1. Die Abschnitte 1 – 5 stellen aktuelle Probleme der Vergesellschaftung und Verwissenschaftlichung der Erziehung dar.
2. Die Abschnitte 6 – 9 diskutieren die Grundprobleme einer Erziehung zur Gesellschaftsveränderung.

---

33 Die näheren Bedingungen des heutigen Grundstudiums in der Massenuniversität mit ihren Konsequenzen für die Desorientierung und Verelendung der Studenten bilden zwar den Hintergrund dieser Einführung. Sie werden in dieser Einführung aber selbst nicht thematisiert. Deshalb sei hier auf folgende Beiträge verwiesen: H. Giesecke: Anleitung zum pädagogischen Studium, a. a. O., S. 11; J. Matthes: Einführung in das Studium der Soziologie, Reinbek 1973, bes. S. 74 ff.; G. Steindorf: Pädagogikstudium. Planung und Gestaltung. Bad Heilbrunn 1975, bes. S. 71 ff.; P. Beck: Zwischen Identität und Entfremdung. Die Hochschule als Ort gestörter Kommunikation. Frankfurt 1975. Die internationale Forschung zur Entwicklung der Massenuniversität belegt: W. Nitsch: Die soziale Dynamik akademischer Institutionen. Weinheim 1973.

3. Der Abschnitt 10 stellt den Versuch dar auf der Basis dieser Einführung, Perspektiven eines systematischen Grundstudiums der soziologischen Erziehungswissenschaft zu entwerfen.

Anregung zur Abfassung der Einführung erhielt ich durch Lehrveranstaltungen zur Einführung in das Grundstudium von Pädagogen und Soziologen an der Universität Bremen und der Freien Universität Berlin. Für die Unterstützung bei der Arbeit an dieser Einführung habe ich deshalb den Berliner und Bremer Studenten und Kollegen zu danken. Für die Erstellung des Registers danke ich Sibylle v. Heinitz.

Berlin, den 1. Januar 1976

Lutz von Werder

1. Kann Erziehung einen Beitrag zum gesellschaftlichen Fortschritt leisten?

Die bürgerliche Gesellschaft legt nicht nur die Grundlagen für die Herausbildung eines gesellschaftlichen Erziehungssystems, sie erfordert zur Steuerung der Entwicklung dieses Erziehungssystems auch eine Theorie des Verhältnisses von Erziehungssystem und Gesellschaft. Die Entwicklung dieser Theorie, die als Soziologie der Erziehung sich etabliert, ist, wenn sie nicht spekulativ vorgehen will, von Anfang an von der Entwicklung des Erziehungssystems, d. h. von dem Prozeß der Vergesellschaftung der Erziehung, abhängig. Nur so ist zu erklären, daß durch die Geschichte der Soziologie der Erziehung z. B. ein ständiger Streit geht, ob die Erziehung wirklich einen Beitrag zum gesellschaftlichen Fortschritt leisten kann. Dieser Streit dauert an.

Diese Auseinandersetzung ist offenbar dadurch zu erklären, daß die Soziologie der Erziehung bisher in ihren Aussagen von der zyklischen Entwicklung des Vergesellschaftungsprozesses der Erziehung abhängig war. In Phasen zügiger Reformen des Erziehungssystems behauptete sie einen Beitrag der Erziehung zum gesellschaftlichen Fortschritt, um in gesellschaftlichen Phasen der Stagnation oder des Zerfalls des Erziehungssystems diesen Beitrag strikt zu bestreiten.

Eine Soziologie der Erziehung, die heute die fortschrittliche Funktion des Erziehungssystems begründen will, muß sich nicht nur mit dem Streit um die Funktion der Erziehung auseinandersetzen, sondern sie sollte auch die historische Determinierung von erziehungssoziologischen Positionen reflektieren, um nicht blinder Ausdruck des gerade aktuellen Aufschwungs oder Niederganges des Vergesellschaftungsprozesses der Erziehung zu werden. Werfen wir deshalb einen Blick auf die Geschichte sowohl der Soziologie der Erziehung, die die fortschrittliche Funktion der Erziehung behauptet, wie auch der Theorien, die diese Funktion bestreiten.

1. Erziehung ist der Motor gesellschaftlichen Fortschritts

Als programmatische Hoffnung wurde diese These zuerst von der frühbürgerlichen Aufklärung formuliert[1], als es darum ging, gegen die private Standeserziehung der feudalen Gesellschaft die öffentliche, allgemeine Erziehung durchzusetzen. So schätzte Schleiermacher die Bedeutung der Erziehung hoch ein: »Es beruht«, schreibt er, »alle wesentliche Förderung des ganzen menschlichen Lebens auf der Erziehung«[2]. Ähnlich dachte auch J. G. Fichte, der durch Erziehung die »Umgestaltung des gesamten Menschengeschlechts« erreichen wollte[3].

Diese positive Einschätzung der Erziehung verschwindet mit der Durchsetzung der bürgerlichen Gesellschaft und einer langen Stagnation des Erziehungssystems in Deutschland. Erst im Umkreis der Erziehungsreform der Weimarer Republik[4] wird von S. Kaverau[5], L. F. Tesar[6], P. Oestreich[7] und F. Karsen[8] »Erziehung als Mittel der Verwirklichung einer neuen Gesellschaft«[9] wieder propagiert.

Zu einer neuen Entfaltung der These von der fortschrittlichen Funktion der Erziehung kommt es aber erst, als man nach 1966 in der BRD daranging, das Erziehungssystem zu reformieren. Jetzt wird vom autoritätsfreien Lehrer-Schüler-Verhältnis und von einer Erziehungstheorie, die sich der realen Utopie verpflichtet, erwartet, daß sie die Ansätze sichtbar machen kann, »wo der Hebel der Veränderung der Gesellschaft anzusetzen ist«[10]. Der Erziehung

---

1 Zum gesellschaftlichen Hintergrund dieser Epoche vgl. B. Voigt: Bildungspolitik und politische Erziehung in den Klassenkämpfen, Frankfurt 1973, S. 51 ff. H. Titze: Die Politisierung der Erziehung, Frankfurt 1973, S. 70 ff. P. M. Roeder: Erziehung und Gesellschaft, Weinheim 1968, S. 99 ff.

2 E. D. F. Schleiermacher: Pädagogische Schriften, Düsseldorf/München 1957, Bd. 1, S. 33.

3 J. G. Fichte: Sämtliche Werke, Leipzig 1844, Bd. 7, S. 428.

4 Zur Bildungsreform der Weimarer Republik vgl. B. Voigt: a. a. O., S. 247 ff.

5 S. Kawerau: Soziologische Pädagogik, Leipzig 1921.

6 L. F. Tesar: Gesellschaft und Schule, Berlin 1925.

7 P. Oestreich: Entschiedene Schulreform, Berlin 1920. Ders.: Die Produktionsschule als Nothaus und Neubau, Berlin 1924.

8 F. Karsen: Die Schule der werdenden Gesellschaft, Stuttgart 1921.

9 D. Goldschmidt u. a.: Erziehungswissenschaft als Gesellschaftswissenschaft, Heidelberg 1969, S. 14.

10 K. H. Schäfer, K. Schaller: Kritische Erziehungswissenschaft und kommunikative Didaktik, Heidelberg 1973, S. 11.

soll nun die Aufgabe zufallen, »in der heranwachsenden Generation das Potential gesellschaftlicher Veränderungen hervorzubringen«[11]. Das Redaktionskollektiv der Zeitschrift für marxistische Pädagogik »Erziehung und Klassenkampf« glaubt, daß die Erziehung »dem Bürgertum mächtige Schläge versetzen und dessen Absichten und Machenschaften nachhaltig stören und durchkreuzen« kann[12].

Es wird nun versucht, die fortschrittliche Funktion der Erziehung besser zu begründen. Diese Begründungen gehen alle davon aus, daß das Erziehungssystem eine besondere, fast autonome Position in der Gesellschaft hat und gegen gesellschaftliche Kontrolle relativ abgesichert ist. Wenn die Gesellschaft auch repressiv ist, so ermöglicht für H. J. Gamm die Schule durch Aufhebung der autoritären Rolle des Lehrers eine spontane Entwicklung der Kinder. Diese spontane Entwicklung der Kinder vermittelt ihnen »die Fähigkeit, gegen das ihnen anderenorts unweigerlich begegnende Autoritäre aktiv vorzugehen«[13]. Die im Freiraum Schule erzogenen Kinder erwerben dort ein Bewußtsein, »das die Welt verändern kann«[14]. Die fortschrittliche Funktion der Erziehung berührt alle Seiten des Erziehungssystems. Die *Schule* selbst wird zum »Schrittmacher der Zukunft«[15]. Da die »Emanzipation der Gesellschaft über ihre Bildungseinrichtungen«[16] möglich ist, müssen die *Lehrer* ihre Rolle endlich begreifen, »daß sie die Geburtshelfer für ein neues Zeitalter mittels Bildungsprozessen übernehmen können«[17]. Die Erziehungswissenschaft kann schließlich die fortschrittliche Funktion der Erziehung unterstützen, weil sie »pädagogische Kriterien für die Selbstbefreiung der Gesellschaft zu erarbeiten hat«[18]. Während H. J. Gamm die fortschrittliche Funktion der Erziehung nur im Rahmen der aktuellen Bildungsreform zu begründen suchte, unterstellt H. J. Heydorn im Rahmen einer

---

11 K. Mollenhauer: Erziehung und Emanzipation, München 1968, S. 67.
12 Editorial in Erziehung und Klassenkampf, 1. Jg. 1971, H. 1, S. 3.
13 H. J. Gamm: Kritische Schule, München 1970, S. 39.
14 H. J. Gamm, a. a. O., S. 33.
15 H. J. Gamm, a. a. O., S. 174.
16 H. J. Gamm, a. a. O., S. 195.
17 H. J. Gamm, a. a. O., S. 223.
18 H. J. Gamm: Das Elend der spätbürgerlichen Pädagogik, München 1972, S. 166, ähnlich H. J. Gamm: Einführung in das Studium der Erziehungswissenschaft, München 1974, S. 11.

umfassenden Philosophie der Bildung, daß die von der Sklavenhalter- bis zur Industriegesellschaft reichende gesellschaftliche Evolution durch die Bildung hervorgetrieben wurde. Denn Bildung als Aufklärung über die in den Gesellschaften fortdauernde Herrschaft hat das Wesen einer »gesellschaftsverändernden Größe«[19]. Bildung beinhaltet die Tendenz der Kritik jeder gesellschaftlichen Herrschaft und stellt so den Versuch dar, »die beauftragende Gesellschaft durch eine neue abzulösen«[20]. Wenn der Widerspruch zwischen Bildung und Herrschaft Gesellschaften konstitutiv ist und wegen der »relativen Selbständigkeit der Bildungsinstitutionen« den Fortschritt der Gesellschaft stimuliert, so treibt er doch in der Industriegesellschaft auf einen Höhepunkt zu. Die Industriegesellschaft führt nämlich nicht nur zur vergesellschafteten Funktionalisierung der Bildung für Herrschaftszwecke[21] [22], sondern auch zur wachsenden fortschrittlichen Subversivität der Bildung. Die in der Industriegesellschaft wachsende potentielle Fortschrittlichkeit der Bildung hat ihren Grund nicht nur in der von der technischen Entwicklung geforderten erhöhten Rationalität der Bildung[23], in der nun verlangten Erhöhung des Bildungsniveaus[24], sondern auch, weil der »wachsende Überfluß . . . reale Verwirklichung von Mündigkeit« andeutet[25]. Der Versuch, Bildung in der Industriegesellschaft für Herrschaft einzuspannen, verträgt sich letztlich mit dem Wesen von stets kritisch gegen Herrschaft gefaßter Bildung nicht[26]. Da Bildung sich im Lehrer personifiziert, dessen Lage sich in der Industriegesellschaft immer mehr der der Arbeiterschaft angleicht[27],

---

19 H. J. Heydorn: Über den Widerspruch von Bildung und Herrschaft, Frankfurt 1970, S. 37, vgl. H. J. Heydorn: Zu einer Neufassung des Bildungsbegriffs, Frankfurt 1972, S. 140, H. J. Heydorn: Zum Widerspruch im Bildungsprozeß. In: Das Argument 1973, Nr. 80, S. 11.
20 H. J. Heydorn: Über den Widerspruch . . ., a. a. O., S. 15.
21 H. J. Heydorn: Über den Widerspruch . . ., a. a. O., S. 324.
22 H. J. Heydorn, a. a. O., S. 28, 36, 184.
23 H. J. Heydorn, a. a. O., S. 317.
24 H. J. Heydorn: Zu einer Neufassung des Bildungsbegriffs, Frankfurt 1972, S. 69.
25 H. J. Heydorn: Über den Widerspruch . . ., a. a. O., S. 317.
26 Vgl. H. J. Heydorn: Zu einer Neufassung . . ., a. a. O., S. 15, auch G. Koneffke: Integration und Subversion. Zur Funktion des Bildungswesens in der spätkapitalistischen Gesellschaft. In: Das Argument, 11. Jg. 1969, Nr. 5/6, S. 430.
27 H. J. Heydorn: Zu einer Neufassung . . ., a. a. O., S. 126 ff.

ist die wachsende Entfaltung der revolutionierenden Potenz der Bildung in seine Hand gelegt. Der Lehrer »artikuliert das Bewußtsein, hilft ihm aus der Ohnmacht, er wird zum Führer durch das verdorrte Land«[28].

2. Erziehung dient nur der Reproduktion der Gesellschaft

Schon im 19. Jahrhundert, während langer Stagnationsphasen des Erziehungssystems, wurde die These von der fortschrittlichen Funktion der Erziehung und Bildung angegriffen.

W. Dilthey hält nicht den Fortschritt, sondern die Festigung der Gesellschaft für die primäre Funktion der Erziehung. Die »Erziehung, sofern sie die Heranwachsenden den Bedürfnissen der Gesellschaft anpaßt, ist also ein Bedürfnis der Gesellschaft. Sonach muß innerhalb ihrer diese Funktion geübt werden, damit die Gesellschaft ihr Ziel erreicht. So ist in der Gesellschaft ein nur wirkendes Bedürfnis, diese Anpassung in der Erziehung herzustellen«[29]. Paul Barth griff Diltheys These auf und formulierte: »Die Erziehung ist Fortpflanzung der Gesellschaft«[30]. Seine Position wurde nach dem Scheitern der Bildungsreform in der Weimarer Republik[31] kräftig ausgebaut. Während aber K. Dunkmann[32], C. Weiss[33], Th. Geiger[34], E. Krieck[35] bei der letzten Behauptung der konservativen Funktion der Erziehung stehenblieben, legte S. Bernfeld eine systematische Begründung folgender These vor: »Die Erziehung ist konservativ ... Niemals ist sie die Vorbereitung für eine Strukturveränderung der Gesellschaft gewesen«[36]. Zur Begründung dieser These weist er auf die konstant autoritäre

28 H. J. Heydorn: Über den Widerspruch ..., a. a. O., S. 318.
29 W. Dilthey: Über die Möglichkeiten einer allgemeingültigen pädagogischen Wissenschaft, Weinheim 1963, S. 54.
30 P. Barth: Die Geschichte der Erziehung in soziologischer und geistesgeschichtlicher Beleuchtung, Leipzig 1916, S. 11.
31 Vgl. dazu L. v. Werder: Sozialistische Erziehung in Deutschland, Frankfurt 1974, S. 139 ff.
32 K. Dunkmann: Angewandte Soziologie, Berlin 1929.
33 C. Weiss: Pädagogische Soziologie, Leipzig 1929.
34 Th. Geiger: Erziehung als Gegenstand der Soziologie. In Ders.: Arbeiten zur Soziologie, Neuwied/Berlin 1962, S. 292 ff.
35 E. Krieck: Die soziale Funktion der Erziehung. In: Nohl/Pallat: Handbuch der Pädagogik, Langensalza 1929, Bd. 2, S. 255 ff.
36 S. Bernfeld: Sisyphos oder die Grenzen der Erziehung, Frankfurt 1967, S. 119, ähnlich vgl. S. 85, 110, 122, 133, 151.

Struktur des Erzieher-Zöglings-Verhältnisses hin, die aus der unterschiedlichen Triebstruktur beider Interaktionspartner resultiert[37]. Er weist auf die Reproduktion der Machtstruktur der Gesellschaft sowohl durch die Selektions- und Stigmatisierungsprozesse der Schule[38] wie durch die Arbeitsteilung der gesellschaftlichen Produktion, die bestimmte Quantitäten von unterschiedlichen Ausgebildeten erfordert, hin[39]. Er macht darauf aufmerksam, daß schließlich der Erhalt der Klassenstruktur der Industriegesellschaft die Funktionalisierung der Erziehung erfordert, »um die Machtausübung zu erleichtern«[40].

Der Einsatz der Erziehung bei der Stabilisierung der bestehenden Macht gelingt sowohl durch die Etablierung eines »geheimen Lehrplans« in den Schulen[41] wie durch die Kontrolle der ökonomischen Mittel für die Erhaltung[42] und Erforschung[43] der Erziehung. Da schließlich »die Arbeitermassen und selbst ihre weiterblickenden Führer« die Bedeutung der Erziehung »nicht erfaßt haben«[44], kann die Erziehung nur die Fuktion der »Konservierung der biopsychischen und der sozioökonomischen mit ihr der kulturell-geistigen Struktur der Gesellschaft« haben[45].

Als in der BRD die Bildungsreform in die Sackgasse geriet und die Bestimmungen der fortschrittlichen Funktion der Erziehung sich offensichtlich als falsch erwiesen, begann man die These vom konservativen Charakter der Erziehung von den verschiedensten Seiten her wieder zu entwickeln.

Die moderne Systemtheorie faßte das Erziehungssystem als untergeordnetes Subsystem der Gesellschaft auf, mit dessen »Hilfe die Interaktionsprozesse grundlegend aufgebaut und Interaktions- und -handlungszusammenhänge strukturiert werden könnten«[46]. Bildungsökonomie und Bildungsplanung legten Konzepte zur besseren Anpassung des Erziehungssystems an die Anforderungen der

37 S. Bernfeld, a. a. O., S. 55 ff.
38 S. Bernfeld, a. a. O., S. 98 ff.
39 S. Bernfeld, a. a. O., S. 94.
40 S. Bernfeld, a. a. O., S. 97.
41 Vgl. die Machiavelli-Rede in S. Bernfelds Sisyphos . . ., a. a. O., S. 98 ff.
42 S. Bernfeld, a. a. O., S. 118.
43 S. Bernfeld, a. a. O., S. 151.
44 S. Bernfeld, a. a. O., S. 152.
45 S. Bernfeld, a. a. O., S. 110.
46 K. Hurrelmann: Erziehungssystem und Gesellschaft, Reinbek 1975. S. 31.

Gesellschaft vor[47]. Wurde in diesen Ansätzen schon die konservative Funktion des Erziehungssystems indirekt proklamiert, so wies die schichtenspezifische Sozialisationsforschung nach, daß das bestehende Erziehungssystem »Vehikel der Reproduktion sozialer Ungleichheit« ist[48]. Baethge[49] und Nyssen[50] konnten schließlich den Verdacht, daß reaktionäre Gruppen über das Erziehungssystem herrschen, erhärten.

Während Nyssen feststellte, daß die Arbeiter im Gegensatz zur Wirtschaft »an den Einflußmöglichkeiten, die mit dem institutionalisierten Erziehungs- und Bildungswesen gegeben sind, kaum beteiligt« werden[51], konnte Baethge aufdecken, daß die Wirtschaft versucht, »der übrigen Gesellschaft über das Bildungssystem den Herrschaftscharakter des Produktionsprozesses aufzuzwingen und das bestehende Herrschaftsverhältnis aufrechtzuerhalten«[52]. Dieser Ansatz wurde durch die politische Ökonomie des Ausbildungssektors, die von Altvater und Huisken[53] begründet wurde, fortgeführt. Auf der Basis einer ökonomistischen Marx-Rezeption wurde abgeleitet, daß die kapitalistische Form der Produktion auch den Ausbildungssektor bestimmt. Wenn der Ausbildungssektor auch notwendig von der Produktion getrennt ist und der Staat die Vermittlung von Ausbildungssystem und Produktion organisieren muß, so kommt der Staat dieser Anforderung nur in dem Maße nach, daß der kapitalistische Produktionsprozeß je nach Bedarf seiner Entwicklung mit genügend Arbeitskräften versorgt wird, die entsprechend billig zu haben und willig für die Ableistung entfremdeter Arbeit sind[54].

---

47 K. Hüfner, J. Naumann: Bildungsplanung: Ansätze, Modelle, Probleme. Stuttgart 1971. P. K. Straumann: Neue Konzepte der Bildungsplanung, Reinbek 1974.

48 K. Hurrelmann: Erziehungssystem und Gesellschaft, Reinbek 1975, S. 128 ff., ebenso H. G. Rolff: Sozialisation und Auslese durch die Schule, Heidelberg 1972, H. Fend: Gesellschaftliche Bedingungen schulischer Sozialisation, Weinheim 1974.

49 M. Baethge: Ausbildung und Herrschaft, Frankfurt 1970.

50 F. Nyssen: Schule im Kapitalismus, Köln 1969.

51 F. Nyssen, a. a. O., S. 43.

52 M. Baethge, a. a. O., S. 255.

53 E. Altvater, F. Huisken (Hrsg.): Materialien zur politischen Ökonomie des Ausbildungssektors, Erlangen 1971. F. Huisken: Zur Kritik bürgerlicher Didaktik und Bildungsökonomie, München 1972.

54 J. Hirsch, S. Leibfried: Materialien zur Wissenschafts- und Bildungspolitik, Frankfurt 1971, S. 9. J. Hirsch: Wissenschaftlich-technischer Fortschritt und politisches System, Frankfurt 1970, S. 86.

Das gesellschaftliche Erziehungssystem, so belegte eine Flut derartiger Analysen, dient nur der »Reproduktion des Kapitals«[55]. Das Erziehungssystem ist durch und durch konservativ.

3. Zur Kritik der gesellschaftlichen Funktionsbestimmung von Erziehung

Der Streit um den Beitrag der Erziehung zum gesellschaftlichen Fortschritt verharrte bisher im Widerspruch von These und Antithese. Eine genauere Untersuchung zeigt aber die Fehler beider Positionen. Die These von der *fortschrittlichen Funktion der Erziehung* unterschlägt, daß die Erziehung nur die Erziehungsverhältnisse ändern kann, nicht aber die gesellschaftlichen Verhältnisse, die diese bedingen. Diese These erfaßt überhaupt nicht die gesellschaftlichen der Entwicklung des Erziehungssystems. Das sich an dieser These orientierende pädagogische Handeln muß rasch an unüberwindbare soziale Grenzen stoßen und zur Resignation führen. Gerade das bloß pädagogische Interesse an Erziehung wird hier dem Pädagogen zum Verhängnis. Diese These reflektiert nur das gegenüber der Gesamtgesellschaft beschränkte Interesse der pädagogischen Intelligenz. Sie sitzt dabei dem Schein der Verselbständigung des Erziehungssystems gegenüber der Gesellschaft, das aus der in der bürgerlichen Gesellschaft notwendigen Trennung von Beschäftigungssystem und Ausbildungssystem resultiert, völlig auf[56].

Die These von der *konservativen Funktion der Erziehung* überwindet die Fixierung des Blicks auf die pädagogische Insel. Sie berücksichtigt den gesellschaftlichen Einfluß auf das Erziehungssystem, soweit er die herrschende Produktionsweise oder das Interesse an der Stabilisierung des Gesellschaftssystems berührt. Diese These verkürzt aber die Gesellschaft zu einem ökonomistischen oder systematischen Funktionszusammenhang. Sie begreift Gesell-

---

55 Vgl. u. a. D. Otten: Kapitalentwicklung und Qualifikationsentwicklung, Berlin 1973, S. 33. S. Endlich u. a.: Sozio-ökonomische Analyse des allgemeinbildenden Schulwesens in der BRD, Berlin 1973, S. 6 ff. M. Masuch: Politische Ökonomie der Ausbildung, Reinbek 1972, S. 115 ff. H. Kuhlmann: Die Reform der Lehrerausbildung, Berlin 1971, S. 3.

56 Zum Schein der Autonomie des Erziehungssystems, vgl. P. Bourdieu, J. C. Passeron: Die Illusion der Chancengleichheit, Stuttgart 1971, S. 191 ff.

schaft nur als harmonischen Naturnexus. Sie erkennt nicht, daß die Menschen mit Bewußtsein und Interesse in ständiger Auseinandersetzung um die gesellschaftliche Entwicklungsrichtung die Entfaltung der Gesellschaft betreiben. Da sie die Gesellschaft konstituierenden Willensverhältnisse nicht berücksichtigt, bleibt die konservative These einer unpolitischen Betrachtungsweise verhaftet. Das Verhältnis von Wirtschaft und Erziehungssystem ist weder als blinder Systemzwang noch als bloßer Ausdruck der Kapitallogik zu fassen.

Die gesellschaftlichen Verhältnisse, die das Erziehungssystem bestimmen, konstituieren sich im Rahmen politischer Willensbildung. Dieser politische Wille findet dann seine Durchsetzung durch staatliche Gewalt. Wenn auch die staatliche Bildungspolitik von der ökonomischen Basis der Gesellschaft vermittelt abhängig ist, so hängt die staatliche Tätigkeit nicht ausschließlich von der Wirtschaft ab, sondern ebenso vom politischen Willen unterschiedlicher Klassen. Unterschiedliche politische Interessen entspringen aus den Widersprüchen der Wirtschaftsordnung in der bürgerlichen Gesellschaft.

Während also die fortschrittliche These Ausdruck pädagogischer Borniertheit ist, ist die konservative These Ausdruck von Ignoranz gegenüber der Politik, die in unserer Gesellschaft stets Ausdruck von Klassenwidersprüchen ist. Die konservative These vergißt, daß auf den Prozeß der gesellschaftlichen Organisierung des Erziehungssystems durch den Staat sowohl die Interessen der Wirtschaft an billigen und willigen Arbeitern einwirken als auch die Interessen der Arbeiter an »vielseitiger Disponibilität der Arbeitskraft«[57].

Die fortschrittliche und konservative Funktionsbestimmung von Erziehung bleibt aufgrund falscher oder fehlender Gesellschaftstheorie blind an die unbegriffenen Zyklen des Aufschwungs und des Abbaus des Erziehungssystems in der bürgerlichen Gesellschaft gebunden. Sie ermöglichen keine bewußte Beeinflussung des Vergesellschaftungsprozesses der Erziehung, sondern stimulieren lediglich zur Reformeuphorie beim Aufschwung und zum Stagnationsfatalismus beim Abbau des Erziehungssystems. Die beiden Thesen sind schließlich deshalb falsch, weil sie eine naturwüchsige

---

57 H. Heise: Ausbildung von Arbeitskräften im Kapitalismus, Berlin 1975, S. 168.

fortschrittliche oder konservative Funktion von Erziehung unterstellen und gar nicht begriffen haben, daß die Funktion des Erziehungssystems primär jeweils von den politischen Machtverhältnissen abhängt. Sie vermitteln kein Bewußtsein, daß auch die fortschrittliche Funktion von Erziehung mit politischen Mitteln erkämpft werden muß. Eine soziologische Erziehungswissenschaft, die heute die fortschrittliche Funktion des Erziehungssystems begründen will, muß sich auf eine politische Soziologie der Erziehung stützen.

4. Ansätze einer politischen Soziologie der Erziehung

Die Herausbildung eines gesellschaftlichen Erziehungssystems in der bürgerlichen Gesellschaft wurde, wie wir sahen, hauptsächlich von einer unpolitischen Soziologie der Erziehung interpretiert. Da diese Soziologie aber die Probleme der staatlichen Trägerschaft des Erziehungssystems und den Einfluß der »proletarischen Öffentlichkeit«[58] auf die gesellschaftliche Erziehung unterschlug, kann sie keinen Beitrag zur Begründung der fortschrittlichen Funktion der Erziehung leisten. Deshalb entstand im Rahmen der Arbeiterbewegung eine politische Soziologie der Erziehung, die die Grundlagen der politischen Durchsetzung eines fortschrittlichen Erziehungssystems zu untersuchen begann. Innerhalb dieser Geschichte der politischen Soziologie der Erziehung, die weitgehend noch unterschlagen wird, müssen zwei Ansätze unterschieden werden. Der erste Ansatz entwickelte sich im Rahmen der traditionellen, der zweite im Rahmen der neuen Arbeiterbewegung.

In der traditionellen Arbeiterbewegung wurde die Lehre von Marx, daß die Erziehung unter der Bedingung, daß die Arbeiterklasse den Staat zu fortschrittlicher Bildungspolitik zwingt, ein »Umwälzungsferment der Gesellschaft«[59] wird, vielfältig aufgegriffen. Auf marxistischer Grundlage entwickelte sich eine gründliche Strategie zur politischen Durchsetzung einer fortschrittlichen Funktion der Erziehung. An der Ausarbeitung dieser politischen Soziologie der Erziehung war neben W. Liebknecht[60], Clara Zet-

58 O. Negt, A. Kluge: Öffentlichkeit und Erfahrung. Zur Organisationsanalyse von bürgerlicher und proletarischer Öffentlichkeit. Frankfurt 1972.
59 Vgl. L. v. Werder: Sozialistische Erziehung . . ., a. a. O., S. 39–61.
60 W. Liebknecht: Wissen ist Macht – Macht ist Wissen und andere bildungspolitische Äußerungen, Berlin 1968.

kin[61], Heinrich Schulz[62], Otto F. Kanitz[63], F. Ausländer[64] und vielen anderen auch Edwin Hoernle beteiligt[65]. Er faßte 1929 die Ergebnisse der alten Arbeiterbewegung zur politischen Soziologie der Erziehung in seinem Buch »Die Grundfragen der proletarischen Erziehung« zusammen. Er stellte fest, daß die Erziehung so lange eine Funktion der herrschenden Klasse ist, »als die Unterdrückten sich nicht zur Wehr setzen und im Zusammenhang mit ihrem Kampf um wirtschaftliche und politische Befreiung eine ihren Klasseninteressen entsprechende neue und revolutionäre Klassenerziehung hervorbringen«[66]. Diese politischen Anstrengungen zur Zurückdrängung des reaktionären Einflusses auf die Erziehung sollte verbunden werden mit dem Versuch mit politischen Mitteln über den Staat auch »gleichzeitig das soziale Milieu zu verändern«[67], das die Erziehung bestimmt. Charakteristisch für die alte Arbeiterbewegung war, daß die Kommunistische Partei als zentraler Träger der Bildungspolitik begriffen wurde[68]. Durch parlamentarischen Einfluß und außerparlamentarische Aktionen unter Mithilfe von Betriebsorganisationen, Elternräten, Lehrer- und Schülerverbänden sollte diese Partei den Ausbildungssektor zu einem Umwälzungsferment machen. Die Arbeiterpartei sollte zur Durchsetzung fortschrittlicher Erziehung auf ständige Reformen im Bereich der Wirtschaft als auch im Bereich der privaten und öffentlichen Erziehung dringen. »Wir wollen die Massen«, schrieb Edwin Hoernle, »um ganz konkrete naheliegende Kampfziele scharen, sie in Kämpfe führen, deren Ausgangspunkt noch vollkommen im Bereiche der kapitalistischen Möglichkeiten liegt, deren Auswirkungen jedoch in der jetzigen Periode des kapitalistischen Zerfalls über den Rahmen der bürgerlichen Ordnung hin-

61 C. Zetkin: Ausgewählte Reden und Schriften, Berlin 1956, Bd. 1–3.
62 H. Schulz: Schulreform der Sozialdemokratie, Berlin 1911.
63 O. F. Kanitz: Das proletarische Kind in der bürgerlichen Gesellschaft, Frankfurt 1974.
64 F. Ausländer: Rettet die Schule, Berlin 1927.
65 Vgl. zum Prozeß der Herausbildung einer politischen Soziologie der Erziehung in der Arbeiterbewegung L. v. Werder: Sozialistische Erziehung, a. a. O., S. 31 ff., 73 ff., 101 ff., 147 ff.
66 E. Hoernle: Grundfragen proletarischer Erziehung, Frankfurt 1975, S. 12 f.
67 E. Hoernle, a. a. O., S. 14.
68 E. Hoernle, a. a. O., S. 136 ff.

austreiben«[69]. Bei der Verfolgung dieser Reformen erkannte Hoernle aber deutlich, daß »die endgültige Umwandlung der Schule in eine sozialistische Einheit-, Arbeits- und Gemeinschaftsschule die Übernahme der politischen Macht durch das Proletariat zur Voraussetzung hat«[70].

Die Entwicklung der politischen Soziologie der Erziehung ist in der neuen Arbeiterbewegung, die sich seit 1968 in der Bundesrepublik entwickelt, noch im Fluß. Ausgeprägt ist bei ihr sowohl die Abgrenzung gegen die Überschätzung als auch die Unterschätzung der Bedeutung des Erziehungssystems für die Veränderung der Gesellschaft. Das Erziehungssystem kann nicht aus sich selbst heraus Gesellschaftsveränderungen hervorbringen. Durch politischen Druck durchgesetzte fortschrittliche Erziehung gewinnt nur den Stellenwert einer »Propädeutik für antikapitalistische Strukturreformen«[71]. »Initiativen zu Veränderungen im Reproduktionsbereich« haben nur als »Teilstrategie« Aussicht auf Erfolg[72]. Die Gesamtstrategie für den gesellschaftlichen Fortschritt ist nicht das Produkt fortschrittlicher Intelligenz oder kleiner Arbeitersekten, sondern muß von der Arbeiterschaft selbst entwickelt werden. »Die Motivation zum Handeln und damit zusammenhängenden Initiativen müssen aus dem Erfahrungsbereich des Arbeiters im Produktionsbereich erwachsen, wodurch auch Ausbildungsfragen zu einem wichtigen Gegenstand der Arbeiterbewegung werden können[73].« Der Grad der Funktionalisierung des Erziehungssystems für den gesellschaftlichen Fortschritt wird in Abhängigkeit von der »Stärke und Politik« der Arbeiterbewegung gesehen[74]. Gegenüber früheren Etappen der bürgerlichen Gesellschaft wer-

69 E. Hoernle in: Internationale Lehrerzeitung, September 1923, Nr. 1, S. 5.

70 Leitsätze für die Arbeit in den Elternbeiräten. In: Schulkampf, Frankfurt 1970, S. 208.

71 H. G. Rolff u. a.: Strategisches Lernen in der Gesamtschule, Reinbek 1974, S. 110, J. Beck: Lernen in der Klassenschule, Reinbek 1974, S. 206, Ch. Marzahn u. a.: Konflikt im Jugendhaus, Reinbek 1975, S. 146, W. Lempert: Leistungsprinzip und Emanzipation, Frankfurt 1971, S. 337.

72 V. Briese: Grenzen kapitalistischer Bildungspolitik, Frankfurt 1973, S. 201, F. Naschold: Schulreform als Gesellschaftskonflikt, Frankfurt 1974.

73 V. Briese u. a.: a. a. O., S. 202 f.

74 J. Beck, a. a. O., S. 190, ähnlich H. Deppe-Wolfinger: Gewerkschaftliche Jugendbildung und politisches Bewußtsein. In: F. Deppe: Das Bewußtsein der Arbeiter, Köln 1971, S. 311, H. Deppe-Wolfinger: Arbeiterjugend – Bewußtsein und politische Bildung, Frankfurt 1972, S. 76, 83. W. Klafki u. a.: Erziehungswissenschaft, Frankfurt 1970, Bd. 1, S. 322.

den heute die Einflußmöglichkeiten der Arbeiterbewegung auf den Staat und den Ausbildungssektor höher eingeschätzt als früher. Das wachsende Bedürfnis der Legitimation des demokratischen Charakters der Gesellschaft und die wachsende Quantität der Lohnarbeiter haben hier einen Wandel der Politik geschaffen[75]. Die Chancen, daß die Arbeiterbewegung einen Beitrag zum Fortschritt der Erziehung leisten kann, sind also gestiegen. Offensichtlich weist die Theorie und Praxis in der Arbeiterbewegung gegenüber diesen neuen Möglichkeiten Defizite auf. Denn völlig ungelöst ist heute das zentrale Problem der politischen Soziologie der Erziehung: welche Organisation der Träger fortschrittlicher Bildungspolitik in der Arbeiterbewegung sein soll. Hier stehen sich unterschiedliche Positionen gegenüber, die entweder die kommunistischen Sekten[76], die SPD, die DKP, die Gewerkschaften[77] oder die organisierte Jugend[78] selbst zum Führer der Umfunktionalisierung des Erziehungssystems machen wollen. Auch über die heutige Strategie der Durchsetzung einer fortschrittlichen Erziehung ist man sich nur so weit einig, daß die Arbeiterschaft sich nicht auf punktuelle Reformen beschränken darf, sondern »eine Aufhebung der Trennung von Schule und Fabrik für Schüler und für Arbeitende«[79] anstreben muß. Auch das Problem des Verhältnisses von pädagogischer Intelligenz und Arbeiterbewegung ist noch ungeklärt. Die Möglichkeit, daß die Erziehung zum gesellschaftlichen Fortschritt beiträgt, besteht heute zwar objektiv. Diese Möglichkeit ist aber noch nicht überzeugend zum Bestandteil des politischen Willens der Betroffenen geworden. Schuld daran ist auch das Fehlen einer entfalteten politischen Soziologie der Erziehung im Rahmen einer soziologischen Erziehungswissenschaft. Um den politischen Willen der Arbeiter zur Durchsetzung fortschrittlicher Erziehung zu wecken, muß die weitere Fundierung einer soziologischen Erziehungswissenschaft auch über die »Aufnahme und Weiterentwicklung . . . sozialistischer Schultradition« führen[80].

---

75 K. Hurrelmann (Hrsg.): Soziologie der Erziehung, Weinheim 1974, S. 42 f.
76 Autorenkollektiv: Revolutionäre Erziehung im Kapitalismus und Sozialismus, Köln 1973, S. 99.
77 H. Deppe-Wolfinger: Arbeiterjugend . . ., a. a. O., S. 84.
78 H. Lessing, M. Liebel: Jugend in der Klassengesellschaft, München 1974, S. 23.
79 F. Naschold: Schulreform . . ., a. a. O., S. 68.
80 F. Naschold, a. a. O., S. 67, J. Beck, a. a. O., S. 179 ff.

2. Erziehungsgeschichte als Sozialgeschichte

Schon W. Dilthey wollte die Erziehungswissenschaft nicht nur als historische, sondern als sozialgeschichtliche Wissenschaft verstanden wissen. Er forderte deshalb, daß die Wissenschaft von der Geschichte der Erziehung nicht nur die Institutionalisierung der Erziehung und die Entwicklung des Erzieher-Zöglings-Verhältnisses erforschen sollte, sondern auch das Verhältnis der Erziehung »zu den Zentren der äußeren Organisation der Gesellschaft: Familie, Gemeinde, Staat und Kirche«[1].

Diltheys Aufforderung wurde von den nachfolgenden deutschen Erziehungswissenschaftlern kaum befolgt. Die von ihm geforderten Einsichten konnten von der Erziehungswissenschaft nicht erarbeitet werden.

Das hatte folgende Gründe: Der Konstitutionsprozeß des Erziehungssystems in der bürgerlichen Gesellschaft ging mit der Ablösung des Erziehungssystems von der Sphäre der Produktion und Reproduktion einher. Das Erziehungssystem verselbständigte sich und umgab sich damit notwendig mit dem Schein der Autonomie gegenüber gesellschaftlichen Einflüssen. Die Organisation des Erziehungssystems durch den Staat verstärkte den Schein, daß das Erziehungssystem partikularen gesellschaftlichen Interessen entzogen ist und nur den allgemeinen Interessen der Individuen an freier Selbstentfaltung gehorcht.

Die geisteswissenschaftliche Erziehungswissenschaft, die die Grundlagen für die pädagogische Geschichtsschreibung legte und die gesellschaftliche Autonomie des Erziehungssystems verteidigte, reproduzierte nur den von der Form des bürgerlichen Erziehungssystems selbst geförderten Schein. Sie konnte die wirkliche Sozialgeschichte der Erziehung nicht erkennen, sondern mußte die Geschichte der Erziehung als »die Kontinuität der pädagogischen Ideen in ihrer Entfaltung«[2] darstellen. Geschichte der Erziehung blieb lange Zeit Ideengeschichte. Sie kreiste um die Deutung des Wollens und Denkens großer Pädagogen, deren jeweils neue Vor-

---

1 W. Dilthey: Über die Möglichkeit einer allgemeingültigen pädagogischen Wissenschaft. Weinheim 1963, S. 28.
2 H. Nohl: Die pädagogische Bewegung in Deutschland und ihre Theorie. Frankfurt 1935, S. 150, H. Nohl: Erziehergestalten, Göttingen 1958, S. 4.

stellungen von Erziehung als wirkliche Triebkräfte für die Veränderung des Erziehungssystems angesehen wurden. Die heute verbreitete Geschichtsschreibung über die Erziehung in der BRD folgt dem Motto F. Blättners: »Die Geschichte der Ideen soll dargeboten werden, die die öffentliche Erziehung und Bildung gestaltet haben«[3].

Solange nicht die aus der Entwicklung der Gesellschaft besonders der Produktion resultierenden neuen Anforderungen an das Erziehungssystem den Schein harmonischer Autonomie des Erziehungssystems gegenüber der Gesellschaft aufhoben, mußte die »Geschichte der Pädagogik« den großen Ideen und Pädagogen »vornehmlich ihre Aufmerksamkeit«[4] widmen. Erst der nach dem Ende der Rekonstruktionsperiode in der Bundesrepublik wieder durchschlagende Krisenzyklus der Wirtschaft, der im Aufschwung die Reform, im Abschwung den Abbau des Erziehungssystems zu fordern scheint, drängte die Erziehungswissenschaft zur Einsicht, daß wohl ganz andere Triebkräfte hinter der Entwicklung des Erziehungssystems stehen, als gerade pädagogische Ideen und die Wirkung idealer Erziehergestalten. Nun verbreitete sich die Vorstellung, daß die geisteswissenschaftliche Historiographie der Erziehung weder eine »zutreffende Analyse der Erziehungswirklichkeit«, noch die Aufdeckung der »Diskrepanz, die zwischen pädagogischen Ideen . . . und der Erziehungswirklichkeit besteht« geleistet habe[5]. Als besonderer Mangel der Geschichte der Erziehung wurde nun bemerkt, daß es ihr nicht gelungen sei, »die politischen, gesellschaftlichen und wirtschaftlichen Zusammenhänge, in die die pädagogischen Probleme verflochten waren und ver-

---

3 F. Blättner: Geschichte der Pädagogik, Heidelberg 1968[13], S. 5; ebenso J. v. Driesch, J. Esterhues: Geschichte der Erziehung und Bildung, Braunschweig 1950–52, 2 Bände; W. Russ: Geschichte der Pädagogik im Abriß, Stuttgart 1954; H. Rechtmann: Geschichte der Pädagogik, Frankfurt 1957; H. Weimar: Geschichte der Pädagogik, Berlin 1967[17]; A. Reble: Geschichte der Pädagogik, Stuttgart 1964; Th. Ballauf, K. Schaller: Pädagogik, eine Geschichte der Bildung und Erziehung, Freiburg 1969–72, Bd. 1–3.
4 K. Schaller, K. H. Schäfer: Bildungsmodelle und Geschichtlichkeit. Ein Repertorium zur Geschichte der Pädagogik. Hamburg 1967, S. 16.
5 C. L. Furck: Geschichte als kritisches Instrument der Erziehungswissenschaft. In: Politische Bildung in der Demokratie. F. Borinski zum 65. Geburtstag. Berlin 1968, S. 215 f., ebenso C. L. Furck: Probleme einer Geschichte der Pädagogik. In: K. Schaller, K. H. Schäfer: Bildungsmodelle und Geschichtlichkeit, a. a. O., S. 67 ff.

flochten sind, ... in nötigem Ausmaße zu erforschen«[6].

Die Kritik an der geisteswissenschaftlichen Historiographie der Erziehung und die vom Aufbrechen des Krisenzyklus geforderten neuen Anstrengungen der Planung, Ökonomisierung und Kontrolle des Erziehungssystems stimulierten Versuche der Weiterentwicklung der Geschichte der Erziehung zu einer Sozialgeschichte[7]. Diese Weiterentwicklung konfrontiert die Erziehungswissenschaft allerdings mit schwierig zu lösenden Problemen. Die Erziehungswissenschaft, die Erziehungsgeschichte als wirkliche Sozialgeschichte der Erziehung betreiben will, muß über eine Gesellschaftstheorie verfügen, die die generellen und zeitgeschichtlichen Beziehungen des Erziehungssystems zum politischen und ökonomischen System einer Gesellschaft entwickelter Warenproduktion richtig fassen kann. Dem Zwang, die eigene Forschung auf eine derartige Theorie zu gründen, müssen die Versuche der Konstituierung einer Sozialgeschichte der Erziehung folgen. Die Entwicklung einer derartigen Geschichte muß sich deshalb auch als Prozeß der wachsenden Erkenntnis der gesellschaftlichen Bestimmungen der Entwicklung der Erziehung entfalten.

Dieser Erkenntnisprozeß, der durch die krisenhafte Entwicklung des Erziehungssystems weiter forciert wird, geht an positivistischen Erziehungswissenschaftlern vorbei. Da der Positivismus geschichtsfeindlich ist und die Geschichte der Erziehung nur auf ein »reichhaltiges Hypothesenreservoir«[8] reduziert, kann er keinen Beitrag bei der Konstituierung der Sozialgeschichte der Erziehung leisten.

Erste Anstöße zur Analyse der Geschichte der Erziehung als Sozialgeschichte kommen sehr früh von C. L. Furck, der durchaus den Diltheyschen Ansatz rezipiert. Geschichte der Erziehung soll nach Furck nicht als Ideen- oder Naturgeschichte, sondern als

6 W. Klafki: Erziehungswissenschaft als kritisch-konstruktive Theorie. Hermeneutik-Emperie-Ideologie-Kritik, In: Zeitschrift für Pädagogik, 17. Jg. 1971, S. 361.

7 Vgl. D. Krause-Vilmar: Materialien zur Sozialgeschichte der Erziehung. In: Zeitschrift für Pädagogik, 18. Jg. 1972, Nr. 3, S. 315 ff. Auf diese Entwicklung wirkte auch die Tendenz der allgemeinen Geschichtswissenschaft zur Sozialgeschichtsschreibung ein. Vgl. H. U. Wehler: Geschichte als historische Sozialwissenschaft, Frankfurt 1973.

8 W. Brezinka: Von der Pädagogik zur Erziehungswissenschaft. a. a. O., S. 108.

»Geschichte des Verhältnisses objektiver Mächte zur Erziehung« begriffen werden[9]. Von der Klärung des Zusammenhanges der Erziehung mit den gesellschaftlichen Lebensbedingungen erwartet er sich einen »Aufschluß über die dynamische Struktur der Erziehungswirklichkeit«[10].

Einen gleichen Ansatz einer Sozialgeschichte der Erziehung entwickelt W. Strzelewicz, dem es darauf ankommt, durch den sozialhistorischen Vergleich der gesellschaftlichen Bestimmung der Erziehung in vorindustriellen und industriellen Gesellschaften »bestimmte Korrelationen zwischen den erziehungsrelevanten Variablen und der umfassenden Struktur der Gesellschaft festzustellen«[11]. Strzelewicz geht aber über Furck hinaus. Er erkennt, daß die Entwicklung der Erziehung von gesellschaftlichen Machtverhältnissen bestimmt wird. Da die Sozialisationsprozesse durch gesellschaftlich vermittelte, »umgreifende und durchdringende Macht-, Herrschafts- und Autoritätsstrukturen«[12] gekennzeichnet sind, soll die Sozialgeschichte der Erziehung sozialhistorische Entwicklungstrends der Machtstrukturen im Sozialisationsprozeß herausarbeiten. Die Sozialgeschichte der Erziehung soll damit der Erhellung der Reproduktion gesellschaftlicher Macht durch Erziehung dienen.

Die Struktur des sich »stets verändernden Wechselverhältnisses« zwischen institutionalisierter Erziehung und den »allgemeinen Lebensbedingungen«[13] wird auch von Furck in einer späteren Arbeit präziser gefaßt. Sozialgeschichte der Erziehung soll nun einmal als Analyse der behaupteten und tatsächlichen »Funktionen der Erziehungsinstitutionen innerhalb der Gesellschaft« auftreten, zum anderen den »Einfluß von gesellschaftlichen Gruppen auf die Organisation dieser Erziehungsinstitutionen erforschen[14]. Furck erkennt nun die Bestimmung der Erziehung durch die politische Form der Gesellschaft. Er deckt ebenso wie Strzelewicz auf, daß Entwick-

---

9 C. L. Furck: Probleme einer Geschichte der Pädagogik. In: K. Schaller, K. H. Schäfer (Hrsg.): Bildungsmodelle und Geschichtlichkeit, a. a. O., S. 74.
10 C. L. Furck, a. a. O., S. 74.
11 W. Strzelewicz: Sozialhistorische Aspekte des Sozialisations- und Erziehungsproblems. In: Zeitschrift für Pädagogik, 16. Jg. 1970, S. 496.
12 W. Strzelewicz, a. a. O., S. 489.
13 C. L. Furck: Probleme einer Geschichte der Pädagogik, a. a. O., S. 80 f.
14 C. L. Furck: Geschichte als kritisches Instrument der Erziehungswissenschaft, a. a. O., S. 216.

lung und Planung der Erziehung von den politischen Machtverhältnissen der Gesellschaft abhängen. Sozialgeschichte der Erziehung soll die Geschichte der Erziehung als Resultat der politischen Auseinandersetzung von fortschrittlichen und reaktionären Gruppen um die Funktion der Erziehung begreifen. Es soll der Sozialgeschichte der Erziehung nicht darum gehen, zu untersuchen wie es gewesen ist, sondern sie soll sich die Frage stellen: »Welche Ansätze zum Fortschritt der Erziehung waren vorhanden und woran sind sie gescheitert«[15]? Sozialgeschichte der Erziehung soll aber nicht nur die »emanzipatorische Tradition«[16] in der Erziehungsgeschichte aufspüren. Um die aktuellen politischen Auseinandersetzungen um die Erziehung zu klären und den Fortschritt der Erziehung zu fördern, soll sie auch untersuchen, wie die »bestehenden Widerstände gesellschaftlicher Gruppen gegen die intendierte Veränderung der Erziehungspraxis« aussehen[17]. Dieser Ansatz von Furck wurde weiter ausgebaut. Daß die Sozialgeschichte der Erziehung primär die politische Funktion der Erziehung bei der Reproduktion gesellschaftlicher Macht aufzuklären hat, wurde durch Beiträge von H. J. Gamm untermauert. Für Gamm soll die Sozialgeschichte der Erziehung zeigen, »mit welchen erzieherischen Methoden und welchen Inhalten die volle Selbstbestimmung der Unterdrückten bisher verhindert wurde«[18].

Heydorn und Koneffke wollen in der Sozialgeschichte der Erziehung dagegen mehr die politische Funktion der Erziehung bei der Aufhebung gesellschaftlicher Macht herausarbeiten. Bei ihnen werden Bildung und Erziehung als »konstitutive Momente des Gesellschaftsprozesses« verstanden, in dem aber Erziehung mehr »das Interesse an der Überwindung von Herrschaft spiegelt«[19]. Sozialgeschichte der Erziehung soll sich deshalb besonders den Quellen der Erziehung zuwenden, die »sich mehr oder weniger offen und unmittelbar auf die Veränderung der gesellschaftlichen Verhältnisse und Bedingungen ihrer selbst richteten«[20].

---

15 C. L. Furck: Geschichte als kritisches Instrument, a. a. O., S. 218.
16 C. L. Furck, a. a. O., S. 218 f.
17 C. L. Furck, a. a. O., S. 217.
18 H. J. Gamm: Einführung in das Studium der Erziehungswissenschaft, München 1974, S. 68.
19 H. J. Heydorn, G. Koneffke: Studien zur Sozialgeschichte und Philosophie der Bildung, München 1973, Bd. 1, S. 11.
20 H. J. Heydorn, G. Koneffke, a. a. O., S. 10.

Die nach dem Ende der Rekonstruktionsperiode in der BRD beginnende politische Auseinandersetzung um die Bildungsreform, in deren Verlauf fortschrittliche und reaktionäre Positionen aufeinanderprallten, lösen, wie wir in der Entwicklung der Reflektion von Furck bis Heydorn sahen, die mystifizierten Vorstellungen der Erziehungsgeschichte als Ideengeschichte auf. Die politische Dimension der Erziehung, die über den Machtkampf gesellschaftlicher Gruppen um staatlichen Einfluß auf das Erziehungssystem bestimmt ist, drängt sich nun dem Historiker der Erziehung auf. Erziehung als Veranstaltung des Staates und als Ausdruck der politischen Form des Gemeinwesens wird sichtbar. Da aber die Krise des Bildungssystems in der BRD zugleich mit dem Versuch des Aufbaues von antiautoritären Erziehungsprojekten innerhalb und außerhalb des staatlichen Erziehungssystems einherging, drängt sich dem Erziehungshistoriker zugleich die Vorstellung auf, daß Erziehung nicht nur von der bestehenden politischen Macht determiniert und funktionalisiert werden kann, sondern daß Erziehung auch in den Dienst des gesellschaftlichen Fortschritts treten wird. Sozialgeschichte der Erziehung konnte nun als Analyse der politischen Auseinandersetzung um Fortschritt und Reaktion im Erziehungssystem verstanden werden.

Die Krise des Erziehungssystems enthüllte aber nicht nur das Verhältnis von politischem System und Erziehungssystem. Angesichts von Engpässen und Überschüssen bestimmter Absolventen des Erziehungssystems beim Übergang in das Beschäftigungssystem wurden zugleich bestimmte Zusammenhänge von ökonomischem System und Erziehungssystem enthüllt. Mit der Einsicht in die ökonomische Determination der Entwicklung des Erziehungssystems wurde die Grundlegung einer Erziehungsgeschichte als Sozialgeschichte vertieft.

H. Titze formulierte zuerst den Anspruch, eine Sozialgeschichte der Erziehung hätte »den sozialen Wandel im Erziehungssystem im Zusammenhang mit Veränderung der gesellschaftlichen Arbeit ... zu untersuchen«[21]. Man erkannte nun, daß die Determination der Politik durch die Ökonomie auch für den Bereich der Erziehung gilt. B. Voigt betonte nun, daß das Erziehungssystem letztlich durch die Wirtschaft determiniert ist, weil es »dem kapitalistischen Produktionsprozeß und Reproduktionsprozeß die erforder-

21 H. Titze: Die Politisierung der Erziehung. Frankfurt 1973, S. 11.

lich qualifizierten Arbeitskräfte zur Verfügung stellen muß«[22].

Nicht nur die Funktionalisierung der Erziehung für die Interessen der Produktionsmittelbesitzer entspringt ökonomischen Interessen, sondern auch das Streben nach der Funktionalisierung der Erziehung für die Interessen der Lohnarbeiter wird von den ökonomischen Grundlagen der bürgerlichen Gesellschaft hervorgetrieben[23]. Sozialgeschichte der Erziehung muß deshalb die ökonomischen Grundlagen analysieren, die die politischen Auseinandersetzungen um die Erziehung hervortreiben. Auf der Basis der ökonomischen Anatomie der bürgerlichen Gesellschaft können so die wirklichen Triebkräfte der Entwicklung der Erziehung erfaßt werden. Die Entwicklung der Erziehung entspringt ökonomisch begründbaren antagonistischen Interessen, weil die »staatstragenden Mächte« die Erziehung benutzen, um die Jugend »in die herrschende bürgerliche Ordnung zu integrieren . . . während die Arbeiterpartei die Jugendlichen für den eigenen Emanzipationskampf interessieren will«[24]. Mit der Entdeckung der ökonomischen Grundlagen der Bildungspolitik, die die Entwicklung des Erziehungssystems determiniert, wird nun auch die Klasse der Arbeiter als Träger des Fortschritts der Erziehung erkannt. Sozialgeschichte der Erziehung erhält deshalb die Aufgabe, »zur Rekonstruktion um das Wissen der proletarischen Emanzipationsbewegung im bildungspolitischen Bereich beizutragen«. Das sozialistische Erbe in der Erziehungsgeschichte soll sozialgeschichtlich erforscht werden, um es für eine historisch und systematisch begründete Intervention »einer am Emanzipationsinteresse der Arbeiterschaft orientierten politischen Bewegung der BRD zu aktualisieren«[25].

Die beginnende Rekonstruktion einer Arbeiterbewegung in der Bundesrepublik zwingt die aufgeklärten Erziehungshistoriker nicht nur zu den politischen, sondern auch zu den ökonomischen Aspekten einer Sozialgeschichte der Erziehung vorzustoßen. Der Prozeß der Konstitution der Erziehungsgeschichte als Sozialgeschichte hat damit einen Punkt erreicht, wo die Sozialgeschichte sich erstmals ihres Gegenstandsbereiches vergewissern kann. »Sozialgeschichte der Erziehung wird als Geschichte der Klassen-

22 B. Voigt: Bildungspolitik und politische Erziehung in den Klassenkämpfen, Frankfurt 1973, S. 12.
23 Vgl. B. Voigt, a. a. O., S. 25.
24 H. Titze, a. a. O., S. 235.
25 B. Voigt, a. a. O., S. 26.

kämpfe um die Vergesellschaftung der Erziehung begriffen, wie sie aus der Entwicklung der kapitalistischen Produktion hervorgehen[26].«

Eine soziologische Erziehungswissenschaft wird bei dem Ausbau der Grundlagen einer Erziehungsgeschichte als Sozialgeschichte auf der erarbeiteten Gegenstandsbestimmung aufbauen müssen. Sie wird darüber hinaus aber die Reflexion der Forschungsmethoden[27] und der Quellenanalyse[28] der Sozialgeschichte der Erziehung vorantreiben müssen. Eine soziologische Erziehungswissenschaft, die sich nur als historische verstehen kann, wird bei ihrer Weiterarbeit an einer deutschen Sozialgeschichte der Erziehung[29] sich sowohl auf die ökonomische Anatomie der bürgerlichen Gesellschaft wie auf vorliegende Analysen konkreter Abschnitte der Zeitgeschichte stützen müssen.

Wie in der allgemeinen Geschichtsschreibung ist auch in der Sozialgeschichte der Erziehung der Mangel an einer gründlichen Theorie gesellschaftlicher Entwicklung ein zentraler Hinderungsgrund für den Fortschritt auf diesem Gebiet[30]. Auf die theoretisch gefaßte weitere Dechiffrierung der gesellschaftlichen Bestimmtheit des Erziehungssystems in systematischer und historischer Dimension wird es ankommen. Erst auf einer derartigen Basis kann es gelingen, sowohl die allgemeinsten Gesetze der Entwicklung des Erziehungssystems als auch die aktuellen Auswirkungen dieser Gesetze so zu begreifen, daß wissenschaftliche Grundlagen für den Fortschritt der Erziehung bereitgestellt werden können.

---

26 L. v. Werder: Sozialistische Erziehung in Deutschland. Frankfurt 1974, S. 8, Fußnote 36.

27 Erste Ansätze dazu vgl. E. Engelberg (Hrsg.): Probleme der marxistischen Geschichtswissenschaft. Köln 1972.

28 Zu einem Ansatz sozialwissenschaftlicher Quellenanalyse vgl. C. Bobinska: Historiker und historische Wahrheit. Berlin 1967, S. 38–83.

29 Bei der Konstituierung einer Sozialgeschichte der Erziehung liegt die deutsche Erziehungswissenschaft im Rahmen der internationalen Erziehungswissenschaft weit zurück. Um den Stand der Sozialgeschichte der Erziehung in Frankreich und England zu begreifen, sollte man z. B. P. Ariès: Geschichte der Kindheit, München 1975, oder R. Hoggart: The Uses of Literacy, Harmondsworth 1973, lesen.

30 Zum Problem der Theoriearmut der Geschichtsschreibung vgl. H. U. Wehler: Geschichte als historische Sozialwissenschaft . . ., a. a. O., S. 24 ff.; H. P. Dreitzel: Theorielose Geschichte und geschichtslose Soziologie. In: H. U. Wehler (Hrsg.): Geschichte und Soziologie, Köln 1972, S. 37 ff.

3. Der Mensch ist ein utopisches Wesen

Als wichtiges Kriterium der Wissenschaftlichkeit einer Erziehungstheorie gilt ihre Basierung auf einer pädagogischen Anthropologie. Heute lassen sich innerhalb der verschiedenen Versuche pädagogischer Wissenschaft hauptsächlich drei Typen pädagogischer Anthropologie unterscheiden[1]. Man greift auf die philosophische Anthropologie eines Plessner, Gehlen oder Scheler zurück. Man entwickelt eine Anthropologie von Kindheit und Jugend. Man versucht schließlich, »den Ertrag der verschiedensten Wissenschaften vom Menschen für die Erziehungswissenschaft fruchtbar zu machen«[2].

Eine Verwissenschaftlichung der Erziehungstheorien und pädagogischen Praxis auf der Basis dieser Anthropologien, so wichtig ihre Einzelergebnisse auch sind, ist nicht möglich. Diese pädagogischen Anthropologien können ihr Hauptziel: nicht nur die Natur des Menschen zu ergründen sondern auch die »Veränderlichkeit dieser Natur«[3], kaum erreichen. Sie verfehlen die gesellschaftliche Determination des Menschen. Die gesellschaftlichen Verhältnisse der bürgerlichen Gesellschaft, die den Menschen, seine Erziehbarkeit und das mögliche Erziehungsziel konstituieren, geraten diesen Ansätzen pädagogischer Anthropologie nicht in den Blick.

Wenn Erziehungstheorie nicht zugleich zur Spekulation verkommen oder empiristisch an der Oberfläche der Verhältnisse stehenbleiben will, muß sie die Selbstschöpfung des Menschen durch Bearbeitung seiner eigenen wie der äußeren Natur erkennen. Soziologische Erziehungstheorie muß sich die Bedingungen der Möglichkeit von Erziehung und der Veränderbarkeit des Menschen durch eine soziologische Anthropologie aneignen[4].

---

1 Zu den verschiedenen neueren Ansätzen der pädagogischen Anthropologie vgl. W. Loch: Die pädagogische Dimension der Pädagogik. Essen 1963, H. Roth: Pädagogische Anthropologie. Hannover 1966, Bd. 1, S. 31–70, D. Kamper: Neuere Ansätze zu einer pädagogischen Anthropologie. In: Th. Ellwein u. a. (Hrsg.): Erziehungswissenschaftliches Handbuch. Berlin 1971, Bd. 3, 1, S. 101–154.

2 D. Kamper, a. a. O., S. 105.

3 H. Roth, a. a. O., S. 104.

4 Einen Überblick über Bemühungen zur Konstituierung einer soziologischen Anthropologie gibt W. Lepenies: Soziologische Anthropologie. München 1971.

Die Veränderbarkeit des Menschen hängt immer ab von den gesellschaftlichen Bedingungen, die heute die Bedingungen einer Klassengesellschaft sind. Die Veränderbarkeit des Menschen zeigt sich heute nur in seiner Fähigkeit zur Antizipation der Utopie von klassenloser Gesellschaft. Nur unter dieser Perspektive, unter dem Ziel, den Menschen zur Verwirklichung der Bürgerrechte zu erziehen, ist Erziehung, die ihren Namen verdient, möglich. Erst dieses Ziel kann das erzieherische Handeln an der Vermittlung des individuellen und gesellschaftlichen Interesses an Emanzipation orientieren.

Soziologische Anthropologie zeigt einer soziologischen Erziehungswissenschaft sowohl die gesellschaftlichen Grenzen der Veränderung des Menschen in der bürgerlichen Gesellschaft wie die Möglichkeiten der Verwirklichung des Wesens des Menschen in einer herrschaftlosen Gesellschaft. Sie leistet zugleich einen Beitrag zur Orientierung des Erziehungshandelns an der heute herrschenden Entfremdung des Menschen. Soziologische Anthropologie ist in der Klassengesellschaft der konkreten Utopie verpflichtet.

Wenn auch erst Ernst Bloch in seinem »Prinzip Hoffnung« wichtige Aspekte einer soziologischen Anthropologie entfaltet hat[5], so liegen die Grundlagen schon bei Marx vor. Sie sollen im folgenden rekonstruiert werden.

Zum Problem der Marx-Interpretation

Wenn man darangeht, die soziologische Anthropologie bei K. Marx zu rekonstruieren, so steht man vor dem Problem der Marx-Rezeption und -Interpretation. Ein Problem ist dabei die Beantwortung der Frage, ob zwischen dem Frühwerk Marx' und dem Spätwerk ein Zusammenhang besteht. Hier also konkret: ob die Anthropologie des »Kapitals« auf der Anthropologie der Frühschriften aufbaut.

Die Geschichte des Marxismus hat hier gegenüber Marx unterschiedliche Haltungen entwickelt. Der Stalinismus z. B. rechnete die Marxschen Frühschriften kaum zum Marxschen Werk. Während die Entdeckung des jungen Marx (1932 ff.) dagegen diesen Teil

---

5 Vgl. besonders seine Theorie des antizipierenden Bewußtseins, in Ders.: Das Prinzip der Hoffnung. Frankfurt 1959, S. 49–394.

des Marxschen Werkes an Wertschätzung gewinnen ließ. Es entstand damit der Anschein, daß »alle seine späteren Werke Epigonentum seien, eine Abweichung von dem hauptsächlichen, besten, wirklichen Unvergänglichen in seiner Lehre«[6].

Ohne hier den Streit und seine Problematik analysieren zu können, gehen wir von der Kontinuität des Marxschen Denkens aus. Marx wird von uns nicht in zwei Teile geteilt und diese unterschiedlich bewertet, sondern ein Fortschritt, eine Entwicklung der Anthropologie vom jungen zum älteren Marx wird konstatiert und damit ein sich als fruchtbar zeigender Wink aufgenommen.

Bevor wir die Anthropologie im »Kapital« sichten können, ist deshalb die Vorstufe dieser Anthropologie in den Frühschriften zu skizzieren[7]. Beide implizite Darstellungen der Marxschen Anthropologie verweisen aufeinander. Das Verständnis der Anthropologie im »Kapital« setzt das Verständnis der Anthropologie der »Frühschriften« auf jeden Fall voraus.

1. Anthropologie in den Frühschriften

1.1. Veränderliches und Unveränderliches am Menschen

Marx verfällt nicht in eine affirmative Anthropologie, wenn bei ihm gleichfalls unveränderliche Wesenszüge des Menschen sich finden, da er zwischen diesen unveränderlichen Zügen und der Entwicklung des Menschen keinen Widerspruch findet. Die Grundbeziehung des Menschen ist für Marx in den Frühschriften die Beziehung des Menschen zur Welt. Er schreibt: »Der Mensch,

---

6 Vgl. T. I. Oisermann: Die Entfremdung als historische Kategorie. Berlin 1965, S. 24 f.

7 Zum Verhältnis der Anthropologie der Frühschriften zu der der Spätschriften vgl. E. Fromm: Das Menschenbild bei Marx. Frankfurt 1963, S. 71 ff., E. Thier: Das Menschenbild des jungen Marx. Göttingen 1957, S. 71, T. I. Oisermann, a. a. O., S. 19–41, E. Bloch: Das Prinzip der Hoffnung. Frankfurt 1959, S. 1607 f.
Weitere Analysen der Marxschen Anthropologie, die bewußt im folgenden nicht herangezogen werden, liegen vor bei: M. Landmann: De Homine. München 1962, S. 478 ff., dort auch weitere ältere Titel S. 568 ff., 573, W. Lepenis, H. Nolte: Kritik der Anthropologie. München 1971, H. Karras: Grundgedanken der sozialistischen Pädagogik in Marx' Hauptwerk Das Kapital. Frankfurt 1972, A. Schaff: Marxismus und das menschliche Individuum. Reinbek 1972.

das ist kein abstraktes, außer der Welt hockendes Wesen«[8]. Damit grenzt Marx seine Vorstellung gegen alle statischen und idealistischen Menschenbilder ab, indem er aber zugleich eine bleibende Bestimmung des Menschen aufdeckt. Diese Grundbeziehung des Menschen zur Welt geschieht mittels der menschlichen Sinne. Der Mensch ist stets auf Gegenstände bezogen. Erst die Tätigkeit der Sinne bestätigt den Menschen als Menschen: »Jedes seiner menschlichen Verhältnisse zur Welt, Sehen, Hören, Riechen, Schmecken, Fühlen, Denken, Anschauen, Empfinden, Wollen, Tätigsein, Lieben, ... sind ... die Aneignung der menschlichen Wirklichkeit.« (Frühschriften, S. 240). Wenn der Mensch innerweltliches Sinnenwesen ist, so ergibt sich die Frage nach dem Ursprung des Menschen. Marx antwortet hier: »Der Mensch ist unmittelbar Naturwesen.« (Frühschriften, S. 274).

Wenn der Mensch jedoch durch die Natur entworfen und ans Licht gebracht worden ist, dann stellt sich als weitere Frage, wie dieses möglich war. Hier antwortet Marx mit dem Verweis auf die vorliegende Geschichte, in der er den vorliegenden Entstehungsakt des Menschen sieht. »Die ganze sogenannte Weltgeschichte ist nichts anderes als die Erzeugung des Menschen.« (Frühschriften, S. 247). An anderer Stelle schreibt er: »Die Geschichte ist die wahre Naturgeschichte des Menschen.« (Frühschriften, S. 275). Mit Hegel ist sich der junge Marx dann einig, daß sich der Vorgang der Entwicklung des Menschen als Arbeit darstellt. Er begreift deshalb »die Arbeit als den Selbsterzeugungsakt des Menschen.« (Frühschriften, S. 281). Marx stellt fest: »Indem die Menschen ihre Lebensmittel produzieren, produzieren sie indirekt ihr Leben selbst.« (Frühschriften, S. 347). Dieser Selbsterzeugungsakt geschieht für Marx auf dem Boden sozialer Tatsachen: in der Gesellschaft. Der Mensch ist gesellschaftlich bedingt und bestimmt. Der Mensch ist nach Marx immer das Produkt gesellschaftlicher Arbeit: »Was (die Menschen) sind, fällt also zusammen mit ihrer Produktion, sowohl damit, was sie produzieren, als auch damit, wie sie produzieren.« (Frühschriften, S. 347). Der Mensch als innerweltliches sinnenhaftes Naturwesen schafft sich stets durch Arbeit, die jeweils das Produkt der gesellschaftlichen Arbeitsverhält-

---

8 K. Marx: Die Frühschriften. Hrsg. S. Landshut. Stuttgart 1964, S. 208. Diese Arbeit wird im folgenden nur zitiert als »Frühschriften«.

nisse ist. Marx schreibt: »Wie die Gesellschaft selbst den Menschen als Menschen produziert, so ist sie durch ihn produziert.« (Frühschriften, S. 237).

Der Mensch konstituiert sein Selbstbewußtsein in gesellschaftlichen Beziehungen. Die Begründung, die Marx für diese Erkenntnis gibt, lautet: »Nicht nur das Material meiner Tätigkeit ist mir ... als gesellschaftliches Produkt gegeben, mein eigenes Dasein ist gesellschaftliche Tätigkeit: darum das, was ich aus mir mache, ich aus mir für die Gesellschaft mache und mit dem Bewußtsein meiner als eines gesellschaftlichen Wesens.« (Frühschriften, S. 238).

Dadurch, daß die vergesellschaftete Welt durch den Menschen produziert worden ist, ist der beherrschbare Bereich der Welt auch allen Menschen zugänglich. Der Mensch ist universal, allseitig. Marx begreift diesen Sachverhalt folgendermaßen: »Der Mensch eignet sich sein allseitiges Wesen auf eine allseitige Art an, also als ein totaler Mensch.« (Frühschriften, S. 240). Der unveränderliche wirkliche Mensch ist also der, der ein Bedürfnis nach dieser allseitigen universalen Welt hat und mit allen Sinnen an allem Menschlichen partizipieren möchte. »Der reiche Mensch ist zugleich der einer Totalität der menschlichen Lebensäußerungen bedürftige Mensch. Der Mensch, in dem seine eigene Verwirklichung als innere Notwendigkeit, als Not existiert.« (Frühschriften, S. 246).

Bedingung für dies allseitige Verhältnis ist die allseitige menschliche Kommunikationsfähigkeit, die auf menschliche Aktion mit menschlicher Reaktion tätig werden läßt. »Setze den Menschen als Menschen und sein Verhältnis zur Welt als ein menschliches voraus, so kannst Du Liebe nur gegen Liebe austauschen, Vertrauen nur gegen Vertrauen.« (Frühschriften, S. 301). Neben diesen bleibenden Grundbestimmungen des Menschen kennen die Frühschriften noch die veränderlichen Züge des Menschen.

Die bisher entwickelte Anthropologie von Marx würde sich trotz ihres realistischen Gehaltes kaum in ihrem kritischen Wesen, das auf die Veränderbarkeit des Menschen insistiert, zeigen, wenn Marx nicht die Geschichte der menschlichen Selbstproduktion, die Veränderung des Menschen in seiner Abhängigkeit von den sich entfaltenden Gesellschafts- und Produktionsbedingungen zugleich genauer geschildert hätte. In den Frühschriften finden sich Ansätze zu dieser Analyse, auf die soziologische Anthropologie gründet. Die Sinnenhaftigkeit des Menschen ist je geschichtlich und abhängig vom Stand der Entwicklung von Produktion und Konsum.

Marx erkennt: »Die Bildung der fünf Sinne ist eine Arbeit der ganzen bisherigen Weltgeschichte.« (Frühschriften, S. 242).

Die Entwicklung des Menschen ist für Marx in der Entwicklung der menschlichen Lebensäußerungen faßbar. Zu diesen Lebensäußerungen zählt Marx nicht allein die Religion, die Politik und die Kunst, sondern Marx erkennt, »wie die Geschichte der Industrie und das gewordene gegenständliche Dasein der Industrie das aufgeschlagene Buch der menschlichen Wesenskräfte ist.« (Frühschriften, S. 243).

Die Entwicklung des Menschen wird aber nicht nur von der Aktivität seiner Wesenskräfte, sondern auch von den sich entwickelnden Verhältnissen bestimmt. Jede neue Generation hat die vorfindliche Welt zu übernehmen, indem sie in die Welt hineinwächst, geschieht das unter dem Einfluß des Entwicklungsstandes der Produktivkräfte. Marx sieht so den Typ des Kaufmanns als eine Menschenform, die unter anderen gesellschaftlichen Bedingungen auftritt als der Typ des Kapitalisten. Innerhalb der Gesellschaft entdeckt Marx die Klassenstruktur. Je nach der Klassenzugehörigkeit gewinnt der Mensch veränderliche Gestalt. Deshalb begreift Marx das als veränderlich am Menschen, was durch Klassenzugehörigkeit und geschichtlichen Ort seine Ausprägung erfährt. Die 6. These über Feuerbach faßt diesen Sachverhalt erstmals exakt, wenn sie sagt: »Aber das menschliche Wesen ist kein dem einzelnen Individuum innewohnendes Abstraktum. In seiner Wirklichkeit ist es das Ensemble der gesellschaftlichen Verhältnisse.« (Frühschriften, S. 340).

1.2. Zur Entfremdung des Menschen

Die Analyse der Geschichte der menschlichen Entwicklung zeigte Marx neben den sich mit den Gesellschaftsstrukturen wandelnden anthropologischen Zügen des Menschen auch die sich wandelnde Unmenschlichkeit und Entmenschlichung. Der Mensch ist damit für Marx nicht nur das Wesen, das sich zu seinem Teil selbst produziert, sondern das Wesen, das in den von ihm geschaffenen Verhältnissen unterjocht wird. Neben die Analyse des wirklich möglichen Menschen tritt für soziologische Anthropologie die Einsicht in den wirklich unmöglichen Menschen: den entmenschten, entfremdeten Menschen[9]. Die Entfremdung tritt für Marx in den »Frühschriften« am deutlichsten im Arbeitsprozeß des Menschen dann zutage, wenn dem Menschen das Produkt seiner Arbeit, in das er seine eigenen Wesenskräfte verausgabt hat, nicht gehört, sondern wenn es ihm nach dem Produktionsakt als ein fremdes, einem anderen gehöriges gegenübertritt. Marx schreibt: »Die Entfremdung erscheint ... darin, daß mein Lebensmittel eines anderen ist, (sowie) daß das, was mein Wunsch, der unzugängliche Besitz eines anderen ist ...« (Frühschriften, S. 266). Zwar sieht Marx die Menschen kollektiv produzieren, aber er erkennt die Verteilung des Besitzes auf wenige. Dem Menschen wird damit seine Tätigkeit, indem er sich nicht sein Wesen aneignet, sondern entäußert, zum Zwang. Der Mensch gewinnt unter derartigen Arbeitsverhältnissen keine Vermenschlichung, sondern verfällt der Entmenschung. Nicht nur das Produkt der Arbeit wird dem Menschen bei Besitzverhältnissen, in denen alle arbeiten, aber nur wenige besitzen, entfremdet, auch die Arbeit selber empfindet der Mensch nicht mehr als seine eigene. Sie gehört während der Arbeit nicht zu ihm, er erfährt durch sie kein Glück, sondern sein Elend.

Die Entfremdung erlangt ihre Vollständigkeit, wenn das Verhältnis des Menschen zur Natur ebenfalls entfremdet ist. Die Natur ist ihm entfremdet, wenn er sie in der Arbeit, seiner Befähigung gemäß, nicht frei umgestalten kann, und wenn er in der Freizeit nicht die Fülle der Natur erfährt. Die Entfremdung offenbart damit ein doppeltes Elend des Menschen. Indem die gesellschaftlichen Verhältnisse Produkt seiner Tätigkeit sind, stellt die in ihnen erfahrene Entfremdung sich als Folge seines Wirkens dar.

Von der Geschichte der Selbstentfremdung, die damit die Geschichte der Selbstproduktion des Menschen begleitet, macht Marx in den Frühschriften über die vor der kapitalistischen Gesellschaft liegende Entfremdung nur wenige Angaben. So sagt Marx lediglich über die Lage des Menschen in der Monarchie: »Das Prinzip der Monarchie überhaupt ist der verachtete, der verächtliche, der entmenschte Mensch.« (Frühschriften, S. 163). Im Anschluß an das von Hegel beschriebene Verhältnis von Herr und Knecht sieht Marx in der Herrschaft des Menschen über den Menschen eine dauernde Unmenschlichkeit. Die Epoche der Monarchie ist eine Epoche der Entfremdung.

---

9 Zum Entfremdungsproblem bei Marx vgl. auch J. Israel: Der Begriff der Entfremdung. Reinbek 1972, S. 12–125.

Einen Einblick in die Geschichte der Selbstentfremdung stellt für Marx in den Frühschriften hauptsächlich der Einblick in die Geschichte der Klassenstruktur und der Klassenkämpfe dar. Wenn er deshalb schreibt: »Die Geschichte aller bisherigen Gesellschaften ist die Geschichte von Klassenkämpfen« (Frühschriften, S. 525), so sieht er in den sich perpetuierenden Klassenkämpfen die Entwicklung der Entfremdung in der bisherigen menschlichen Geschichte. Die sich wandelnde Form der Entfremdung sieht der junge Marx darin, daß sich der Freie in der Beherrschung des Sklaven durch den Patrizier, der den Plebejer unterdrückte, ablösen ließ. Auf das Unterdrückungsverhältnis Baron–Leibeigener folgte die Herrschaft des Bourgeois über den Proletarier.

Die Verhältnisse von allen Menschen geschaffen, schaffen in steigendem Maße die Unterjochung vieler Menschen durch wenige. Daß in dem Verhältnis von Unterdrücker und Unterdrücktem für beide Teile Selbstentfremdung herrscht, notiert Marx für das Verhältnis Bougeois-Proletarier, wenn er sagt: »Die besitzende Klasse und die Klasse des Proletariats stellen dieselbe menschliche Selbstentfremdung dar. Aber die erste Klasse fühlt sich in dieser Selbstentfremdung wohl . . . die zweite fühlt sich in der Entfremdung vernichtet.« (Frühschriften, S. 317).

Tiefere Einblicke in die Entfremdung des Menschen und ihre Ursachen gelingen dem jungen Marx für die Periode der industriellen Gesellschaft. Hier stellt er, indem er auf die kapitalistischen Eigentumsverhältnisse als Ursache der Entfremdung blickt, fest:

1. Die Vollsinnlichkeit und Sinnentätigkeit des Menschen ist reduziert: »An die Stelle aller physischen und geistigen Sinne ist daher die Entfremdung aller dieser Sinne, der Sinn des Habens getreten.« (Frühschriften, S. 214).
2. An die Stelle der freien humanen Beziehungen und Tätigkeiten ist die alleinige Sucht nach Kapital getreten: »Je weniger Du ißt, trinkst, Bücher kaufst, in das Theater gehst . . . denkst, liebst, theoretisierst, singst, machst, fühlst, um so mehr sparst Du, um so größer wird Dein Schatz, den weder Motten noch Staub fressen, Dein Kapital.« (Frühschriften, S. 258).
3. An die Stelle der Wertschätzung der Persönlichkeit hat sich die Wettmachung aller Mängel durch Geld gesetzt: »Was ich qua Mensch nicht vermag, was also alle meine individuellen Wesenskräfte nicht vermögen, das vermag ich durch das Geld.« (Früh-

schriften, S. 299).

4. An die Stelle der Erweiterung der menschlichen Wesenskraft und der Bereicherung der humanen Kräfte ist die Versklavung in Konsumzwängen getreten: »Mit der Masse der Gegenstände (der Waren) wächst daher das Reich der fremden Wesen, denen der Mensch unterjocht ist.« (Frühschriften, S. 254). Dieser Konsumzwang scheint sich noch zu steigern, da durch die Konkurrenz der Produzenten um den Konsumenten eine ständige Verfeinerung und Raffinierung der Waren erzwungen wird. »Die Produktion muß durch die Konkurrenz nur allseitiger, luxuriöser werden.« (Frühschriften, S. 259).
5. Anstatt daß die Steigerung der gesellschaftlichen Produktivkräfte eine Vergrößerung menschlicher Allseitigkeit ermöglichen, machen die herrschenden Verhältnisse den Menschen zur Ware: »Die Produktion produziert den Menschen nicht nur als eine Ware ... sie produziert ihn als ein ebenso geistig wie körperlich entmenschtes Wesen.« (Frühschriften, S. 303). Die Hoffnungen, die die Menschheit in die Einführung der Maschine gesetzt haben mag, werden unter den herrschenden Verhältnissen betrogen. »Die Maschine bequemt sich der Schwäche des Menschen, um den schwachen Menschen zur Maschine zu machen.« (Frühschriften, S. 257).

Soziologische Anthropologie, wie sie der junge Marx entfaltet, schreitet von der Diagnose der menschlichen Möglichkeiten zur Entlarvung der menschlichen Unmöglichkeiten fort. Sie beruhigt sich aber nicht bei einer Interpretation des Menschen, sondern möchte Möglichkeiten menschlicher Veränderung aufdecken. Darum ist ihr die Frage nach den Möglichkeiten der Aufhebung der Entfremdung die Hauptsache.

1.3. Zur Emanzipation des Menschen

In den Frühschriften beginnt Marx seine Reflexion über Möglichkeiten der Emanzipation, indem er auf seine Einsichten in das sich entwickelnde Wesen des Menschen und der Verhältnisse wie in die Grundbedingung des Menschseins aufbaut.

Marx gründet seine Beurteilung der Möglichkeit der Emanzipation als Aufhebung der Entfremdung auf die aufklärerische Einsicht: »Wenn der Mensch von den Umständen gebildet wird, so muß man die Umstände menschlicher bilden.« (Frühschriften,

S. 334). Unter menschlichen Umständen versteht Marx kommunistische Verhältnisse. Diese Gesellschaftsform, in der die Emanzipation des Menschen einen guten Schritt vorwärts tun soll, ist für Marx kein mit der Realität unvermitteltes Ideal, sondern er stellt fest: »Wir nennen Kommunismus die wirkliche Bewegung, welche den jetzigen Zustand aufhebt.« (Frühschriften, S. 361). Diese Bewegung ist für Marx darin mit der Realität vermittelt: »daß die Bedingungen dieser Bewegung sich aus den jetzt bestehenden Voraussetzungen ergeben.« (Frühschriften, S. 361). Inwieweit die kommunistische Bewegung auf die Emanzipation des Menschen aus ist, zeigt sich für Marx darin, daß Kommunismus »das wirkliche Werden, die wirklich für den Menschen gewordene Verwirklichung seines Wesens ist«, (Frühschriften, S. 281) »die wirkliche Aneignung des menschlichen Wesens durch und für den Menschen.« (Frühschriften, S. 235).

Welchen Weg soll die menschliche Emanzipation nun konkret einschlagen, wenn sie von den Verhältnissen einerseits und von der möglichen menschlichen Verwirklichung andererseits ausgeht? Marx antwortet: Emanzipation habe den Weg »revolutionärer Praxis«, d. h. den Weg »des Zusammenfallens, des Änderns der Umstände und der menschlichen Tätigkeit« einzuschlagen. (Frühschriften, S. 340). Der Hebel für diese Veränderung liegt für den jungen Marx »in der Bildung einer Klasse mit radikalen Ketten.« (Frühschriften, S. 222).

Marx sieht den Ansatz zur Veränderung der Verhältnisse darin, daß die Verhältnisse mit dem völligen Verlust der Menschlichkeit auch das Potential der emanzipierenden Revolution produziert haben: die Proletarier, »die nichts zu verlieren haben, als ihre Ketten.« (Frühschriften. S. 560). Die Emanzipation hat für Marx folgende Gestalt: »Der Kopf dieser Emanzipation ist die Philosophie, ihr Herz das Proletariat.« (Frühschriften, S. 224).

Der junge Marx setzt seine Hoffnung bei der Durchsetzung der Emanzipation auf die Arbeiterklasse. Sie wird nach dem kategorischen Imperativ handeln »alle Verhältnisse umzuwerfen, in denen der Mensch ein erniedrigtes, ein geknechtetes, ein verlassenes, ein verächtliches Wesen ist.« (Frühschriften, S. 216). Wenn die Arbeiterklasse vorerst nur den Traum von einer besseren Gesellschaft hegt, so wird ihr dieser Traum noch zum Bewußtsein kommen, um ihn durchzusetzen. (Vgl. Frühschriften, S. 171).

Der Mensch ist für Marx das utopische Wesen. Der Mensch ist

erst bei sich selbst, wenn er »morgens jagt, nachmittags fischt abends Viehzucht treibt . . . heute dies, morgen jenes tut«. (Frühschriften, S. 361). Der Mensch ist darauf angelegt, daß er die »gesellschaftliche Entwicklung bewußt übernimmt und gemeinsam kontrolliert«, (Frühschriften, S. 366), und eine höhere Gesellschaftsform erkämpft, worin »die freie Entwicklung eines jeden die Bedingung für die freie Entwicklung aller ist.« (Frühschriften, S. 548).

Wir werden beim späten Marx hier einen entwickelteren Standpunkt finden.

2. Anthropologie im Kapital

Hatte es sich aus den Aussagen über den Menschen in den Marxschen Frühschriften ergeben, daß Marx neben dem Unveränderlichen am Menschen einen großen Bereich menschlicher Veränderbarkeit sah, so sagt Marx im »Kapital« ganz bewußt, daß es sich beim Menschen »erst um die menschliche Natur im allgemeinen und dann um die in jeder Epoche historisch modifizierte Menschennatur handelt[10].« Es ist deshalb legitim, auch bei der Betrachtung der Anthropologie im »Kapital« von diesem Doppelcharakter im menschlichen Wesen auszugehen.

2.1. Die allgemeine und die historische Natur des Menschen

Marx hält im »Kapital« am tätigen Wesen des Menschen fest. Ja, Marx notiert nun exakt die Welt des Menschen als Ort eines ständigen Entwicklungsprozesses. So schreibt er: »Tiere und Pflanzen, die man als Naturprodukte zu betrachten pflegt, sind . . . in ihren jetzigen Formen Produkte einer durch viele Generationen, unter menschlicher Kontrolle, vermittels menschlicher Arbeit, fortgesetzten Umwandlung.« (K. I, S. 196). Die Erde kommt mit ihren Bodenschätzen dem Menschen stets entgegen. »Die Erde . . . findet sich ohne sein Zutun als der allgemeine Gegenstand der menschlichen Arbeit vor.« (K. I, S. 193). Auf ihr findet der Mensch alle Stoffe der Produktion und Reproduktion seines Lebens. Die Natur

10 K. Marx, F. Engels: Werke. Berlin 1962, Bd. 23, S. 637. Dies ist »Das Kapital«, Bd. 1. Die Bände 2–3 sind als Bd. 24 und 25 in dieser Werkausgabe erschienen. Im folgenden werden diese drei Bände als K I, K II, K III zitiert.

beschenkt den Menschen. Der arbeitende Mensch ist das von der Natur am reichsten bedachte Wesen: »So wird das Natürliche selbst zum Organ seiner Tätigkeit, ein Organ, das er seinen eigenen Leibesorganen hinzufügt, seine natürliche Gestalt verlängernd ...« (K. I, S. 194). Marx sieht den Menschen im »Kapital« einerseits dahin charakterisiert, daß die Natur ihm bleibend erschlossen ist, andererseits, daß er fähig ist zum »Gebrauch und zur Schöpfung von Arbeitsmitteln.« (K. I, S. 194). Der Mensch ist für Marx hier im Anschluß an Franklin »ein Werkzeuge fabrizierendes Tier« (K. I, S. 194). In der Körpergestalt des Menschen, in der Vorfindlichkeit von Kopf und Hand, entdeckt Marx die Grundlagen der menschlichen Tätigkeit: »Der einzelne Mensch kann nicht auf die Natur wirken ohne Betätigung seiner eigenen Muskeln unter Kontrolle seines eigenen Hirns ... Der Arbeitsprozeß vereint Kopfarbeit und Handarbeit.« (K. I, S. 531). Der Mensch als Kopfarbeiter ist dem Tier weit überlegen: »Was aber von vornherein den schlechtesten Baumeister von der besten Biene auszeichnet, ist, daß er die Zelle in seinem Kopf gebaut hat, bevor er sie in Wachs baut«. (K. I, S. 193).

Hatte Marx in den Frühschriften die Innerweltlichkeit des Menschen nur skizziert, so liegt im Kapital die erweiterte Einsicht in das Verhältnis von Mensch und Welt vor, in der die Natur den Menschen mit allen Lebensgrundlagen ausgerüstet und der Mensch in seiner Arbeit diese Anlagen weitest genutzt hat.« »Die Technologie«, schreibt Marx, »enthüllt das aktive Verhältnis des Menschen zur Natur.« (K. I, S. 393). In der Arbeit sieht Marx nun endgültig für den Menschen eine ewige Naturnotwendigkeit: »Die Arbeit ist eine von allen Gesellschaftsformen unabhängige Existenzbedingung des Menschen, ewige Naturnotwendigkeit, um den Stoffwechsel zwischen Mensch und Natur, also das menschliche Leben, zu vermitteln.« (K. I, S. 57, vgl. K. I, S. 198, K. III, S. 823).

Der Arbeitsprozeß als solcher, der auf seiten des Menschen wie der Natur gewisse Konstanten voraussetzt, ist für Marx eine unveränderliche Lebensbedingung des Menschen. Er schreibt: »Soweit der Arbeitsprozeß nur ein bloßer Prozeß zwischen Mensch und Natur ist, bleiben seine einfachen Elemente allen gesellschaftlichen Entwicklungsformen desselben gemein.« (K. III, S. 891). Als innerweltliches Wesen, das sich durch Arbeit die Lebensbedingungen schafft, ist der Mensch der Natur aufs verwandteste anvertraut: »Der Mensch kann in seiner Produktion nur verfahren wie die Natur selbst, d. h. nur die Formen der Stoffe ändern ... in dieser Arbeit der Formung selbst wird er beständig unterstützt von Naturkräften.« (K. I, S. 758). Wenn Marx die Feststellung William Pettys zitiert: »Die Arbeit ist (des Menschen) Vater und die Erde seine Mutter«, (K. I, S. 58), so drückt sich darin seine Einsicht in die eigentliche Harmonie zwischen Mensch und Natur aus, die in der heutigen höchsten Entwicklung der menschlichen Herrschaft in der Natur offenbar wird. Neben dieses menschliche Wesensverhältnis tritt im Kapital wie in den Frühschriften das Verhältnis des Menschen zur Gesellschaft. Auch im Kapital geht Marx von der grundlegenden Einsicht aus, daß »der Mensch von Natur ... ein gesellschaftliches Tier ist.« (K. I, S. 346).

Zwei Grundtriebe, den Trieb zur Produktion und zum Konsumieren erscheinen Marx in allen sich wandelnden Produktions- und Konsumverhältnissen unwandelbar. Marx schreibt: »Wie am ersten Tage seiner Erscheinung auf der Erdbühne, muß der Mensch noch jeden Tag konsumieren, bevor und während er produziert.« (K. I, S. 183, vgl. K. III, S. 885).

Werden auch die Kooperationsfähigkeiten und Möglichkeiten in jeder Gesellschaftsform anders aussehen, so gehört doch die Fähigkeit zur Kooperation als Erweiterung der menschlichen Wirkung und Kommunikation zum bleibenden Wesen des Menschen. »Im planmäßigen Zusammenwirken mit anderen streift der Arbeiter seine individuellen Schranken ab und entwickelt sein Gattungsvermögen.« (K. I, S. 349).

Vergleichen wir diese Aussagen über das allgemein menschliche Wesen mit den Aussagen aus den Frühschriften, so bemerken wir, daß sich Marxens Auffassung vom Wesen des Menschen im Grunde kaum geändert hat.

Der alte Marx, der im »Kapital« mit der Analyse der herrschenden industriellen Gesellschaft zugleich die Genese ihrer Elemente in gewissen Illustrationen historisch erhellt, bietet gegenüber dem jungen Marx ein ungleich genaueres Bild der Entwicklung des Menschen in der Geschichte seiner Arbeits- und Eigentumsverhältnisse.

In der Urgesellschaft herrscht »gemeinschaftlicher Besitz des Grund und Bodens. Die Hauptmasse der Produkte wird für den unmittelbaren Selbstbedarf der Gemeinde produziert.« (K. I, S. 378). Da die Arbeit zwar geteilt, aber nicht wie in der großen Industrie zersplittert ist, so bleibt jedem Menschen die Möglichkeit, einen angemessenen Teil der Arbeitswelt selbständig auszufüllen, so daß er »nach überlieferter Art, aber selbständig und ohne Anerkennung irgendeiner Autorität in seiner Werkstatt, alle zu seinem Fach gehörigen Operationen verrichtet.« (K. I, S. 379). Hier ist es dem Menschen möglich, seine Arbeit ohne den Druck entfremdender Besitzverhältnisse voll und ganz zu tun, die Natur zu verändern und im Produkt sich selbst wiederzufinden. Die Grundnatur des Menschen äußert sich in dem Bestreben, die Bedingungen seines eigenen Lebens zu reproduzieren. (vgl. K. III, S. 839).

Die auf die Urgesellschaft folgende Gesellschaftsform der Antike ist »bedingt durch eine niedrige Entwicklungsstufe der Produktivkräfte der Arbeit und entsprechend befangenen Verhältnissen der Menschen innerhalb ihres materiellen Lebenserzeugungsprozesses, daher zueinander und zur Natur.« (K. I, S. 93). Bei der wachsenden Weltbevölkerung äußert sich diese Befangenheit »in der Unreife des individuellen Menschen, der sich von der Nabelschnur des natürlichen Gattungszusammenhangs mit anderen noch nicht losgerissen hat« (K. I, S. 93), oder weil die Verhältnisse noch keine allgemeine Entwicklung von selbstbewußten Individuen zuließ »in unmittelbaren Herrschafts- und Knechtschaftsverhältnissen.« (K. I, S. 93). Da die Herrschaft der Produktionsverhältnisse über die Menschen noch nicht bewußt ist, erscheinen »die Herrschafts- und Knechtschaftsbedingungen als die unmittelbare Triebfeder des Produktionsprozesses.« (K. II, S. 839). Der Mensch erscheint hier seinem Wesen nach als unbewußtes mißbrauchbares und der Individuation noch unfähiges Wesen. Der menschlichen Unreife entsprechen die unterentwickelten Produktionsbedingungen.

In der mittelalterlichen Feudalgesellschaft findet Marx »jedermann abhängig – Leibeigene und Grundherren, Vasallen und Lehnsgeber, Laien und Pfaffen. Persönliche Abhängigkeit charakterisiert ebensosehr die gesellschaftlichen Verhältnisse der materiellen Produktion als die auf ihr aufgebauten Lebenssphären.« (K. I, S. 91). Die Natur des Menschen äußert sich dahin, sich in allgemeine Abhängigkeit zu begeben. Diese Abhängigkeit gründet in den Bedingungen der Produktion.

Der Übergang vom Feudalismus zum Kapitalismus hat, wie Marx zeigt, für das Wesen der Menschen weitreichende Folgen. Aus den von der Manufaktur verdrängten Handwerkern und den von Grund und Boden vertriebenen Bauern bilden sich die Heere der Arbeiter, die in der neuen Produktionsweise der großen Industrie ihre Lebensform, die Umstände ihrer Selbstproduktion finden. Marx schreibt, die Geschichte dieses Übergangs »ist in die Annalen der Menschheit eingeschrieben mit Zügen von Blut und Feuer.« (K. I, S. 743). Was man in der Moderne die »Unbehaustheit« des Menschen nannte, hat hier ihren eigentlichen Hintergrund.

Marx datiert von Beginn der »kapitalistischen Ära« seit dem 16. Jahrhundert. Er schreibt: »Dort, wo sie auftritt, ist die Aufhebung der Leibeigenschaft längst vollbracht und der Glanzpunkt des Mittelalters, der Bestand souveräner Städte, seit geraumer Zeit im Erbleichen.« (K. I, S. 743).

Die Anfänge der kapitalistischen Gesellschaft basieren auf der Manufaktur. Sie ist charakterisiert durch »die auf Teilung der Arbeit beruhende Kooperation.« (K. I. S. 356). Mit ihr beginnt die Zusammenfassung der Handwerker in Arbeitshäuser, die Verengung seines Tätigkeitsbereichs und die systematische Verknöcherung der Arbeitsteilung. Die Schlußgestalt der Manufaktur ist für Marx »ein Produktionsmechanismus, dessen Organe Menschen sind.« (K. I., S. 358). Dieser Produktionsmechanismus fordert für seine Lenkung die Konzentration unter kapitalkräftige Besitzer. Es ergibt sich für Marx schließlich »die unbedingte Autorität des Kapitalisten über Menschen, die bloße Glieder eines ihm gehörigen Gesamtmechanismus bilden.« (K. I, S. 377). Die individuelle Arbeitskraft, die der Handwerker in der Feudalgesellschaft noch ausüben konnte, verkrüppelt in der Arbeitsteilung. Der arbeitende Mensch wird in der Manufaktur reduziert »in das automatische Triebwerk einer Teilarbeit.« (K. I, S. 381). Sein Arbeits- und Lebensschicksal zeigt ihn als untergeordnetes Maschinenwesen.

Später entwickelt sich die große Industrie. Der Mensch dieser Epoche erfährt seine umfangreiche Analyse in Marx' »Kapital«. In unserem Zusammenhang kann eine Gesamtdarstellung des Kapitals natürlich nicht berücksichtigt werden, für uns ist es nur wichtig, die anthropologischen Einsichten des »Kapital« herauszuarbeiten.

Die große Industrie hebt mit ihrer vermehrten Maschinerie und Technisierung die manufakturmäßige Arbeitsteilung auf, »während zugleich die kapitalistische Form der großen Industrie jene Arbeitsteilung noch monströser reproduziert.« (K. I, S. 508). Die

Arbeit wird durch die hochgradige Technisierung so einfach, daß selbst Kinder im Heer der Arbeiter Aufnahme finden können. Damit wird der arbeitende Mensch im Zeitalter der großen Industrie weitgehend von den Verhältnissen auf einer kindlichen Stufe des Menschseins gehalten. Der arbeitende Mensch erlebt in dieser Epoche die ständige Konkurrenz der sich stets verfeinernden Maschinen, die »chronisches Elend in der mit ihr konkurrierenden Arbeiterschicht schafft.« (K. I, S. 454). Aus dieser Situation ergibt sich ein in der Geschichte der menschlichen Entwicklung ganz herausragendes menschliches Verhalten: »die brutale Revolte der Arbeiter gegen das Arbeitsmittel.« (K. I, S. 455). Da der arbeitende Mensch in der Epoche der großen Industrie nicht über die Produktionsmittel selbst verfügt, sondern nur über seine Arbeitskraft, verdient er nur so viel, wie notwendig ist, um ihn am Leben zu erhalten. Er erhält nur gegen Ware Geld und muß zur Reproduktion seines Lebens seine Arbeitskraft als Ware anbieten. »Das ganze System der kapitalistischen Produktion beruht darauf, daß der Arbeiter seine Arbeitskraft als Ware verkauft.« (K. I, S. 454).

Der Mensch in der großen Industrie ist käuflich und verkäuflich. Er wird mächtigen Produktionsmitteln unterworfen, von denen die Menschen anderer Epochen nichts wußten und erfuhren. Die große Industrie zeigt den Menschen als das mächtige und ohnmächtige Wesen zugleich.

Der späte Marx mußte jedoch den jüngeren Marx verleugnen, wenn er sich nur die Aufgabe gesetzt hätte, den Menschen zu interpretieren. Soziologische Anthropologie fragt nach den Bedingungen und Umständen der Entfremdung weiter, um nach den Möglichkeiten der Veränderung des Menschen zu fragen. In welcher Weise Marx im Anschluß an die Frühschriften im »Kapital« Entfremdung und Emanzipation entwickelt, gilt es nun zu untersuchen.

2.2. Zur Entfremdung des Menschen

Umfaßte der Entfremdungsbegriff in den Frühschriften alle Phänomene der Einengung und Entwertung des vollsinnigen und tätigen Menschen durch seine selbstgeschaffenen Verhältnisse, so begreift der späte Marx das Phänomen der Entfremdung hauptsächlich als Erscheinung im Arbeitsprozeß. Darin, daß nicht der Mensch die Arbeitsbedingungen bestimmt, sondern die Arbeitsbedingungen über den Menschen bestimmen, sieht er die Wurzel der

Entfremdung. »Das Arbeitsmittel erschlägt den Arbeiter«, notiert Marx im Kapital. (K. I, S. 45). Das Entfremdungsphänomen wird deutlich, wenn die produktive Arbeit des Menschen sich verengt und die Arbeit nicht aus eigener Verantwortlichkeit, auf eigene Rechnung und mit Selbstgewinn geschieht. (Vgl. K. I, S. 532). Wenn die Entwicklung der Produktionsmittel nicht zur Herrschaft des Menschen über diese führt, dann herrscht Entfremdung. Entfremdung bedeutet, daß der arbeitende Mensch statt seine Emanzipation zu produzieren, ständig nur eine »ihm fremde, ihn beherrschende und ausbeutende Macht produziert.« (K. I, S. 596).

Den ganzen Umfang kapitalistisch entfremdeter Arbeit hat Marx im Kapital mit folgenden Worten beschrieben: »Alle Mittel zur Entwicklung der Produktion schlagen um in Beherrschungs- und Exploitationsmittel des Produzenten, verstümmeln den Arbeiter in einen Teilmenschen, entwürdigen ihn zum Aushängsel der Maschine, vernichten mit der Qual seiner Arbeit ihren Inhalt, entfremden ihm die geistigen Potenzen des Arbeitsprozesses ... Sie verunstalten die Bedingungen, innerhalb deren er arbeitet, unterwerfen ihn während des Arbeitsprozesses der kleinlichsten gehässigsten Despotie, verwandeln seine Lebenszeit in Arbeitszeit.« (K. I, S. 674). Die Entfremdung ist ein Produkt der Verhältnisse, in denen es nicht als oberste Pflicht gilt, »dem Arbeiter den Arbeitsprozeß zu vermenschlichen, angenehm oder nur erträglich zu machen.« (K. III, S. 97).

Die Entfremdung, die eine Entfremdung des Menschen von seiner Tätigkeit ist, entwickelt sich für Marx mit der Entwicklung der menschlichen Arbeitsverhältnisse. Das Verständnis der Entwicklung und des Wesens der Entfremdung bedarf deshalb der Einsicht in die Arbeitsverhältnisse der sich wandelnden Gesellschaftsformen.

Wenn Marx im »Kapital« davon ausgeht, daß Entfremdung entfremdete Arbeit ist, so kann er doch für die Urgesellschaft unentfremdete Verhältnisse unterstellen. Er schreibt: »Die Natur gibt hier unmittelbar die Lebensmittel, die nicht erst produziert zu werden brauchen.« (K. III, S. 856). Der Urmensch ist für Marx nur auf eine sammelnde und jagende Tätigkeit angewiesen auf einer Erde, die allen gehört. Neben dem Reich der Notwendigkeit bleibt ein Bereich der Freiheit, in dem er Zeit hat, »andere Naturprodukte in Produktionsmittel ... zu verwandeln«. (K. III, S. 856).

Die antike Gesellschaft, durch die Zunahme der Produktionsmittel und Erweiterung der Produktionsverhältnisse von der Urgesellschaft geschieden, hat nach Marx schon »die Ungleichheit der

Menschen und ihrer Arbeitskräfte zur Naturbasis« (K. I, S. 74). Diese Ungleichheit wirkt sich dahin aus, daß der Mensch den Menschen zum Sklaven machen kann. Die erste Form der Entfremdung in der menschlichen Geschichte ist die Sklaverei. Diese Entfremdung zeigte sich an den ihrer Freiheit beraubten Menschen selbst. Sie trugen Ketten. (K. I, S. 599).

Für Marx findet in den folgenden Gesellschaftsformationen nicht nur die einfache Reproduktion des Konsumierten statt, sondern »sogleich in verschiedenem Maßstab, Reproduktion auf erweiterter Stufenleiter. Es wird progressiv mehr produziert und mehr konsumiert, also auch mehr Produkt in Produktionsmittel verwandelt.« (K. I, S. 624). Da stets mehr Menschen auf der Erde leben können, ergibt sich auch eine Vervielfältigung der Phänomene der Entfremdung im Laufe menschlicher Geschichte solange, bis die Güter der Erde allen, die Erde keinem gehört.

Die Feudalgesellschaft sieht Marx auf die Naturalform der Arbeit gegründet. Die Formen der Entfremdung sind nicht verschleiert, sondern greifbar. »Jeder Leibeigene weiß, daß es ein bestimmtes Quantum seiner persönlichen Arbeitskraft ist, die er in den Dienst seines Herrn verausgabt.« (K. I, S. 91). In Frondienst und Leibeigenschaft erweitern sich die Formen entfremdeter Arbeit. Trotz seiner tatsächlichen Unterwerfung unter den Arbeitsherrn blieb der ländliche Leibeigene aber »Miteigentümer des Gemeindelandes.« (K. I, S. 745).

Die ersten Anzeichen der Manufaktur bedeuten eine Revolutionierung der Produktionsverhältnisse. Die Auflösung der feudalen Gefolgschaften schleudert nach Marx »eine Masse vogelfreier Proletarier auf den Arbeitsmarkt.« (K. I, S. 746). Die Wollmanufaktur entwickelte sich mit dem Losungswort »Verwandlung von Ackerland in Schafweide.« (K. I, S. 746). Das Gemeindeland wurde enteignet. Marx zitiert in diesem Zusammenhang Thomas Morus, der von Zuständen sprach, »wo Schafe die Menschen auffressen.« (K. I, S. 747).

Die Enteignung vieler Kleinbauern, ihre Trennung von den Produktionsmitteln, die Reduzierung des Menschen auf den Träger von Arbeitskraft, die auf Arbeitsmärkten verkauft wurde, beschreibt die Grundformen der Entfremdung in der Epoche der Manufaktur und der großen Industrie.

Mit dieser neuesten Epoche steigen für Marx die Erscheinungen der Phänomene der Entfremdung sprunghaft an. Er analysiert folgende *Formen kapitalistischer Entfremdung:*

1. Arbeit wird zum Unglück: »Produktiver Arbeiter zu sein, ist daher kein Glück, sondern ein Pech.« (K. I, S. 532).

2. Die Arbeitsverhältnisse werden übermächtig. »Es ist nicht mehr der Arbeiter, der die Produktionsmittel anwendet, sondern es sind die Produktionsmittel, die den Arbeiter anwenden.« (K. I, S. 329).

3. Die Maschine beherrscht den Menschen statt umgekehrt. »Die Maschine wird mißbraucht, um den Arbeiter selbst von Kindesbeinen in den Teil einer Teilmaschine zu verwandeln.« (K. I, S. 445).

4. Der Mensch wird geteilt. Kopf- und Handarbeit fallen auseinander.

5. Der Arbeiter wird zum Teil überflüssig. »Die Maschine ersetzt den Arbeiter.« (K. I, S. 396). Seine handwerklichen Fähigkeiten werden von der Maschine übernommen und von der Maschine entwertet. Dem Menschen wird damit die Möglichkeit einer befriedigenden Vergegenständlichung in der Arbeit genommen. Das Dasein der arbeitenden Menschen erinnert Marx »an die massenhafte Reproduktion individuell schwacher und vielgehetzter Tierarten.« (K. I, S. 672). Der gesellschaftliche Reichtum konzentriert sich in wenigen gepflegten Händen, denen viele arbeitende, unkultivierte Hände gegenüberstehen.

6. Das Privatleben wird zerstört, da »die große Industrie mit der ökonomischen Grundlage des alten Familienwesens und der ihr entsprechenden Familienarbeit auch die alten Familienverhältnisse selbst auflöst.« (K. I, S. 513).

7. In der Arbeitswelt herrscht die Diktatur der Besitzer. »Die Macht asiatischer und ägyptischer Könige oder etruskischer Theokraten usw. ist in der modernen Gesellschaft auf den Kapitalisten übergegangen.« (K. I, S. 353). Das Arbeitsleben gleicht dem Krieg: »Der Befehl des Kapitalisten auf dem Produktionsfeld wird jetzt so unentbehrlich wie der Befehl des Generals auf dem Schlachtfeld.« (K. I, S. 350). Durch die Konkurrenz, die die moderne Industrie auszeichnet, wird der arbeitende Mensch einem »anarchistischen System« (K. I, S. 552) der Verschwendung und des Leerlaufs ausgeliefert, das in Zyklen von »zehn oder elf Jahren« in eine Krise mündet. (K. I, S. 662).

8. Der Mensch sieht sich durch die Verhältnisse vom Reichtum seiner Triebe und Strebungen auf die Armut der Profitgier redu-

ziert. »Es wird nur produziert, was und soweit es mit Profit reduziert werden kann.« (K. III, S. 269).

Die Grundform der kapitalistischen Entfremdung sieht Marx darin, daß sich zwei besonders geartete Menschenklassen feindlich gegenüberstehen. Eine Klasse schreibt der anderen Klasse, da diese vom Besitz der Produktionsmittel völlig entblößt ist, die Gesetze der Lebensumstände vor. Marx beschreibt dieses Produktionsverhältnis folgendermaßen: »Der Arbeiter arbeitet unter der Kontrolle des Kapitalisten, dem seine Arbeit gehört. Der Kapitalist paßt auf, daß die Arbeit ordentlich vonstatten geht und die Produktionsmittel zweckmäßig verwandt werden . . .« (K. I, S. 199).

Der Arbeiter muß sich dem Kapitalisten unterordnen, da er dem Kapitalisten die Nutzung seiner Arbeitskraft verkauft hat. Kapitalist und Proletarier kennen »auf dem Marktplatz nur ein Gesetz, das des Waren-Austauschs.« (K. I, S. 248). Die Folge dieses Gesetzes ist, daß der Käufer der Arbeitskraft aus dem Kauf der Ware das Recht und die Pflicht ableitet, aus der erworbenen Ware so viel wie möglich herauszuwirtschaften. Deshalb herrscht in einer kapitalistischen Gesellschaft Entfremdung als Entfremdung des Menschen vom Menschen. Der eine Mensch macht den anderen Menschen zum Mittel für seinen Privatzweck. Eine Klasse steht der anderen fremd gegenüber. Nicht nur in der Arbeiterklasse, auch in der Klasse der Kapitalisten herrscht ein Kampf aller gegen alle: »ein Verschlucken der Kleinkapitalisten durch die großen.« (K. II, S. 256). Die Konkurrenz der Waren macht auch die Menschen zu Konkurrenten. Das Gesetz der Konzentration zeitigt seine Opfer. »Je ein Kapitalist schlägt viele tot.« (K. I, S. 790).

Eine affirmative Anthropologie würde angesichts derartiger Verhältnisse auf die Frage: Was ist der Mensch? interpretieren: »Homo homini lupus«, wie es Hobbes tat und damit den Kampf aller gegen alle als ewiges Naturgesetz hinstellen. Der zynische Anthropologe würde mit Lamettrie sagen: »L'homme machine«. Der Mensch ist eben eine Maschine, oder mit Theodor Lessing: »Der Mensch ist ein größenwahnsinnig gewordener Raubaffe.« Der idealistische Anthropologe würde trotz allem vom Menschen als Geisteswesen sprechen und alle Realität mißachten. Die soziologische Anthropologie, wie Marx sie im Kapital darstellt, wendet sich von derartigen Interpretationen ab. Sie fragt weiter. Sie enthüllt, indem sie den Menschen als geschichtliches und damit sich wandelndes Wesen ernst nimmt, mit den Fakten der Entfremdung auch die Bedingungen und die Voraussetzungen der Emanzipation.

2.3. Zur Emanzipation des Menschen

Wenn wir an das Bild des emanzipationsfähigen Menschen aus den Frühschriften zurückdenken, so denken wir an den Menschen, der der wirklichen Aneignung seines Wesens im Kommunismus, wie Marx sagte (Frühschriften S. 235), fähig ist.

Der Mensch wurde dort als der die Emanzipation tragende Faktor dargestellt.

Im »Kapital« wird die Bedeutung des subjektiven Faktors abgeschwächt. Zwischen den Frühschriften und dem Spätwerk zeigt sich eine gewisse Entwicklung. Je mehr Marx Einsicht in die Entfremdung gewann, in der der Mensch von den Verhältnissen und nicht die Verhältnisse vom Menschen bestimmt werden können, desto weniger glaubte er an den einzelnen Arbeiter als Ansatz zur Aufhebung der Knechtschaft. Schreibt er 1843 an Ruge: »Nur dies (wiedererweckte Selbstgefühl des Menschen als Freiheit) kann aus der Gesellschaft wieder eine Gemeinschaft der Menschen für ihre höchsten Zwecke ... machen« (Frühschriften, S. 160), und denkt er dabei an den Arbeiter, als Träger der emanzipierenden Aktion, so sagt er im »Kapital« ganz objektivistisch: »Die kapitalistische Produktion erzeugt mit der Notwendigkeit eines Naturprozesses ihre eigene Negation.« (K. I, S. 791). Er stellt fest, daß die Entwicklung des Kapitalismus »langwieriger, härter und schwieriger war als die Verwandlung des tatsächlich bereits auf gesellschaftlichem Produktionsbetrieb beruhenden kapitalistischen Eigentums in gesellschaftliches.« (K. I, S. 791). Der sozialistische Umwälzungsprozeß scheint sich für Marx am Ende des Kapitalismus selbst zu vollziehen. Für Marx fällt der Kapitalismus nicht so sehr durch den Willen revolutionärer Arbeiter, sondern durch seine Widersprüche. Der Kapitalismus trägt nämlich »zu einer Entwicklung der gesellschaftlichen Produktivkräfte und Schöpfung von materiellen Produktionsbedingungen bei, welche allein die reale Basis einer höheren Gesellschaftsform bilden können, deren Grundprinzip die volle und freie Entfaltung des Individuums ist.« (K. I, S. 618). Für Marx steht fest, daß die Gesellschaftsordnung, die den Menschen die größte Entfremdung brachte, an ihren eigenen Widersprüchen zugrunde geht. »Der Widerspruch zwischen der allgemein gesellschaftlichen Macht, zu der sich das Kapital gestaltet, und der Privatmacht der einzelnen Kapitalisten über diese gesellschaftlichen Produktionsbedingungen entwickelt sich immer schreiender und schließt die Auflösung dieses Verhältnisses ein, indem es zugleich die Herausarbeitung der Produktionsbedingungen zu allgemeinen, gemeinschaftlichen, gesellschaftlichen Produktionsbedingungen einschließt.« (K. III, S. 274). Der Widerspruch zwischen der Zentralisation des Besitzes einerseits und der Vergesellschaftung der Arbeit andererseits werden den Kapitalismus vernichten. (K. I, S. 791). Muß man damit annehmen, daß Marx im »Kapital« die Grundeinsicht soziologischer Anthropologie in das utopische Wesen des Menschen zurückgenommen hat zugunsten eines Naturbegriffs der Gesellschaftsentwicklung?

Eine Antwort gibt Marx 1867. Er schreibt: »Auch wenn eine Gesellschaft dem Naturgesetz ihrer Bewegung auf die Spur gekommen ist ... kann sie naturgemäße Entwicklungsphasen weder überspringen noch wegdekretieren.« Er fährt dann fort, indem er den Determinismus einschränkt und den humanen Anteil am Emanzipationsgeschehen anzeigt: »Aber sie kann die Geburtswehen abkürzen und mildern.« (K. I, S. 16). 1873 stellt er in diesem Sinne die Arbeiter als den Menschentyp heraus, »deren geschichtlicher Beruf die Umwälzung der kapitalistischen Produktionsweise und die schließliche Abschaffung der Klassen ist.« (K. I, S. 22). Marx notiert genauer als in den Frühschriften die Abhängigkeit des Menschen von den Verhältnissen, die vom Menschen geschaffen sind und die die Utopie erst durchsetzbar machen, wenn eine neue Gestalt der Gesellschaft und des Menschen sich entwickeln kann. Der Mensch hat seinen Anteil an dem Gang der Verhältnisse, die die völlige Herausbildung seiner Utopie zum Ziel haben. Indem für Marx der Mensch ein potentiell utopisches Wesen bleibt, bleibt Marxens Anthropologie kritisch engagiert. Die utopische Zukunft des Menschen, deren Verwirklichung soziologische Anthropologie angesichts der Entfremdung bedenkt, umschreibt Marx mit den zwei Begriffen: Reich der Freiheit und totaler Mensch.

Auf die Realisierung dieser Ziele ist der kapitalistische Mensch, besonders der Arbeiter, im Wesen angelegt. Indem der Arbeiter klassenbewußt wird, eignet er sich die Potenzen zur Durchsetzung seines Wesens an.

Wie sieht für Marx dieses Ziel aus?

Die den Kapitalismus ablösende höhere Gesellschaftsform ist eine ohne Klassen. (K. I, S. 22).

Kein Mensch ist mehr der Unterdrücker des anderen. Das Eigentumsproblem ist gelöst. Die Ausbeutung schwindet und die Erde gehört keinem. Die existierenden Gesellschaften sind nur Nutznießer der Erde »und haben sie als gute Familienväter den nachfolgenden Generationen verbessert zu hinterlassen.« (K. III, S. 748). Der Mensch bleibt ein arbeitendes Wesen, aber jenseits des zur Lebensunterhaltung notwendigen Minimums an Arbeit »beginnt die menschliche Kraftentwicklung, die sich als Selbstzweck gilt, das wahre Reich der Freiheit.« (K. III, S. 828). Der Mensch als Teilindividuum verschwindet.

Die Erziehung, die im Kapitalismus als eigentliche nur für eine neue Gesellschaft möglich ist, gewinnt in der befreiten Gesellschaft eine vorher nicht gekannte Bedeutung. Der Mensch kann mit ihrer Hilfe »total entwickeltes Individuum« werden, für welches »verschiedene gesellschaftliche Funktionen einander ablösende Tätigkeitsweisen sind«. (K. I, S. 512).

Für Marx muß aber auch schon in der bürgerlichen Gesellschaft der Mensch sein Wesen so weit wie möglich zu realisieren versuchen. Diesem Versuch kommt der Mensch, unterstützt durch eine Soziologische Erziehungswissenschaft, nach, wenn er gegen die Entfremdung, im Einklang mit der Entwicklung der Gesellschaft, kämpft.

4. Zur Verwissenschaftlichung der Erziehung

1. Erziehungswissenschaft als Gesellschaftswissenschaft

Erziehungswissenschaft gilt seit Schleiermacher[1], Dilthey[2], Nohl, Litt, Spranger[3] und Brezinka[4] als die Wissenschaft von den Bedingungen, Inhalten und Ergebnissen der pädagogischen Verhältnisse, in denen der Erzieher am Zögling bzw. der Erwachsenenbildner am Erwachsenen Verhaltensveränderungen hervorbringt.

Wieweit nun diese pädagogischen Verhältnisse erkannt und auf die in ihnen herrschenden Gesetze hin analysiert werden können, so daß die Menschen den Prozeß der Herstellung des Menschen durch den Menschen selbst beherrschen und der bewußtlosen naturwüchsigen Reproduktion der Gattung von Generation zu Generation entreißen können, ist der Grundstreit in der Erziehungswissenschaft.

Um die Erziehungsverhältnisse wissenschaftlich zu begreifen, hat die in der bürgerlichen Gesellschaft sich von Philosophie und Theologie emanzipierende Erziehungswissenschaft zwei Tendenzen entwickelt. Sie hat einerseits die pädagogischen Verhältnisse zwischen Erzieher und Zögling bzw. Erwachsenenbildner und Erwachsenen auf Inhalte, Mittel und Ziele untersucht. Unterrichtsforschung konstituierte sich so als mikrotheoretischer Ansatz von Erziehungswissenschaft. Sie hat andererseits die Stellung der Erziehungsverhältnisse innerhalb der Reproduktion der Gattung und ihrer Gattungskräfte Kultur, Staat, Gesellschaft untersucht. Erziehungsphilosophie konstituierte sich so als makrotheoretischer Ansatz von Erziehungswissenschaft. Beide Tendenzen der Erziehungswissenschaft haben sich in der Entwicklung der bürgerlichen Gesellschaft verselbständigt.

Sie wurden immer unfähiger, das Erziehungsverhältnis verläß-

---

1 F. Schleiermacher: Über die Theorie der Erziehung. In: F. Nicolin (Hrsg.): Pädagogik als Wissenschaft. Darmstadt 1969, S. 9.

2 W. Dilthey: Über die Möglichkeit einer allgemeingültigen pädagogischen Wissenschaft. In: F. Nicolin (Hrsg.), a. a. O., S. 52 f.

3 W. Klafki u. a.: Erziehungswissenschaft 1. Frankfurt 1970, S. 55 ff.

4 W. Brezinka: Von der Pädagogik zur Erziehungswissenschaft, Weinheim 1971, S. 26 ff.; W. Brezinka: Grundbegriffe der Erziehungswissenschaft, München 1974, S. 21 ff.

lich zu beherrschen und der Naturwüchsigkeit zu entreißen, je mehr die bürgerliche Gesellschaft die Erziehung von Produktion und Familie trennte und ein öffentliches gesellschaftliches Erziehungssystem etablierte. Angesichts vergesellschafteter Erziehung wird die der Arbeitsteilung zwischen Erziehungsphilosophen einerseits und Berufserziehern andererseits geschuldete Trennung in eine mikro- und makrotheoretische Erziehungswissenschaft immer unhaltbarer. Es müssen sich deshalb Tendenzen in der bürgerlichen Gesellschaft entwickeln, das Erziehungssystem wie den Erziehungsprozeß als durch und durch gesellschaftlich bestimmtes Verhältnis zu begreifen.

Gegenüber der früheren Stufe arbeitsteiliger Erziehungswissenschaft versucht sich deshalb eine einheitliche Erziehungswissenschaft als Gesellschaftswissenschaft zu etablieren, die die Gesellschaft »unter dem Gesichtspunkt der Relevanz für die Erziehung untersucht[5].« Der Prozeß der Überwindung der arbeitsteiligen Erziehungswissenschaft und ihre Etablierung als einheitliche Gesellschaftswissenschaft wird als Prozeß der Verwissenschaftlichung der Erziehungswissenschaft begriffen.

Verwissenschaftlichung der Erziehungwissenschaft besteht nicht im Versuch der Vermittlung von Erziehungswissenschaft und Soziologie[6], auch nicht im Versuch, mit geborgter Soziologie rollentheoretisch oder interaktionistisch die pädagogischen Verhältnisse nachzuformulieren[7] oder systemtheoretisch das Verhältnis von Erziehungs- und Gesellschaftssystem auf der Basis eines unre-

---

5 D. Goldschmidt u. a.: Erziehungswissenschaft als Gesellschaftswissenschaft, Heidelberg 1969, S. 10. Vgl. auch M. R. Vogel, der, um den Zusammenhang von Erziehung und Gesellschaft zu analysieren, davon ausgeht, daß die bürgerliche Gesellschaft »der inhaltlich bestimmte Strukturrahmen für die gegenwärtigen Bedingtheiten von Erziehung« ist. M. R. Vogel: Erziehung im Gesellschaftssystem, München 1970, S. 37 f.

6 Vgl. die Darstellung dieser Diskussion bei D. Goldschmidt u. a., a. a. O., S. 14–41; außerdem J. H. Whang: Die Entwicklung der pädagogischen Soziologie in Deutschland, Ratingen 1963, H. Stieglitz: Soziologie und Erziehungswissenschaft, Stuttgart 1970, H. Röhrs (Hrsg.): Der Aufgabenkreis der pädagogischen Soziologie, Frankfurt 1971. Auch ein marxistisch-leninistischer Versuch liegt vor, Pädagogik und Soziologie zu vermitteln. Vgl. A. Meier: Soziologie des Bildungswesens, Köln 1974, bes. S. 329 ff.

7 Vgl. G. Hartfiel, K. Holm (Hrsg.): Bildung und Erziehung in der Industriegesellschaft, Opladen 1973; K. Mollenhauer: Theorien zum Erziehungsprozeß, München 1972, bes. Kap. 1 und 2.

flektierten Systembegriffs[8] zu konstruieren, Verwissenschaftlichung der Erziehungswissenschaft heißt, Erziehungswissenschaft als eine Gesellschaftswissenschaft zu verstehen und zu entwickeln. Dieser Anspruch ist nur einzulösen, wenn man Erziehung als einen Arbeitsprozeß immaterieller Werte[9] in der bürgerlichen Gesellschaft begreift, die ihre historische Form der entwickelten Warenproduktion verdankt. Aus der Form der entwickelten Warenproduktion ist nicht nur die Notwendigkeit der gesellschaftlichen Organisation von Erziehung in einem von der Produktion getrennten Erziehungssystem, d. h. die Vergesellschaftung der Erziehung abzuleiten[10], sondern auch die gesellschaftlichen Konstitutionsbedingungen jeder Erziehungswissenschaft in der bürgerlichen Gesellschaft. Erst über die Analyse der gesellschaftlichen Konstitutionsbedingungen von Erziehungswissenschaft in der bürgerlichen Gesellschaft kann sich eine Erziehungswissenschaft als wirkliche Gesellschaftswissenschaft etablieren[11].

Erziehungwissenschaft nähert sich der Erkenntnis des gesellschaftlichen Charakters von Erziehung erst dann, wenn sie erkennt, daß sich die gesellschaftlichen Verhältnisse im Bewußtsein der gesellschaftlichen Mitglieder der bürgerlichen Gesellschaft notwendig falsch spiegeln. Die Notwendigkeit falschen Bewußtseins über die Gesellschaft, der zunächst auch jeder Erziehungswissenschaftler unterliegt, der den gesellschaftlichen Charakter von Erziehung wissenschaftlich erkennen will, läßt sich folgendermaßen fassen: In der entwickelten Warenproduktion werden alle gesell-

8 K. Hurrelmann: Erziehungssystem und Gesellschaft, Reinbek 1975; K. Hurrelmann (Hrsg.): Soziologie der Erziehung, Weinheim 1974.

9 Vgl. F. Huisken: Zur Kritik bürgerlicher Didaktik und Bildungsökonomie, München 1972, S. 286 ff.

10 Diese Ableitung liegt mehrfach vor. Sie braucht hier nicht noch einmal vorgeführt zu werden. Vgl. Marxistische Gruppe Erlangen: Kapitalistische Hochschulreform, Erlangen 1972, S. 36 ff.; Arbeitskonferenz München: Wissenschaft und Kapital, München 1973, S. 40 ff.; M. Masuch: Politische Ökonomie der Ausbildung, Reinbek 1972, S. 70 ff.; R. M. Vogel: Erziehung im Gesellschaftssystem, München 1970, S. 70.

11 K. Mollenhauer stößt zwar auf den Schein der Tauschbeziehungen in der bürgerlichen Gesellschaft. Er kann aber nur den Appell formulieren: »Der Anspruch geht dahin, die Widerspiegelung dieser Verhältnisse auch in den feinsten Details menschlicher Kommunikation und deren Theorie aufzusuchen.« Ders.: Theorien zum Erziehungsprozeß, München 1972, S. 186. Ergebnisse seiner Suche hat Mollenhauer bisher nicht vorgelegt.

schaftlichen Beziehungen der Menschen untereinander, seien sie nun Besitz von Kapital oder Arbeitskraft, zu Tauschbeziehungen. Da diese Tauschbeziehungen nach dem Gesetz des Äquivalententausches sich entwickeln, verbreitet die gesellschaftliche Oberfläche der bürgerlichen Gesellschaft den Schein, die sozialen Verhältnisse dieser Gesellschaft bestünden in Beziehungen zwischen freien, gleichen und unabhängigen Individuen. Jede Form der Klassenstruktur der bürgerlichen Gesellschaft ist hinter diesem Schein versteckt. »Die Sphäre der Zirkulation oder des Warenaustauschs, innerhalb deren Schranken Kauf und Verkauf der Arbeitskraft sich bewegt, war in der Tat ein wahres Eden der angeborenen Menschenrechte. Was allein hier herrscht, ist Freiheit, Gleichheit, Eigentum[12].«

Die bürgerliche Gesellschaft verschleiert jedem Betrachter, daß die entwickelte Warenproduktion sich im Kern als Grundwiderspruch entwickelt, weil die Arbeitskraft zwar in völliger Harmonie zwischen Käufer und Verkäufer auf dem Markt zu ihrem Tauschwert behandelt wird, aber zugleich einen Gebrauchswert besitzt, aufgrund dessen sie in der Produktion einen Mehrwert produziert, den sich der Kapitalist unbezahlt aneignen kann. Auf den durch die Tauschverhältnisse gesetzten harmonischen Schein der gesellschaftlichen Oberfläche, »die das wirkliche Verhältnis unsichtbar macht, und gerade sein Gegenteil zeigt, beruhen alle Rechtsvorstellungen des Arbeiters wie des Kapitalisten, alle Mystifikationen der kapitalistischen Produktionsweise, all ihre Freiheitsillusionen, alle apologetischen Flausen der Vulgärökonomen«[13]. Jeder, der Aussagen über die gesellschaftlichen Verhältnisse machen will, geht in der bürgerlichen Gesellschaft stets von den harmonischen Erscheinungsformen der Verhältnisse an der Oberfläche der Gesellschaft aus[14]. Auch der Wissenschaftler und der Erziehungswissenschaftler tut nichts anderes als »die Vorstellungen der in den bürgerlichen Produktionsverhältnissen befangenen Agenten dieser Produktion doktrinär zu verdolmetschen, zu systematisieren und zu apologetisieren«[15]. Dieser harmonische Schleier wird erst zer-

---

12 K. Marx, F. Engels: Werke, Berlin 1966 ff., Bd. 23, S. 189 (im folgenden zitiert als MEW).
13 MEW 23, S. 562.
14 Vgl. dazu Autorenkollektiv: Klassenlage und Bewußtseinsformen technisch-wissenschaftlicher Lohnarbeiter, Frankfurt 1973, S. 159.
15 MEW 25, S. 825.

rissen, wenn »durch die reale Bewegung der Widersprüche in einem Prozeß heftiger Klassenkämpfe der Zersetzungsprozeß der bürgerlichen Gesellschaft sichtbar wird«[16]. Der der bürgerlichen Gesellschaft eigene Zyklus wirtschaftlicher Entwicklung mit Phasen von mittlerer Lebendigkeit, Prosperität, Überproduktion, Krise und Stagnation, der die Lage der gesellschaftlichen Mitglieder völlig verunsichert, eröffnet erst die Möglichkeit »den Austausch von Arbeit und Kapital, der als ein Verhältnis von gleichberechtigten, ebenbürtigen Personen erschien, als bloßes Moment eines Herrschafts- und Knechtschaftsverhältnisses zu durchschauen«[17]. Erst mit dem Zerreißen des Schleiers geht die Entstehung von wissenschaftlichen Einsichten in die wirklichen bürgerlichen Herrschafts- und Knechtschaftsverhältnisse einher.

Den allgemeinen Bedingungen der Entstehung und Auflösung mystifizierten Bewußtseins in der bürgerlichen Gesellschaft sind auch die Erziehungswissenschaftler unterworfen, wenn sie den gesellschaftlichen Charakter von Erziehung erkennen wollen[18]. Erziehungswissenschaft steht im Prozeß ihrer Verwissenschaftlichung, d. h. der genaueren Erfassung des gesellschaftlichen Charakters von Erziehung immer in Gefahr, diesen Charakter zu verfehlen. Der oberflächliche Schein der bürgerlichen Gesellschaft liegt auch über den Erziehungsverhältnissen, sowohl auf dem Verhältnis des Erziehers zum Zögling, des Erwachsenenbildners zum Erwachsenen als auch auf dem Verhältnis des Erziehungssystems zur Gesellschaft. Während die Erziehungsverhältnisse dem Betrachter als Verhältnisse von Gleichen und Freien, in der Kindererziehung nur durch natürliche Altersunterschiede bestimmte Verhältnisse erscheinen, erscheint das Erziehungssystem gegenüber der Gesellschaft verselbständigt und nur durch den »neutralen Staat« in ein Verhältnis zur Gesellschaft gesetzt.

---

16 Projekt Klassenanalyse: Zur Taktik der proletarischen Partei, Berlin 1972, S. 82.

17 Projekt Klassenanalyse: Zur Taktik ..., a. a. O., S. 91; Projekt Klassenanalyse: Materialien zur Klassenstruktur der BRD, Berlin 1973, Teil 1, S. 250 ff.; Autorenkollektiv: Georg Lukács, Berlin 1975, S. 144 ff.

18 Vgl. auch K. Gilgenmann: Zur gesellschaftlichen Formbestimmtheit von Erziehung und Ausbildung. In: G. Szell (Hrsg.): Privilegierung und Nichtprivilegierung im Bildungssystem, München 1972, S. 305 ff.; Autorenkollektiv am Institut für Soziologie: Grundkurs Erziehung und Gesellschaft, Berlin 1972, S. 43 ff.

Die Erziehungswissenschaft steht in Gefahr, diesen Schein, dem auch die Erziehungswissenschaftler aufsitzen, zu reproduzieren. Andererseits kommt es unter bestimmten Bedingungen nicht nur zur Entmystifikation der gesellschaftlichen Verhältnisse, sondern auch des gesellschaftlichen Charakters der Erziehungsverhältnisse. Dies hat entsprechende Konsequenzen für die Gestalt der Erziehungswissenschaft.

Die Untersuchung der gesellschaftlichen Grundlagen der Verwissenschaftlichung der Erziehungswissenschaft zeigt, daß in der bürgerlichen Gesellschaft nicht schon die Wissenschaft wirkliche Wissenschaft ist, die den gesellschaftlichen Mystifikationen aufsitzt, sondern erst die, die den gesellschaftlichen Charakter der Erziehung entschleiert. Es gibt nicht die eine Erziehungswissenschaft in der bürgerlichen Gesellschaft, die sich pluralistisch in verschiedenen Schulen und Prägungen entfaltet, sondern in bezug auf die Erkenntnis des gesellschaftlichen Charakters von Erziehung gibt es entweder eine mystifizierte oder eine entmystifizierte Erziehungswissenschaft[19]. Der Versuch der Überwindung der mystifizierten durch die entmystifizierte Erziehungswissenschaft enthüllt sich so als der wirkliche Fortschritt in der Verwissenschaftlichung der Erziehungsverhältnisse. Erst die entmystifizierte Erziehungswissenschaft kann wirkliche Gesellschaftswissenschaft sein, »weil sie nicht der Verschleierung, sondern der Entschleierung dienen muß«[20]. Dieser Fortschritt ist aber selbst wieder abhängig von der gesellschaftlichen Entwicklung. Er entspringt keineswegs dem Hirn eines genialen Pädagogen, sondern der Auseinandersetzung um die Entwicklung der Erkenntnis von Gesellschaft.

Das Programm, Erziehungswissenschaft als Gesellschaftswissenschaft zu verstehen, muß, um den gesellschaftlichen Charakter von Erziehung wirklich zu erfassen, mehrere Schritte tun:

---

19 Dieser Unterschied ist schon in der Weimarer Zeit als Unterschied zwischen bürgerlicher und sozialistischer Erziehungswissenschaft bemerkt worden. So schreibt Bernfeld: »Die Erziehung in unserem Zeitalter ist nicht nur von einer Tendenz, sondern von deren zweien geleitet und gefärbt. Entsprechend den zwei Machtgruppen.« Ders.: Sisyphos oder die Grenzen der Erziehung, Frankfurt 1967, S. 107. Vgl. auch S. Bernfeld: Antiautoritäre Erziehung und Psychoanalyse, Berlin 1974, Bd. 3, S. 231, ebenso O. F. Kanitz: Das proletarische Kind in der bürgerlichen Gesellschaft, Frankfurt 1974, S. 163–176.
20 S. Bernfeld: Antiautoritäre Erziehung und Psychoanalyse, Berlin 1974, Bd. 3, S. 233.

1. Es ist einmal zu zeigen, zu welchen Ergebnissen notwendig eine Erziehungswissenschaft kommen muß, die beim Versuch der Analyse des gesellschaftlichen Charakters von Erziehung in der bürgerlichen Gesellschaft den gesellschaftlichen Mystifikationen aufsitzt. Es ist zum anderen zu zeigen, welche Erkenntnisse eine Erziehungswissenschaft gewinnen kann, die den wirklichen gesellschaftlichen Charakter der Erziehungsverhältnisse in der entwickelten Warenproduktion begreift.
2. Es ist weiter zu zeigen, wie weit die Entmystifikation der Erziehungsverhältnisse abhängt von der gesellschaftlichen Auseinandersetzung um die Entwicklung der gesellschaftlichen Erziehung. Es muß die Eingliederung der Erziehungswissenschaft in konservative bzw. fortschrittliche soziale Bewegungen aufgewiesen werden. Es muß die soziale Rolle gezeigt werden, die die mystifizierte bzw. entmystifizierte Erziehungswissenschaft im Gesellschaftskonflikt um die Vergesellschaftung und Verwissenschaftlichung der Erziehung spielt.
3. Wenn die Verwissenschaftlichung der Erziehungswissenschaft abhängt von der Entwicklung entmystifizierter fortschrittlicher Erziehungswissenschaft, so ist die Verwissenschaftlichung letztlich auch ein politisches Problem. Es muß abschließend gezeigt werden, welche politischen Probleme die Entwicklung fortschrittlicher Erziehungswissenschaft aufwirft und wie sie bewältigt werden können.

2. Zu den Strukturen von mystifizierter und entmystifizierter Erziehungswissenschaft

Ebenso wie sich nach Max Horkheimer traditionelle und kritische Theorie darin unterscheiden, daß die erste die Gesellschaft nur oberflächlich als »Inbegriff von Faktizitäten«[21], die zweite die Gesellschaft im Kern als »Produkt menschlicher Arbeit erkennt«[22], so unterscheiden sich mystifizierte und entmystifizierte Erziehungswissenschaft im Grad des Eindringens in den gesellschaftlichen Charakter der Erziehungsverhältnisse.

Der in den Zirkulationsmystifikationen befangene Erziehungswissenschaftler nimmt vom abstrakten Individuum seinen Aus-

21 M. Horkheimer: Kritische Theorie, Frankfurt 1968, Bd. 2, S. 148.
22 M. Horkheimer, a. a. O., S. 156.

gang. Er muß im Blick auf die Gesellschaft diese als einen harmonischen Zusammenhang zwischen den autonomen Individuen unterstellen und die Erziehung als Mittel begreifen, das Individuum bei seiner Entwicklung zu einem gleichen und freien Mitbürger zu leiten. Er muß also als Erziehungsideal das autonome Individuum aufrichten. Es geht diesen Erziehungswissenschaftlern wesentlich darum, angesichts als natürlich erscheinender Alters- und Kenntnisunterschiede zwischen den Generationen Mittel und Ziele der Bearbeitung des Zöglings durch den Erzieher so zu strukturieren, daß die gewünschte gesellschaftliche Gleichheit der Individuen herauskommt und das Erziehungsideal eingelöst wird. Es geht ihm außerdem darum, Hindernisse gegen die Durchsetzung des Bildungsideals der autonomen Persönlichkeit zu überwinden. Das pädagogische Verhältnis zwischen Erzieher und Zögling soll deshalb nur rein pädagogisch ohne schädliche Einflüsse der Gesellschaft bestimmt sein. Um den verschiedenen Gruppen von Berufserziehern Sicherheit bei ihrer Arbeit zu geben, wird das allgemeine ideale Erziehungsprogramm in entsprechende Konzepte von Erziehung differenziert, die der Struktur des Bildungssystems von der Vorschule bis zur Erwachsenenbildung entsprechen. Die Verselbständigung der unterschiedlichen Erziehungswissenschaften von der Vorschulerziehung bis zur Weiterbildung wird zugleich mit der Arbeitsteilung im Erziehungssystem begründet. Zu besonderen Anstrengungen werden diese Erziehungstheoretiker gezwungen, wenn die Expansion der Produktion die Erweiterung des Erziehungssystems erfordert. Es ergibt sich hier für die Entwicklung der Erziehungstheorie die Anforderung, zur Verbilligung, Rationalisierung und Effektivierung der Bildungsproduktion beizutragen. Ohne die Zirkulationsmystifikation zu durchbrechen, werden die Anstrengungen zur Reform der Erziehungsmittel nun verstärkt und der wachsende Versuch unternommen, die Herstellung des autonomen Individuums zu einem technischen Problem zu machen. Die theoretische Durchdringung der Erziehungsverhältnisse wird deshalb nach dem Vorbild der Naturwissenschaft entwickelt[23].

---

23 Die Folgen der wissenschaftlichen Betrachtung und Bearbeitung von Gesellschaftsverhältnissen als Naturverhältnisse hat die Frankfurter Schule eingehend kritisiert. Vgl. T. W. Adorno, M. Horkheimer: Dialektik der Aufklärung, Lichtenstein 1955; M. Horkheimer: Zur Kritik der instrumentellen Vernunft, Frankfurt 1967.

Bearbeitungsformen der Natur werden auf den Prozeß der Entwicklung menschlicher Potenzen durch Erziehung übertragen. Die spezifische Differenz der Bearbeitung und Veränderung der äußeren und der inneren Natur des Menschen durch den Menschen selbst wird getilgt[24]. Durch die stärkere Berücksichtigung von Sozialisations- und Curriculumtheorie sollen nun die Widerstände überwunden werden, die von seiten der Mitglieder aus der Arbeiterklasse der Durchsetzung des Bildungsideals entgegengesetzt werden. Die mystifizierte Erziehungstheorie erkennt nicht, daß die Arbeiterindividuen nicht aus eigenem Entschluß, sondern aufgrund ihrer ökonomischen Abhängigkeit keine freien Individuen werden. Die mystifizierte Erziehungswissenschaft kann sich das Scheitern der Durchsetzung ihres Erziehungsideals nicht erklären. Sie kann nur Defizite gewisser Personengruppen gegenüber der Durchsetzung ihres Ideals feststellen. Die Arbeiter können sich gar nicht für einen selbständigen Lebenszweck entwickeln, sondern müssen ihre Entwicklung und Erziehung einem Zweck unterwerfen, der außer ihnen liegt: der preisgünstigen Verwertung ihrer Arbeitskraft in der kapitalistischen Produktion.

Da diesen Theoretikern die der kapitalistischen Produktion geschuldete Hierarchie der Qualifikationsanforderungen an die Arbeitsvermögen als Folge einer natürlichen Arbeitsteilung erscheint und die Konkurrenz der Gesellschaftsmitglieder als angeboren, ist dieser Theorie ein elegischer Zug eigen. Es muß diesen Theoretikern so scheinen, als ob ihr Erziehungsideal der Gleichheit, Freiheit, Solidarität und Individualität leider nur an den von Natur gesetzten Defiziten scheitert. Die Ahnung des Widerspruchs ihrer Bemühungen »zum edlen, ewigen, erschütternd formulierten Ziel«[25] verläßt sie nicht.

Während in der Frühzeit der bürgerlichen Gesellschaft die mystifizierte Erziehungswissenschaft angesichts gering ausgebildeter Klassenverhältnisse noch der Illusion huldigen konnte, daß sich ihr allgemeines Erziehungsideal, das sich gegenüber der Standeserziehung der Feudalgesellschaft revolutionär abhob, schließlich

---

24 Vgl. dazu E. Becker, G. Jungblut: Strategien der Bildungsproduktion, Frankfurt 1972, S. 13 ff.; F. Huisken: Zur Kritik bürgerlicher Didaktik und Bildungsökonomie, München 1972.

25 S. Bernfeld: Sisyphos . . ., a. a. O., S. 40.

doch realisieren ließe[26], wird die Realisierung des allgemeinen Bildungsideals in der entwickelten Klassengesellschaft angesichts wachsender gesellschaftlicher Ungleichheit immer schwieriger. Innerhalb der mystifizierten Erziehungswissenschaft entwickelt sich deshalb in der entfalteten bürgerlichen Gesellschaft bei der wissenschaftlichen Erfassung der pädagogischen Verhältnisse ein Streit, ob diese Verhältnisse mehr durch die Erziehungsnormen, die kulturellen Inhalte der Erziehung oder die Zweck-Mittel-Relationen im Erziehungsprozeß bestimmt werden. Die mystifizierte Erziehungswissenschaft zerfällt deshalb, je nachdem, mit der Betonung welcher Seite der Erziehung sie ihr Ideal erreichen will, in einen normativen, geisteswissenschaftlichen oder empirisch-analytischen Ansatz[27].

Entmystifizierte Erziehungswissenschaft geht bei der Betrachtung der Erziehungsverhältnisse nicht von den Mystifikationen der Zirkulation aus, sondern von der Produktion, deren Herrschaft über die Erziehungsverhältnisse sie erkennt. Sie erkennt das pädagogische Verhältnis als Produktionsprozeß der Arbeitskraft als Ware. Das pädagogische Verhältnis ist auf die Herausbildung eines Arbeitsvermögens angelegt, das in der Produktion und den von ihr gesetzten Verkehrsverhältnissen angewandt und integriert werden kann. Dieses von der Produktion gesetzte Erziehungsziel wird keineswegs durch Liebespädagogik erreicht, sondern durch direkte und indirekte Gewalt, wie es in Erziehungsverhältnissen, die von Mitgliedern meist unterschiedlicher Klassen bestimmt sind, vorherrscht. Das pädagogische Verhältnis ist keineswegs unberührt von gesellschaftlichen Interessen und gesellschaftlicher Herrschaft, sondern indirekter Ausdruck der herrschenden Interes-

---

26 Die große bürgerliche Erziehungswissenschaft von Comenius bis Fichte verbreitet diesen Optimismus. Vgl. Autorenkollektiv: Geschichte der Erziehung, Berlin 1967, S. 65 ff.; R. M. Vogel: Erziehung im Gesellschaftssystem, a. a. O., S. 71 ff.; P. M. Roeder: Erziehung und Gesellschaft, Weinheim 1968, S. 99 ff.

27 Zu den Unterschieden von normativer, geisteswissenschaftlicher oder empirisch-analytischer Erziehungswissenschaft vgl. R. Lassahn: Einführung in die Pädagogik, Heidelberg 1974; F. Wellendorf: Ansätze zur erziehungswissenschaftlichen Theorienbildung in der BRD, in: D. Goldschmidt u. a., a. a. O., S. 68 ff.; D. Uhlig (Hrsg.): Theorie und Methode der Erziehungswissenschaft, Weinheim 1972; K. G. Zenke: Pädagogik – kritische Instanz der Bildungspolitik, München 1972, bes. S. 96–194.

sen und Herrschaftsformen. Nicht die Natur, sondern die Gesellschaft ist verantwortlich für die auch durch Erziehung hergestellte Ungleichheit unter den Menschen. Die von der Reproduktion des Kapitals gesetzten Klassenverhältnisse präformieren auch die Klassenstrukturen des Erziehungssystems und des Erziehungsprozesses. Die Erziehungsprozesse sind zwar von der Produktion getrennt, sie entsprechen aber den Arbeitsprozessen. »Die Ausbildungsorganisation entspricht der Arbeitsorganisation[28].« Erziehung erscheint der entmystifizierten Erziehungswissenschaft durch das Kapital determiniert. An dieser Determination scheitert jede Erziehung von gleichen und freien Individuen.

Der unterschiedliche Ansatz von mystifizierter und entmystifizierter Erziehungswissenschaft wird noch deutlicher, wenn wir die Ansichten beider Erziehungswissenschaften vergleichen, die sie über den mikrotheoretischen Aspekt von Erziehung in Familie, Schule, beruflicher Bildung und Weiterbildung einerseits und über den makrotheoretischen Aspekt von Erziehung, der die Verhältnisse des Ausbildungssektors zur Produktion und zum Staat betrifft, entwickeln müssen.

Für die mystifizierte Erziehungswissenschaft entspringt das Individuum der ahistorischen Kernfamilie. Die Kernfamilie wird als die Urzelle wirklicher menschlicher Entfaltung betrachtet. Sie erscheint als eine anthropologische Konstante. Es gibt nur die Familie, die für alle gleich und in Hinblick auf Erziehung gleich wirksam ist. Die Familie erscheint als Gegenstruktur zur Gesellschaft. Unterschiede zwischen Familien entspringen privat verschuldeten Defiziten bei der Verteilung der Reproduktionsmittel oder der Natur. Dieser Erziehungswissenschaft ist der Zusammenhang der gesellschaftlichen Stellung des einzelnen in der Produktion und der Form seiner Reproduktion zerrissen. Familiäre Erziehung erscheint als harmonischer Prozeß, in dem ganz im Interesse des Kindes unter elterlicher Fürsorge und Liebe dem Kind die wesentlichen Kulturtechniken vermittelt und seine Individualität erweckt werden[29]. Die Gewaltförmigkeit familiärer Beziehungen und ihre Kinderfeindlichkeit bleiben verdeckt. Vom Patriarchat ist nicht die

28 J. Beck: Lernen in der Klassenschule, Reinbek 1974, S. 53.

29 Vgl. K. Gilgenmann: Zur gesellschaftlichen Formbestimmtheit von Erziehung und Ausbildung, in: G. Szell (Hrsg.): Privilegierung und Nichtprivilegierung im Bildungssystem, München 1972, S. 289 ff.

Rede. Die Folgen familiärer Erziehung: der sado-masochistische Charakter (E. Fromm) wird nicht gesehen. Der ökonomische Zwang der Arbeiterfamilie, ihre Kinder früh wieder Lohnarbeiter werden zu lassen, wird unterschlagen. Wenn auch die Gesellschaft bestimmte Probleme aufwirft, die private Kernfamilie erscheint als Ort der Geborgenheit, in der jeder der Konkurrenz enthoben, auf der Basis von Solidarität und gegenseitigem Respekt verkehren soll.

Entmystifizierte Erziehungswissenschaft erkennt die Familienform nicht als Natur – sondern als Gesellschaftsprodukt. Sie erkennt die Kernfamilie als Produkt »des entwickelten Privateigentums und der Hegemonie des Mannes«[30]. Es gibt keine einheitliche Familienform in der bürgerlichen Gesellschaft. Die Familienformen im Kapitalismus sind durchaus nach der Klassenstellung des Familienoberhaupts geschieden[31]. Die Familie des Kapitalisten verbindet ihre Mitglieder durch das Band der Tradierung von Privateigentum. Die Familie der Arbeiter unterliegt angesichts wachsender Tendenzen der Frauenarbeit der Auflösung, die nur durch staatliche Anstrengungen verhindert wird[32]. Charakteristisch für die innere Struktur der Familien ist nicht Harmonie und Geborgenheit. »Die Parzellierung und Isolierung der einzelnen setzt sich unter dem emotionalen Band der Ehe fort[33].« Die Produktion der Arbeitskraft der Kinder und die Reproduktion der Arbeitskraft der Eltern »sind miteinander verquickt«[34]. Die Eltern reagieren ihre gesellschaftliche Unterdrückung an den Kindern als den Schwächeren ab. Entmystifizierte Erziehungswissenschaft erkennt die Arbeiterfamilie als »Produktionsstätte billiger und williger Arbeitskräfte«[35]. Sie sieht im Gegensatz zur mystifizierten Erziehungswissenschaft aber auch die aus den Widersprüchen der Familienform in der Arbeiterschaft resultierenden Tendenzen der Überwindung des Patriarchats und der Herrschaft über die Kinder.

Die gesellschaftlichen Erziehungsinstanzen von der Schule bis

---

30 E. Hoernle: Grundfragen proletarischer Erziehung, Frankfurt 1973, S. 30.
31 P. Milhoffer: Familie und Klasse, Frankfurt 1973, S. 153 ff.
32 G. Heinsohn, R. Knieper: Theorie des Familienrechts, Frankfurt 1974, S. 113.
33 P. Brückner: Die Sozialpsychologie des Kapitalismus, Frankfurt 1972, S. 113.
34 G. Vinnai: Sozialpsychologie der Arbeiterklasse, Reinbek 1973, S. 29.
35 E. Hoernle, a. a. O., S. 48.

zu den Weiterbildungsinstitutionen erscheinen mystifizierter Erziehungswissenschaft nicht nur als abgelöst von der Produktion, sondern auch als zentrale Instanzen der freien Verteilung von beruflichen Chancen und der Ermöglichung von sozialem Aufstieg[36]. Es scheint in der öffentlichen Erziehung nur auf die eigene Leistung anzukommen, die wiederum vom Grad der privaten Bemühungen abhängen soll. Der Zusammenhang von Bildung und Besitz wird nicht erkannt. Die Selektionsprozesse im öffentlichen Erziehungssystem sind dem natürlichen Begabungs- und Leistungsvermögen der einzelnen angemessen. Das Bildungsmonopol der herrschenden Klasse im Ausbildungssektor bleibt verdeckt. Der Erziehungsprozeß im öffentlichen Erziehungssystem ist harmonisch an den Interessen des einzelnen Kindes orientiert. Es herrscht ein aus Generationsunterschieden und Wissensvorsprüngen resultierendes natürliches, aber zweckmäßiges Autoritätsverhältnis. Die Notwendigkeit der Herauslösung der beruflichen Bildung und der Weiterbildung aus der Produktion wird nicht erkannt. Die berufliche Bildung und die Weiterbildung sollten vielmehr am besten von den Betrieben organisiert werden. Dort herrscht nicht nur die Harmonie der Betriebsfamilie, sondern auch das Bestreben, jede Anstrengung dem gemeinsamen Nutzen unterzuordnen.

Entmystifizierte Erziehungswissenschaft erkennt, daß im Erziehungssystem sich die gesellschaftlichen Produktions- und Herrschaftsstrukturen reproduzieren[37]. Gesellschaftliche Erziehung hat in der bürgerlichen Gesellschaft generell die Funktion, »die Ware Arbeitskraft zu reproduzieren«[38]. Nicht die private Anstrengung entscheidet das Erziehungsschicksal des einzelnen, sondern klassenspezifisch ist schon der Lernerfolg des einzelnen vorentschieden, bevor er noch zu lernen beginnt. Die Ökonomie und nicht die Leistung selektiert und verteilt berufliche Positionen. Das Erziehungsverhältnis zwischen Lehrer und Schüler ist ein Gewaltverhältnis. Hier herrscht nicht deshalb Gewalt, weil auch mal geschlagen wird, sondern weil der Lehrer den Schüler zumeist zu

36 Vgl. H. H. Plickat: Die Schule als Instrument des sozialen Aufstiegs, Weinheim 1959; H. Schelsky: Schule und Erziehung in der industriellen Gesellschaft, Würzburg 1971[3].

37 J. Beck, a. a. O., S. 54 ff.; H. Fend: Gesellschaftliche Bedingungen schulischer Sozialisation, Weinheim 1974, S. 200 ff.; H. G. Rolff, E. Nyssen: Sozialisation und Auslese durch die Schule, Heidelberg 1972.

38 H. G. Rolff: Strategisches Lernen in der Gesamtschule, Reinbek 1974, S. 29.

einem Wesen macht, für das sich der Schüler niemals frei entschieden hat: zu einem untergeordneten Arbeiter. Berufliche Bildung und Weiterbildung muß in der entwickelten bürgerlichen Gesellschaft von der Produktion getrennt und gesellschaftlich organisiert werden, weil wachsende allgemeine Anforderungen an die Arbeitskraft dies erfordern. Entmystifizierte Erziehungswissenschaft kritisiert die Unterordnung der beruflichen Bildung und der Weiterbildung unter das unmittelbare Interesse der Betriebe. »Zwar verlangt das wachsende Niveau der Produktivkräfte trotz wachsender kapitalistischer Teilung der Arbeit eine immer umfassendere Qualifikation der Produzenten. Doch dieser Tendenz wird durch die kapitalistische Teilung der Arbeit und dem am Verwertungsinteresse ausgerichteten Zwang zur Ökonomisierung von Qualifikationsprozessen entgegengearbeitet[39].« Entmystifizierte Erziehungswissenschaft erkennt aber im öffentlichen Erziehungsprozeß nicht nur Tendenzen der Herstellung billiger und williger Arbeiter. Mit jeder Reform der gesellschaftlichen Erziehung wird auch für die Arbeiterschaft die formale Ausgangsbedingung der Erkenntnis des Auflösungsprozesses der bürgerlichen Gesellschaft verbessert[40]. Die Entwicklung der Produktivkräfte treibt zudem Tendenzen zur Integration der Vorschule, der beruflichen Bildung und der Weiterbildung in das gesellschaftliche Erziehungssystem hervor, auch wenn diesem Prozeß von den Produktionsverhältnissen Grenzen gesetzt werden.

Die mystifizierte Erziehungswissenschaft steigert die Verkehrung des gesellschaftlichen Charakters von Erziehung, wenn sie gedrängt von Reformzwängen Aussagen über die Stellung des Erziehungssystems in der Gesellschaft und zur Funktion des Staates als Träger des gesellschaftlichen Erziehungssystems machen muß. Das Erziehungssystem und die Produktion erscheinen mystifizier-

---

39 A. Deeke: Lohnarbeit und Beruf, Frankfurt 1974, S. 82; ebenso M. Baethge: Ausbildung und Herrschaft, Frankfurt 1974; W. D. Greinert: Schule als Instrument sozialer Kontrolle und Objekt privater Interessen, Hannover 1975; D. Axmacher: Erwachsenenbildung im Kapitalismus, Frankfurt 1974, S. 81.

40 Vgl. H. J. Heydorn: Über den Widerspruch von Bildung und Herrschaft, Frankfurt 1970; H. J. Heydorn: Zum Widerspruch im Bildungsprozeß, in: Das Argument, 1973, Nr. 80, S. 1 ff.; G. Koneffke: Integration und Subversion. Zur Funktion des Bildungswesens in der spätkapitalistischen Gesellschaft, in: Das Argument, 1969, Heft 5/6, S. 389 ff.

ter Erziehungswissenschaft als zwei selbständige Bereiche, zwischen denen gleichgewichtige Beziehungen herrschen sollen. Der Output des Erziehungssystems muß dem Input der Produktion entsprechen. »Die Aneignungsform der Arbeit durch das Kapital auf Basis des Tausches erzwingt also nicht nur die selbständige Konstitution von Bildung und Ausbildung im Kapitalismus, sie reproduziert zugleich die Illusion, als ob die Komplementarität zwischen Arbeitsvermögen und Produktionsmittel auch faktisch gegeben sei[41].« Dieses Gleichgewicht macht es erforderlich, daß, wenn aufgrund der Entwicklungslogik der Technik die Produktion ihre Qualifikationsanforderungen ändert, die öffentliche Erziehung diesen Veränderungen angepaßt werden muß. Der Staat nimmt bei diesen Anpassungsprozessen scheinbar eine neutrale Funktion ein[42]. Er scheint für die Neutralität der Erziehung zu sorgen und die Lehrer auf ihre Unparteilichkeit hin zu kontrollieren. Er scheint die Funktionstüchtigkeit des Erziehungssystems zu garantieren.

Die entmystifizierte Erziehungswissenschaft räumt mit den Illusionen über die gesellschaftliche Stellung des Erziehungssystems auf. Die Trennung von Erziehungssystem und Produktion erkennt sie als angemessene Form ihrer kapitalistischen Vermittlung. Die Entwicklung des Erziehungssystems ist weitgehend den Kapitalinteressen subsumiert[43]. Sowohl die Übernahme des allgemeinbildenden Erziehungssystems durch den Staat, wie die bisherige Unterordnung der beruflichen Bildung unter die Betriebe, entspricht der Logik des Kapitals. Soweit Ausbildung mit Ausbeutung zu verbinden ist und profitabel bleibt, springen die Betriebe ein. Sobald die Profitabilität von Ausbildung schwindet, muß der Staat sie außerhalb der Produktion organisieren. Der bürgerliche Staat kann nur soweit im Erziehungssystem aktiv werden, wie es der ökonomischen Basis der bürgerlichen Gesellschaft entspricht. Er setzt im Erziehungssystem nur soweit Gleichheit und Freiheit durch, wie es die Aufrechterhaltung der gesellschaftlichen Loyalität erfordert. Der bürgerliche Staat befindet sich stets in Widerspruch zwischen allgemeinen Interessen, deren Durchsetzung die

---

41 M. Masuch: Politische Ökonomie der Ausbildung, Reinbek 1972, S. 77.
42 Zum Schein der Neutralität des Staates vgl. Projekt Klassenanalyse: Materialien zur Klassenstruktur der BRD, Berlin 1973, Bd. 1, S. 144 ff.
43 H. Heise: Ausbildung von Arbeitskräften im Kapitalismus, Berlin 1975.

Erhaltung des Systems erfordert, und den besonderen Interessen der Kapitalisten. Entmystifizierte Erziehungswissenschaft erkennt aber, daß mit der Entwicklung der Produktion nicht nur die Staatsfunktionen innerhalb der Reproduktion der Gesellschaft, sondern auch innerhalb des Erziehungssytems zunehmen: Sie sieht, daß damit auch die Chancen der Arbeiterschaft steigen, durch Einfluß auf den Staat Einfluß auf die Entwicklung des Erziehungssystems und der Erziehung nehmen zu können.

3. Konservative und fortschrittliche Erziehungswissenschaft im Gesellschaftskonflikt

Da die Mystifikation bzw. Entmystifikation des Charakters der gesellschaftlichen Verhältnisse abhängt vom Grad der Entwicklung des Gesellschaftskonflikts, ist die Auseinandersetzung zwischen mystifizierter und entmystifizierter Erziehungswissenschaft durchaus abhängig vom Grad des gesellschaftlichen Kampfes um die Entwicklung der Vergesellschaftung und Verwissenschaftlichung der Erziehung. Bei der Entwicklung der Vergesellschaftung der Erziehung werden »Ansprüche an die Ausbildung der Arbeitskraft im gesellschaftlichen Zusammenhang von verschiedenen Seiten her vertreten«[44]. Während die Kapitalistenklasse zwar grundsätzlich an der Herstellung des Arbeitsvermögens der Arbeiterschaft interessiert ist, aber, um die Kosten für den Kauf der Arbeitskraft gering zu halten, nur im Rahmen der Ausbildung eines Teilarbeitsvermögens, wird die Arbeiterschaft durch den ihr vom Kapital aufgezwungenen Wechsel der Arbeit und durch die erforderliche Flüssigkeit ihres Arbeitsvermögens zum Streben nach der Ausbildung eines allseitigen Arbeitsvermögens getrieben. Der Zwang des ständigen Wechsels der Arbeit zwingt die Arbeiter, für eine »möglichste Vielseitigkeit der Arbeiter« einzutreten und das »Teilindividuum, den bloßen Träger einer gesellschaftlichen Detailfunktion, durch das total entwickelte Individuum«[45] zu ersetzen.

Da die mystifizierte Erziehungswissenschaft nur den Schein erweckt, die gesellschaftliche Erziehung diene der gleichen, freien Erziehung aller Gesellschaftsmitglieder, aber selbst nicht unter-

44 H. Heise, a. a. O., S. 168; L. von Werder: Sozialistische Erziehung in Deutschland, Frankfurt 1974, S. 10 ff.
45 MEW 23, S. 512.

sucht, weshalb die gesellschaftliche Erziehung die Arbeiter nur zu Teilarbeitern ausbildet, so kann die Arbeiterschaft, wenn sie selbst die gesellschaftlichen Mystifikationen durchbricht und Klassenbewußtsein entwickelt, an dieser Erziehungswissenschaft kein Interesse haben. Die Arbeiterklasse braucht für ihr Streben nach der Durchsetzung allseitiger Erziehung der Lohnarbeit eine Erziehungswissenschaft, die die herrschende gesellschaftliche Erziehung als Zurichtung von Teilarbeitern enthüllt und zugleich analysiert, welche Tendenzen der Gesellschaft die Entwicklung des Erziehungssystems in die Richtung auf Entfaltung der allseitigen Potenzen der Arbeitskraft hervortreiben. Die mystifizierte Erziehungswissenschaft muß den Interessen der Kapitalistenklasse entsprechen. Ihre Funktion im Gesellschaftskonflikt um die Vergesellschaftung der Erziehung ist konservativ. Die entmystifizierte Erziehungswissenschaft kann den Interessen der Arbeiterklasse entsprechen. Ihre gesellschaftliche Funktion ist fortschrittlich.

Diese Funktionsbestimmung hat nichts mit einer moralischen Wertung zu tun. Konservative Erziehungswissenschaft, so sehr sie auch die fortschrittliche Erziehungswissenschaft bekämpft[46], ist keineswegs moralisch schlecht. Sie hat ihren Ursprung keineswegs in einem schlechten Charakter eines Erziehungswissenschaftlers. Sie entspringt dem gesellschaftlich mystifizierten Bewußtsein, dem sich auch der Erziehungswissenschaftler nicht entziehen kann. Dieses falsche Bewußtsein ist im Charakter dieser Wissenschaftler zudem fest verankert, weil sie als Staatsarbeiter nach mühsamen, langen beruflichen Sozialisations- und Etablierungsprozessen ein harmonisches Gesellschaftsbild ausprägen, dessen Beibehaltung durch Privilegien, Macht und Einfluß belohnt wird. Der Literaturmarkt ist durch seine Nachfrage auf die Waren dieser Erziehungswissenschaftler eingestellt. Er stellt mit seinen Gesetzen einen weiteren Bestimmungsgrund ihrer wissenschaftlichen Arbeit dar. Wenn konservative Erziehungswissenschaft die Beherrschung der inneren Natur des Menschen unter den gegebenen Gesellschaftsverhältnissen zum Ausdruck bringt, so mit der für den Erhalt der bestehenden Gesellschaft nützlichen Funktion, daß sie den Preis

46 Vgl. z. B. W. Brezinka: Erziehung und Kulturrevolution, München 1974; W. Brezinka: Die Pädagogik der neuen Linken, Stuttgart 1973; H. Bath: Emanzipation als Erziehungsziel?, Bad Heilbrunn 1974.

dieser Beherrschung, den die Arbeiterschaft zu zahlen hat, verschleiert[47]. Die konservative Erziehungswissenschaft ist ein »taugliches Instrument gerade durch ihre Mängel«[48]. Sie verhindert die Zukunft, »die sie verspricht«[49]. Die in der Gesellschaft und in den Menschen angelegten Entwicklungsmöglichkeiten, die in der Entfaltung des Menschen durch seine Teilnahme an der Veränderung der Gesellschaft liegen, werden durch sie verschüttet.

Der fortschrittliche Charakter entmystifizierter Erziehungswissenschaft besteht darin, daß sie einmal die Entwicklung, Fehler und Grenzen konservativer Erziehungswissenschaft in ihrer jeweils neuesten Ausformung untersucht[50]. Zum anderen versucht sie, die weitere Entwicklung des Erziehungssystems, so wie sie den Tendenzen der Produktion entspricht, zu enthüllen, die Bildungspolitik und emanzipatorischen Erziehungsversuche der Arbeiterklasse zu verwissenschaftlichen. Sie erkennt, daß die konservative Erziehungswissenschaft und die ihr entsprechenden Erziehungsverhältnisse sich erst ändern, wenn die Arbeiterklasse im »Zusammenhang mit ihrem Kampf um wirtschaftliche und politische Befreiung« eine emanzipatorische Befreiung hervorbringt[51]. »Der Sozialismus ist ein Machtzentrum, dessen Tendenzen auch die Erziehung beeinflussen[52].« Auch die Geschichte des Kampfes der Arbeiterklasse um das gesellschaftliche Erziehungssystem, die von der konservativen pädagogischen Geschichtsschreibung unterschlagen wird, versucht die fortschrittliche Erziehungswissenschaft zu erforschen[53]. Fortschrittliche Erziehungswissenschaft ist keineswegs moralisch besser als konservative. Auch diese Erziehungswissenschaft entspringt nicht besonders guten Charakteren. Sie entspringt der Aneignung der wissenschaftlichen Dechiffrierung der bürgerlichen Gesellschaft, wie sie in der Marxschen Theorie vorliegt, durch bestimmte Wissenschaftler. Diese fortschrittlichen

---

47 E. Hoernle, a. a. O., S. 11.
48 S. Bernfeld: Sisyphos, a. a. O., S. 46; ebenso S. Bernfeld: Antiautoritäre Erziehung und Psychoanalyse, a. a. O., Bd. 2, S. 107, Bd. 3, S. 233, 236.
49 S. Bernfeld: Sisyphos, a. a. O., S. 11.
50 Vgl. etwa Hoernles Analyse der Reformpädagogik in: Ders.: Grundfragen . . ., a. a. O., S. 13 f.
51 E. Hoernle, a. a. O., S. 12.
52 S. Bernfeld: Sisyphos . . ., a. a. O., S. 108.
53 Vgl. den Aufsatz in diesem Band »Ausbildungssektor und Arbeiterbewegung«.

Wissenschaftler haben die Bereitschaft ausgebildet, eine nonkonformistische ökonomische und politische Rolle zu spielen. Diese Bereitschaft, einem harmonistischen Gesellschaftsbild zu entsagen, und die Reproduktion von Klassenstrukturen im Erziehungsprozeß und Erziehungssystem zu erkennen, hängt aber nicht nur von gründlichen Kenntnissen der Theorie der bürgerlichen Gesellschaft ab, sondern von der Nähe dieser Wissenschaftler zur Arbeiterbewegung. Dieser Annäherung an die Arbeiterbewegung gehen natürlich Familienkrisen, Schwierigkeiten in der Karriere voraus. Der Bezug der fortschrittlichen Erziehungswissenschaftler auf die soziale Bewegung der Arbeiter verbirgt zugleich ein zentrales Problem für die Entwicklung entmystifizierter Erziehungswissenschaft.

Da die Oberfläche des Erziehungssystems und der gesellschaftlichen Erziehungsprozesse zumeist auch für die Arbeiterschaft so aussieht, wie sie die mystifizierte Erziehungswissenschaft faßt, und die Arbeiterschaft primär das Gesellschaftsverhältnis in der Produktion zu durchschauen lernt, und meist viel später erst in der Staatstätigkeit und in der Bildungsproduktion, wird die entmystifizierte Erziehungswissenschaft durchaus zumeist sich im »Gegensatz zu Ansichten befinden, die beim Proletariat gerade vorherrschen«[54]. Solange gemütliche Reproduktionsformen des Kapitals herrschen, wird der fortschrittliche Erziehungswissenschaftler weitgehend isoliert und auf sich gestellt sein. Der Vertreter entmystifizierter Erziehungswissenschaft wird deshalb »zuweilen als Feind und Verbrecher, zuweilen als weltfremder Utopist erscheinen«[55]. Da die entmystifizierte Erziehungswissenschaft die herrschenden Verhältnisse und ihre Apologien stört, brauchen ihre Träger nicht viel zu tun, um unters Berufsverbot zu fallen und in Verruf zu kommen. Es bedarf keiner großen Anstrengungen, um in Phasen der Gesellschaftsentwicklung, wo sich die Klasse noch nicht konstituiert, »an deren Zustimmung man sich halten könnte«[56] und alle Fetischisierung der Arbeiter als Subjekt der Veränderung der Erziehung bald scheitert, der entmystifizierten Erziehungswissenschaft jede Existenzbasis zu entziehen.

Diese Erziehungswissenschaft wird dann völlig verschwinden

---

54 M. Horkheimer: Kritische Theorie, Frankfurt 1968, Bd. 2, S. 170.
55 M. Horkheimer, a. a. O., S. 169.
56 M. Horkheimer, a. a. O., S. 190.

oder zu kleinen Gruppen flüchten, »die, unter dem Terror dezimiert, wenig Zeit haben, die Theorie zu schärfen«[57]. Es können durchaus Epochen in der Entwicklung der bürgerlichen Gesellschaft eintreten, wo nur noch Variationen konservativer Erziehungswissenschaft herrschen und jede Erinnerung an fortschrittliche Erziehungswissenschaft untergegangen ist[58]. Aber auch wenn Verhältnisse herrschen, in denen ihre Existenz möglich ist, entbehrt sie »bis ans Ende der Epoche doch der Bestätigung durch den Sieg«[59]. Da ihre Funktion primär Kritik der bestehenden Erziehungstheorie und nur partiell Verwissenschaftlichung der Bildungspolitik und Erziehung der Arbeiterklasse ist, kann sie »in manchen Einzelfragen zu bedeutenden Ergebnissen kommen.« Befriedigende Resultate »kann sie jedoch unmöglich erringen«[60]. In der bürgerlichen Gesellschaft, angesichts der Macht der auf Mystifikationen sich gründenden konservativen Erziehungswissenschaft, bilden sich immer nur Keimformen und einzelne Elemente der entmystifizierten soziologischen Erziehungswissenschaft heraus[61].

4. Die Verwissenschaftlichung der Erziehung als politisches Problem

Von der konservativen Erziehungswissenschaft, die die Staatsintervention im Erziehungssystem anleitet, ist keine gründliche Reform des Erziehungssystems zu erwarten. Die gesellschaftlichen Mystifikationen verwehren ihr weitgehend die Einsicht in die Notwendigkeit dieser Reformen. Sie wird mit ihren Reformvorstellungen schließlich stets an der Schwelle fehlender staatlicher Finanzen scheitern. Erst die Aufhebung der Mystifikationen schafft Bedingungen, in denen eine neue Stufe der Verwissenschaftlichung der Erziehung und die Überwindung der konservativen durch eine

57 M. Horkheimer, a. a. O., S. 186.
58 Besonders während des Faschismus und in der Zeit nach dem 2. Weltkrieg fehlte jede Spur einer fortschrittlichen Erziehungswissenschaft. Vgl. dazu L. von Werder, a. a. O., S. 216–253; H. J. Heydorn: Über den Widerspruch . . ., a. a. O., S. 273.
59 M. Horkheimer, a. a. O., S. 189.
60 G. Lukács: Makarenko. Der Weg ins Leben. In: Ders.: Russische Revolution. Russische Literatur, Reinbek 1969, S. 191.
61 S. Voets (Hrsg.): Sozialistische Erziehung, Hamburg 1972, S. 13.

fortschrittliche Erziehungswissenschaft möglich ist. Das kann aber nicht heißen, daß die Verwissenschaftlichung der Erziehung erst in einer Gesellschaft möglich ist, die nicht mehr auf der Basis der Warenproduktion beruht. Das heißt nur, die Arbeit der fortschrittlichen Erziehungswissenschaft hängt vom Stand des Gesellschaftskonflikts ab und muß politisch abgesichert werden. Sie ist als Kritik und als Praxis nur soweit möglich, wie Gegenmachtpositionen der Arbeiterklasse durch ihren Einfluß auf den Staat und den damit gegebenen Einfluß auf Universitäten und Schulen konservative Erziehungswissenschaft zurückdrängen. Daraus resultiert, daß die Verwissenschaftlichung der Erziehung nur in geringem Maße von der Spontaneität und dem Willen einzelner Erziehungswissenschaftler oder Lehrer abhängt. Es steht dem einzelnen Lehrer keineswegs offen, sich in seinem Handeln von entmystifizierter Erziehungswissenschaft leiten zu lassen[62]. Auch Gewerkschaften können nur die Arbeitsbedingungen von Lehrern verbessern und nur sehr beschränkt die gesellschaftliche Bestimmung der Erziehung selbst. Der Spielraum der weiteren Verwissenschaftlichung der Erziehung ist etwas größer in der außerschulischen Kinder- und Jugendarbeit, die auch auf die Erziehung in der Schule zurückwirken kann[63]. Eigentliche Potenzen der weiteren Vergesellschaftung und Verwissenschaftlichung der Erziehung kann nur der Staat entwickeln, wenn durch Gegenmachtpositionen der Arbeiter in der Produktion Bildungsreformen erzwungen werden, die nicht mehr völlig den Zwängen der Warenproduktion unterworfen sind. Wenn der Staat im Besitz der Arbeiterparteien ist, die wirkliche Schritte zur Durchsetzung des demokratischen Sozialismus unternehmen, eröffnet sich sowohl die Möglichkeit der »Überqualifikation« der Arbeiterkinder wie eine dieser Möglichkeit entsprechende Erziehungswissenschaft. Es lassen sich also Übergangsformen der ökonomischen und politischen Entwicklung

---

62 Heydorn glaubt tatsächlich noch an diese Freiheit des Lehrers: »Es steht dem bewußten Lehrer offen, diesen Auftrag zu ergreifen. Er kann die befreiende kollektive Praxis einleiten.« Ders.: Über den Widerspruch ..., a. a. O., S. 323. Auch Ortmann verbreitet den Glauben, daß der Lehrer in der Schule »diejenigen Spielräume taktisch nutzen muß, die dieses System selbst produziert«. H. Ortmann: Politische Ökonomie und Pädagogik, in: Erziehung und Klassenkampf, 1973, Nr. 9, S. 50.

63 Vgl. H. G. Rolff u. a.: Strategisches Lernen in der Gesamtschule, Reinbek 1974, S. 225.

der bürgerlichen Gesellschaft finden, in denen zwar noch im Kapitalismus, aber über ihn hinaus die Verwissenschaftlichung der Erziehung vorangetrieben werden kann.

Die Entstehung dieser Übergangsformen des Staates und der Gesellschaft, sowie der Entwicklung des Erziehungssystems und der ihr entsprechenden Erziehungswissenschaft, ist an die Auswirkungen des wirtschaftlichen Krisenzyklus gebunden. Die wirtschaftliche Krise, die verbunden ist mit wachsender Kapitalentwertung, Arbeitslosigkeit, der Senkung des Lebensstandards und des Schwindens der staatlichen Einnahmen, führt auch dazu, daß im Erziehungssystem die angewandten Mittel knapper werden. Durch Entlassung von Lehrern, Kürzung der Stundenzahl der Schüler und Erhöhung der Klassenfrequenzen schlägt die wirtschaftliche Krise im Erziehungssystem durch. Der Abbau des Erziehungssystems in der Krise lockert die Wirkung der konservativen Erziehungswissenschaft. Angesichts des Abbaus des Erziehungssystems erweist sie sich keineswegs als brauchbar, um den Schein der Ausbildung von gleichen und freien Individuen zu erwecken. Auch auf die Arbeiter hat der Abbau des Erziehungssystems Auswirkungen.

Die Erhöhung der Disponibilitäts- und Mobilitätsanforderungen an die Arbeitskräfte, die durch Arbeitsplatzwechsel der drohenden Arbeitslosigkeit entkommen wollen, öffnet den Arbeitern, wenn sie diesen erhöhten Anforderungen nicht nachkommen können, die Augen über das wirkliche gesellschaftliche Wesen des Erziehungssystems als bloßen Produktionszweiges ohnmächtiger Teilarbeiter. Wenn in der Krise die Einsicht der Arbeiter in das wirkliche Wesen des Erziehungssystems und die Funktion der herrschenden Erziehungswissenschaft als konservative sich eröffnet, so ergibt sich als zentrales politisches Problem, wie diese neuen Einsichten der Arbeiterschaft politisch wirksam umgesetzt werden können. Die Aufnahme fortschrittlicher Bildungspolitik bei Wiederaufschwung der Wirtschaft nach der Krise und der neuen Eröffnung eines gewissen Reformspielraums der Staatstätigkeit, ist an die Existenz fortschrittlicher Erziehungswissenschaft gebunden, die eine gründliche Erziehungsreform und ihre Umsetzung in wissenschaftliche Bildungspolitik massenwirksam entwickeln kann. Die Arbeiterparteien müssen sich also gezwungen sehen, in allen Phasen der wirtschaftlichen Entwicklung eine Wissenschaft zu fördern, die den Auflösungsprozeß des bürgerlichen Erziehungssystems und den

Aufbau eines zweiten Erziehungssystems begreift.

Als zentrales Problem der Verwissenschaftlichung der Erziehung erweist sich also der politische Schutz der fortschrittlichen Erziehungswissenschaft durch die Arbeiterparteien.

5. Weitere Perspektiven der Verwissenschaftlichung der Erziehung

Unabhängig davon, wieweit die politische Absicherung der Arbeit fortschrittlicher Erziehungswissenschaftler gelingt, ergeben sich heute folgende weitere Perspektiven der Verwissenschaftlichung der Erziehung:

1. Die Mystifikationen des Bewußtseins der Erziehungswissenschaftler, ihre Auswirkungen auf den Produktionsprozeß von Erziehungswissenschaft und deren Umsetzung ins gesellschaftliche Erziehungssystem muß noch gründlicher untersucht werden. Dazu gehört auch eine differenzierte Analyse der Fehler der verschiedenen Schulen der konservativen Erziehungswissenschaft. Außerdem müssen die sozialwissenschaftlichen Grundlagen fortschrittlicher Erziehungswissenschaft ausgebaut werden. Dazu gehören auch differenzierte Aussagen über Klassenlage und Klassenbewußtsein der jungen Generation der Arbeiterklasse. Ziele und Methoden fortschrittlicher Erziehungswissenschaft müssen entwickelt werden, die den Prozeß der Herausbildung von gesellschaftlichem Bewußtsein bei Arbeiterkindern und Arbeiterjugendlichen beschleunigen können. Sowohl die generellen wie die zeitgeschichtlichen Bedingungen von fortschrittlicher Erziehung, wie sie in der bürgerlichen Gesellschaft gegeben sind, sind genauer zu untersuchen.
2. Die Sozialgeschichte der Auseinandersetzung zwischen konservativer und fortschrittlicher Erziehungswissenschaft und die Analyse der Determination dieser Auseinandersetzung durch die jeweiligen Entwicklungsstufen der Vergesellschaftung der Erziehung muß vorangetrieben werden[64].
3. Die politischen Probleme der Entfaltung fortschrittlicher, sozio-

64 Die Ansätze bei H. Titze: Die Politisierung der Erziehung, Frankfurt 1973; B. Voigt: Bildungspolitik und politische Erziehung in den Klassenkämpfen, Frankfurt 1973; L. von Werder: Sozialistische Erziehung in Deutschland, a. a. O., reichen dazu noch nicht aus.

logischer Erziehungswissenschaft, die Entwicklung fortschrittlicher Erziehungspolitik und ihre Verankerung in den Arbeiterparteien erfordert noch genauere Analysen und wissenschaftlich begründete Praxis.

5. Zur Verwissenschaftlichung der Berufspädagogik

1. Die Besonderheiten der Verwissenschaftlichung der Berufspädagogik

In der BRD läßt sich ein Wandel der Erziehungswissenschaft feststellen, der darin besteht, daß die geisteswissenschaftliche von der sozialwissenschaftlichen Erziehungswissenschaft abgelöst wird.

Dieser Wandel erfaßt auch die Berufspädagogik. Statt über die »Autonomie des einzelnen im Hinblick auf seine Bewährung im Beruf«[1] und die »humane Bedeutung« der Arbeit zu reflektieren, wandte sich die Berufspädagogik immer stärker der Reflexion des Verhältnisses von Gesellschaft und beruflicher Bildung zu. Diese Veränderung der Berufspädagogik soll als Ausdruck der Verwissenschaftlichung der Berufspädagogik im folgenden untersucht werden. Die bisherige Reflexion der Verwissenschaftlichung der Erziehung, die an S. Bernfeld anknüpfte[2] und von F. Huisken, E. Becker, G. Jungblut u. a. weiterentwickelt wurde, stellte folgende Hypothesen auf:

1. Die Verwissenschaftlichung der Erziehung ist der theoretische Ausdruck der Vergesellschaftung der Erziehung. Sie entwickelt sich mit dem Prozeß der Vergesellschaftung der Erziehung[3].
2. Verwissenschaftlichung der Erziehung heißt primär Didaktisierung von Unterricht[4].
3. Verwissenschaftlichung der Erziehung stellt sich als Überwindung der geisteswissenschaftlichen Erziehungswissenschaft durch eine sozialwissenschaftliche Erziehungswissenschaft dar. Die eine wissenschaftliche Richtung wird durch die andere abgelöst[5].

---

1 G. Stütz: Berufspädagogik unter ideologiekritischem Aspekt, Frankfurt 1970, S. 95.
2 S. Bernfeld: Sisyphos oder die Grenzen der Erziehung. Frankfurt 1967, bes. S. 7–48.
3 Autorenkollektiv am Institut für Soziologie der FU Berlin: Grundkurs Erziehung und Gesellschaft, Berlin 1972, S. 42, 50.
4 F. Huisken: Zur Kritik bürgerlicher Didaktik und Bildungsökonomie, München 1972, S. 13 ff., S. 26–139, S. 335 ff.; E. Becker, G. Jungblut: Strategien der Bildungsproduktion, Frankfurt 1972, S. 204–260; Autorenkollektiv am Institut für Soziologie der FU Berlin, a. a. O., S. 49.

4. Der Prozeß der Verwissenschaftlichung der Erziehung in der BRD ist kontinuierlich und widerspruchsfrei[6].
5. Die Verwissenschaftlichung der Erziehung in der BRD hat nach dem Ende der Rekonstruktionsperiode eingesetzt. Sie ist der theoretische Ausdruck des dem ökonomischen Wandel der 60er Jahre geschuldeten Vergesellschaftungsschubs von Erziehung[7].
6. Die Verwissenschaftlichung der Erziehung in der BRD folgt weitgehend affirmativen Interessen. Sie ist orientiert an einer Verbilligung und Effektivierung der Bildungsproduktion[8].

Wir haben nun zu prüfen, ob diese Thesen sich auch am Prozeß der Verwissenschaftlichung der Berufspädagogik in der BRD belegen lassen.

Auf der Ebene allgemeiner Reflexion über die gesellschaftliche Stellung des Systems der allgemeinen und des Systems der beruflichen Bildung lassen sich schon einige Unterschiede zwischen der Vergesellschaftung der allgemeinen und der beruflichen Bildung und der Verwissenschaftlichung von Schul- und Berufspädagogik feststellen.

1. Da die berufliche Bildung anders als die allgemeine Bildung noch nicht weitgehend aus der Produktion herausgesetzt ist, kann der Verwissenschaftlichungsprozeß der Berufspädagogik zum Vergesellschaftungsprozeß der beruflichen Bildung nicht im gleichen Verhältnis stehen wie im Schulsystem. Die Berufspädagogik muß vielmehr erst der in der Entwicklung der Produktion gesetzten Notwendigkeit der Auflösung der privaten Form der beruflichen Bildung und der Vergesellschaftung der beruflichen Bildung theoretischen Ausdruck verleihen. Verwissenschaftlichung der Berufspädagogik muß sich als Theorie der Reform der beruflichen Bildung entwickeln. Sie muß als Ableitung der Reform der beruflichen Bildung aus den identifizierten veränderten gesellschaftlichen Anforderungen an die berufliche Bildung auftreten. Die Verwissenschaftlichung der Berufspädagogik beginnt mit der Überwindung der Ableitung der Reform

5 F. Huisken: Zur Kritik . . ., a. a. O., S. 13, 295 f.; Autorenkollektiv am Institut für Soziologie der FU Berlin, a. a. O., S. 43 ff., 48 f.; C. L. Furck, D. Goldschmidt u. a.: Erziehungswissenschaft als Gesellschaftswissenschaft, Heidelberg 1968.

6 Autorenkollektiv am Institut für Soziologie der FU Berlin, a. a. O., S. 50.

7 F. Huisken: Zur Kritik . . ., a. a. O., S. 295 ff., 290–334, 339 ff.

8 E. Becker, G. Jungblut: Strategien . . ., a. a. O., S. 13–16.

der beruflichen Bildung aus ideellen Faktoren, z. B. aus der Konzeption neuer Berufsideale.

2. Die Verwissenschaftlichung der Schulpädagogik bezieht sich angesichts der radikalen Trennung von Produktion und Schulsystem primär auf die didaktische Verbesserung des Unterrichts. Diesen Ansatz kann die Verwissenschaftlichung der Berufspädagogik nicht entwickeln, da es berufliche Bildung für die Mehrzahl der Heranwachsenden als einen von der Produktion getrennten Unterricht, über den verallgemeinerbare Erkenntnisse zu treffen sind, nicht im nennenswerten Umfange gibt. Da jede Verbesserung und wissenschaftliche Durchdringung beruflicher Bildung ihre relative Trennung von der Produktion zur Voraussetzung hat, beginnt die Verwissenschaftlichung der Berufspädagogik mit der Untersuchung des gesellschaftlichen Verhältnisses von Produktion und beruflicher Bildung. Diese Untersuchung geschieht mit dem Ziel, die gesellschaftlichen Ursachen für die Einrichtung eines verwissenschaftlichbaren beruflichen Unterrichts zu ermitteln. Nicht die Didaktik wie bei der Schulpädagogik, sondern die Analyse der aus der Entwicklung der Produktion ableitbaren verallgemeinerten beruflichen Anforderungen, die jede handwerkliche und kleinbetriebliche berufliche Bildung, jede Unterordnung der beruflichen Bildung unter private Produktion zerstören, muß im Mittelpunkt der beginnenden Verwissenschaftlichung der Berufspädagogik stehen.
3. Die Verwissenschaftlichung der Berufspädagogik kann nicht wie bei der Schulpädagogik als direkter Übergang von geisteswissenschaftlichen auf sozialwissenschaftliche Positionen beschrieben werden. Die wissenschaftliche Analyse des Schulsystems, über den Unterricht hinaus, muß sehr bald auf den Staat als Träger des Schulsystems stoßen und damit den gesellschaftlichen Charakter des Schulsystems untersuchen. Das System beruflicher Bildung, das weitgehend der Einzelproduktion unterworfen ist, muß dagegen den Schein erwecken, daß die berufliche Bildung direkt durch die Technik oder Ökonomie der privaten Einzelproduktion bestimmt ist. Die Reflexion der gesellschaftlichen Abhängigkeit der beruflichen Bildung muß sich deshalb als Reflexion der Abhängigkeit der beruflichen Bildung von Technik und privater Ökonomie entfalten. Diese Reflexion verfehlt vorerst die gesellschaftlichen Bestimmungen der beruflichen Bildung und verzögert die Etablierung der Berufspädago-

gik als wirklicher Sozialwissenschaft. Erst das Auftreten verallgemeinerter Anforderungen an die berufliche Bildung auf höherer Stufenleiter der Produktion enthüllt, daß auch die berufliche Bildung nicht vom Einzelbetrieb, sondern der gesellschaftlich organisierten Produktion und ihren Anforderungen bestimmt ist. Die Verwissenschaftlichung der Berufspädagogik kann erst auf Basis verallgemeinerter Anforderungen an die berufliche Bildung als geschlossene sozialwissenschaftliche Disziplin auftreten. Diese Position bildet die Berufspädagogik erst in der Überwindung gewisser Stufen der Reflexion heraus.
Auf der untersten Stufe der Verwissenschaftlichung der Berufspädagogik werden nur partielle Kenntnisse über den Zusammenhang von Technik und beruflicher Bildung entwickelt. Die Berufspädagogik beginnt nun eine intensive Rezeption industriesoziologischer Forschung. Auf dieser Stufe treten alle Reformen der beruflichen Bildung als technologisch begründete auf.
Erst wenn die Organisation beruflicher Bildung den Einzelbetrieben Schwierigkeiten macht oder die Nachfrage nach beruflichen Qualifikationen auf Engpässe trifft, entwickelt die Berufspädagogik Einsichten in die Determination beruflicher Bildung durch die private Ökonomie der Betriebe. Die Berufspädagogik wendet sich nun verstärkt den Erkenntnissen der Bildungsökonomie zu. Auf dieser Stufe der Verwissenschaftlichung der Berufspädagogik werden alle Reformen der beruflichen Bildung aus den Annahmen wachstumsorientierter Ökonomie abgeleitet.
Erst wenn die erheischte Vergesellschaftung der beruflichen Bildung auf Grenzen stößt und der Staat als eigentlicher Träger der beruflichen Bildung erkannt werden muß, wird auch die Berufspädagogik zur Erkenntnis der wirklichen gesellschaftlichen Grundlagen beruflicher Bildung gezwungen. Sie muß sich nun umfassende Kenntnisse der Staats- und Gesellschaftstheorie aneignen. Erst auf dieser Stufe verwandelt sie sich in eine echte Sozialwissenschaft, die die Integration der beruflichen in die allgemeine Bildung als Ziel der Berufsbildungsreform auch politisch begründen und wissenschaftlich anleiten kann.
Der Etablierung der Berufspädagogik als Sozialwissenschaft als Teil einer soziologischen Erziehungswissenschaft müssen also überwundene Versuche der Ableitung der beruflichen Bildung aus technologischen und ökonomistischen Aspekten der Produktion zugrundeliegen, die bei der Verwissenschaftlichung der

Schulpädagogik so nicht auftreten.

Damit sind einige systematische Unterschiede der Verwissenschaftlichung von Schul- und Berufspädagogik herausgearbeitet. Auf dieser Ebene ist die Relevanz der noch verbleibenden Thesen zur Entwicklung der Verwissenschaftlichung der Erziehung in der BRD für die Entwicklung der Verwissenschaftlichung der Berufspädagogik nicht zu klären. Um zu erkennen, ob die Verwissenschaftlichung der Berufspädagogik in der BRD sich wirklich kontinuierlich und widerspruchsfrei entwickelt, ob sie erst nach dem Ende der Rekonstruktionsperiode eingesetzt hat und ob sie weitgehend affirmativen Interessen unterworfen ist, müssen wir nun ein Stück historischer Analyse versuchen. Diese historische Untersuchung kann innerhalb des gesetzten Rahmens nur exemplarisch und weitgehend theorieimmanent erfolgen. Sie muß sich außerdem auf die Analyse der Entwicklung der wissenschaftlichen Durchdringung industrieberuflicher Ausbildung auf der Stufe einfacher Arbeit beschränken.

2. Zur Genesis der Verwissenschaftlichung der Berufspädagogik in der BRD

2.1. Die »Zweite industrielle Revolution« und die Berufspädagogik

Die Problematisierung des gesellschaftlichen Zusammenhangs von Produktion und Qualifikation entwickelte sich in der BRD auf der Basis internationaler Anregungen. In den USA, England und Frankreich begann man nach 1950 sich mit der Analyse der Automation zu beschäftigen. Diese Untersuchungen beeinflußten auch die Berufspädagogik in Westdeutschland.

So setzte sich in der Berufspädagogik der BRD nach dem Abrücken von idealistischen geisteswissenschaftlichen Positionen zuerst die Vorstellung durch, die Entwicklung der Produktion trete in eine ganz neue Epoche ein, die erhebliche Folgen für die berufliche Bildung hätte. Helmut Schelsky sah 1953 das Hauptmerkmal der neuen technischen Entwicklung im Auftauchen automatischer Steuerungsapparate. Diese Entwicklung, die er als den »Beginn der zweiten industriellen Revolution« ansah[9], forderte nach Schelskys

---

9 H. Schelsky: Die sozialen Folgen der Automatisierung. Düsseldorf/Köln 1957, S. 7.

Einschätzung auch einen neuen Typ des Arbeiters. »Konzentrierte und hochverantwortliche Aufmerksamkeit, technisches Verständnis und Reaktionsgeschick werden jetzt die Hauptanforderungen dieser Art Arbeit und drängen den Arbeiter immer mehr in die Nähe des Technikers[10].« Schelsky sah aufgrund dieser neuen Anforderungen auch eine Krise der privaten handwerklichen Berufsausbildung voraus: »Das nach dem Modell des Handwerks ausgebildete Facharbeitertum wird nicht mehr allein die berufliche Elite der Arbeiterschaft stellen[11].« Leo Brandt und Fritz Sternberg bauten die Theorie der »zweiten industriellen Revolution« aus. Beide sahen ihr Charakteristikum darin, daß mit der Automatisierung die menschliche Arbeit mehr und mehr von Maschinen übernommen wird[12].

Nach Brandt und Sternberg geht mit der Automation die Notwendigkeit »intensivster hochwertigster Ausbildung für die auf allen Ebenen in der modernen arbeitsteiligen Volkswirtschaft Tätigen einher«[13]. Sternberg erkennt angesichts der zweiten industriellen Revolution, »daß das gesamte Erziehungssystem von den Universitäten über die technischen Hochschulen bis zur Berufsausbildung der Lehrlinge, in wesentlichen Punkten umgeschweißt wird, um rechtzeitig den neuen Anforderungen des Zeitalters der Atomenergie und der Automatisierung gerecht zu werden«[14]. Auch die westdeutsche Debatte über die Automation analysierte die neuen Qualifikationsanforderungen automatisierter Produktion. Indem die Automation schwere körperliche Arbeit verschwinden läßt, »treten die Anforderungen an die manuellen und technischen Fertigkeiten der Fachkraft zurück gegenüber den Verhaltensweisen geistiger Beweglichkeit«[15]. Die wachsende Entwertung körperli-

10 H. Schelsky: Die sozialen Folgen . . ., a. a. O., S. 15.
11 H. Schelsky: Die sozialen Folgen . . ., a. a. O., S. 15.
12 L. Brandt: Die zweite industrielle Revolution, München 1957, S. 25; F. Sternberg: Die zweite industrielle Revolution, Frankfurt 1956, S. 9, 17.
13 L. Brandt: Die zweite industrielle Revolution . . ., a. a. O., S. 101; F. Sternberg: Die zweite industrielle Revolution, S. 40; ebenso C. Schmidt: Mensch und Technik. Die sozialen und kulturellen Probleme der zweiten industriellen Revolution, Bonn 1956; E. Salin: Die neue Etappe der industriellen Revolution. In: Zur Ökonomie und Technik der Atomzeit. Tübingen 1957.
14 F. Sternberg: Die zweite industrielle Revolution, a. a. O., S. 48.
15 P. Behler: Einwirkungen der Mechanisierung, Rationalisierung und Automatisierung auf den Bedarf und die berufliche Ausbildung der Arbeits-

cher zugunsten geistiger und moralischer Potenzen in der automatisierten Produktion führt zu notwendigen Reformen sowohl der Allgemeinbildung als auch der Berufsbildung. Die »allgemeine Anhebung des Bildungsstandes«[16] soll sich einmal als »Erweiterung der Allgemeinbildung« besonders im Bereich »Mathematik, Physik und Chemie«[17] niederschlagen, zum anderen sich als Durchführung einer Neuordnung des beruflichen Bildungssystems realisieren[18].

Die bisher referierte Position der Berufspädagogik, die eine strenge Determination der beruflichen Qualifikation durch die technologische Entwicklung annahm, wurde in der BRD in den 50er Jahren nicht nur durch das Ausbleiben von Reformen in Frage gestellt, sondern auch durch vehemente Kritik.

Als erster war es H. Schelsky, der sich von der selbst vertretenen Konzeption der »zweiten industriellen Revolution« wieder lossagte. Schelsky wandte sich 1957 gegen jede »Ideologisierung und Dramatisierung der technischen Entwicklung«[19]. Auch Ralf Dahrendorf konnte keinen revolutionären Sprung in der Produktion und in den Qualifikationsanforderungen entdecken. Er sah zwar im 20. Jahrhundert einen Wandel der Qualifikationsstruktur, aber anders als die Berufspädagogik bisher annahm. Beim Übergang von der »frühen mechanisierten zur entwickelten mechanisierten Industrie im 20. Jahrhundert« bilden sich für ihn neue Formen industrieller Fertigkeiten heraus. Funktionale Fertigkeiten werden in zunehmendem Maße ersetzt durch extrafunktionale Fertigkeiten[20]. Für Dahrendorf schwinden also die rein technischen Anforderungen, die die »erfolgreiche Ausführung von Arbeitsprozessen

---

kräfte. Bonn 1957, S. 13; ebenso: Ph. Behler: Berufserziehung in der modernen Arbeitswelt. Bonn 1956, S. 6; F. Pollock: Automation. Materialien zur Beurteilung der ökonomischen und sozialen Folgen. Frankfurt 1956; P. Luchtenberg, E. Krause (Hrsg.): Automatisierung und Berufsausbildung, Bielefeld 1961; H. Wander: Berufsausbildung und Produktivität, Kiel 1953.

16 Ph. Behler: Einwirkungen der Mechanisierung . . ., a. a. O., S. 14, 32.

17 P. Luchtenberg, E. Krause: Automation und Berufsausbildung . . ., a. a. O., S. 26, 95, ebenso Ph. Behler: Einwirkungen der Mechanisierung . . ., a. a. O., S. 32, H. Wander: Berufsausbildung und Produktivität, Kiel 1953, S. 11.

18 Ph. Behler: Einwirkungen der Mechanisierung . . ., a. a. O., S. 33; H. Wander: Berufsausbildung . . ., a. a. O., S. 114.

19 H. Schelsky: Die sozialen Folgen der Automatisierung, a. a. O., S. 43.

20 R. Dahrendorf: Industrielle Fertigkeiten und soziale Schichtung. In: Kölner Zeitschrift für Soziologie und Sozialpsychologie, 8. Jg. 1956, S. 553.

erfordert«[21], es wachsen aber die angeforderten Fähigkeiten zur Anpassung an »Fabrikatmosphäre und Arbeitsrhythmus, die Verantwortung für Maschine, Materialien und Arbeitsabläufe, Fertigkeiten, die über den spezifischen Arbeitsbereich hinausgehen«[22]. Das Anwachsen von extrafunktionalen Fähigkeiten führt für Dahrendorf aber nicht zur Notwendigkeit einer Erweiterung systematischer beruflicher Lehr- und Lernprozesse der Arbeiter, sondern nur zu einer Erweiterung der »Erfahrung am Arbeitsplatz«. Für Dahrendorf verlängern sich allenfalls die Anlernzeiten in der Produktion. Die Notwendigkeit der Reform der beruflichen Bildung, wie sie die Berufspädagogik bisher behauptet hatte, sieht sich damit grundsätzlich kritisiert.

Wenn wir die Ergebnisse der ersten Stufe der Verwissenschaftlichung der beruflichen Bildung in der BRD in den 50er Jahren zusammenfassen, so läßt sich sagen:

1. Es gibt keinen sprunghaften Übergang von der geisteswissenschaftlichen Berufspädagogik zur sozialwissenschaftlichen. Der Prozeß beginnt vielmehr mit der Berücksichtigung einiger Ergebnisse der Automationsforschung und der Industriesoziologie durch die Berufspädagogik.
2. Der Prozeß der Verwissenschaftlichung der Berufspädagogik entwickelt sich auf dieser Stufe nicht im Interesse der ökonomischen Rationalisierung der beruflichen Bildung, sondern im Interesse der Sicherung der Angepaßtheit der beruflichen Bildung an Veränderungen der Produktion.
3. Der Prozeß der Verwissenschaftlichung beginnt nicht erst Mitte der 60er Jahre, sondern für den Bereich der beruflichen Bildung schon in den frühen 50er Jahren.
4. Der Prozeß der Verwissenschaftlichung der Berufspädagogik entwickelt sich keineswegs homogen, sondern wirft antagonistische Widersprüche auf, die den Prozeß unter bestimmten Umständen vorantreiben.

---

21 R. Dahrendorf: Industrielle Fertigkeiten, a. a. O., S. 553 f.
22 R. Dahrendorf: Industrielle Fertigkeiten, a. a. O., S. 555 f.

In den 60er Jahren stützte sich die Berufspädagogik bei der Begründung von Reformen weitgehend auf die These von der Bildungskatastrophe, die Georg Picht entwickelt hatte[23]. Diese These stellte fest, daß sich heute »Sympthome der Funktionsunfähigkeit unseres Schulwesens zeigen, die dringend nach Abhilfe rufen«[24]. Im Ausgang von dieser These entwickelte Friedrich Edding die wichtigsten Argumente für eine Reform der Berufsbildung. Er stellte fest, daß die technische Entwicklung immer mehr dazu führt, gleichförmige Arbeit von Maschinen ausführen zu lassen. Die Erweiterung der Maschinisierung der Arbeit »stellt veränderte Anforderungen an die menschliche Tätigkeit«[25]. Die Veränderung der Anforderungen sah Edding sowohl in der Verschiebung von körperlichen zu geistigen Kompetenzen als auch in der Erhöhung der Anforderungen durch die konkrete Arbeit selbst[26]. Sowohl eine höhere Allgemeinbildung als auch verbesserte Arbeitsmoral schienen ihm nun erforderlich[27]. Unter dieser Perspektive mußte Edding für einen neuen Schritt in der Vergesellschaftung der beruflichen Bildung plädieren. Edding kam zu dem Ergebnis, daß eine »Integration der beruflichen Bildung in die allgemeinen Lernprozesse« unabdingbar notwendig sei[28]. Eddings Analyse wurde durch Beiträge von W. Lempert[29] und W. D. Winterhager[30] bestätigt.

Die These von Friedrich Edding zum gesellschaftlichen Zusammenhang von Produktion und beruflicher Bildung wurde in den 60er Jahren zum Fundament der Berufspädagogik. Erst durch die Arbeiten von Burkhardt Lutz[31] wurde nachgewiesen, daß eine di-

23 G. Picht: Die deutsche Bildungskatastrophe, München 1965.
24 R. Dahrendorf: Bildung ist Bürgerrecht. Hamburg 1965, S. 14.
25 F. Edding: Ökonomie des Bildungswesens, Freiburg 1963, S. 18.
26 F. Edding: Ökonomie . . ., a. a. O., S. 132, 123.
27 F. Edding: Ökonomie . . ., a. a. O., S. 128, 130, 132.
28 F. Edding: Auf dem Weg zur Bildungsplanung, Braunschweig 1970, S. 236.
29 W. Lempert: Die Zukunft der Lehre. In: Ders.: Leistungsprinzip und Emanzipation, Frankfurt 1971, S. 9 ff.
30 W. D. Winterhager: Lehrlinge – die vergessene Majorität, Weinheim 1970, bes. S. 45–49.
31 B. Lutz: Produktionsprozeß und Berufsqualifikation. In: Spätkapitalismus oder Industriegesellschaft? Stuttgart 1969, S. 227 ff.; B. Lutz: Prognosen der Berufsstruktur. In: B. Lutz, W. D. Winterhager: Zur Situation der Lehrlingsausbildung. Stuttgart 1970, S. 316 ff.

rekte Korrelation zwischen technischem Fortschritt und Qualifikation nicht möglich ist. Als Hauptgrund weist Lutz auf die zunehmende Verlagerung menschlicher Arbeit auf Arbeitsprozesse hin, die dem ursprünglichen Arbeitsprozeß vor- oder nachgelagert sind. Er kommt zu dem Schluß: Die menschliche Arbeit unterliege immer »weniger unmittelbar technologischer Notwendigkeit«[32]. Angesichts der zunehmenden abstrakten Form der menschlichen Arbeit ist der Versuch der Vermittlung von Produktionsentwicklung und beruflicher Bildung nur an ganz groben Entwicklungstendenzen festzumachen. Für Lutz ist aber klar, daß die zunehmende »Distanz menschlicher Arbeitsaufgaben und Tätigkeit vom Produktionsablauf«[33] sowohl eine schwindende Bedeutung der Lehre und kleinbetrieblicher privater Ausbildung, als auch neue Formen breiter systematischer Anlernausbildungswege zur Folge haben muß[34]. Mit den Arbeiten von Lutz wurde die starr deterministische Vermittlung von technischem Fortschritt und beruflicher Bildung in der Berufspädagogik überwunden.

Diese Position baute die Berufspädagogik aus. Man erkannte, daß zwischen Produktion und beruflichem Bildungssystem keine direkte, sondern eine vermittelte Beziehung besteht. Weder ist der output der Bildungsproduktion starr limitational auf den input der Produktion fixiert noch lassen sich die ausgebildeten Arbeitskräfte in der Produktion beliebig auswechseln d. h. substituieren. H. Riese stellte fest: »Weder völlige Substituierbarkeit noch starre Limitationalität dürften der Wirklichkeit entsprechen[35].«

Auch die von den Theoretikern der zweiten industriellen Revolution entwickelte These, daß der technische Fortschritt generell höhere Qualifikationsanforderungen zur Folge hätte, mußte revidiert werden. Empirische Qualifikationsforschung kam zur Einschätzung der Polarisierung der Qualifikationsanforderungen in dem Sinne, »daß auf der einen Seite sehr einfache und zumeist einseitige Tätigkeiten und auf der anderen Seite höher qualifizierte

32 B. Lutz: Produktionsprozeß und Berufsqualifikation . . ., a. a. O., S. 246.
33 B. Lutz: Produktionsprozeß und Berufsqualifikation . . ., a. a. O., S. 243.
34 B. Lutz: Prognosen der Berufsstruktur . . ., a. a. O., S. 327, 329, 339.
35 H. Riese: Theorie der Bildungsplanung und Struktur des Bildungswesens. In: P. K. Straumann: Neue Konzepte der Bildungsplanung. Reinbek 1974, S. 223.

Tätigkeiten bestehen bleiben oder neu entstehen, während der Anteil der komplexen Tätigkeiten mit mittlerem Anforderungsniveau abnimmt«[36].

Dieser Einblick in den Wandel der Berufsstruktur angesichts einer sehr komplexen wirtschaftlichen Entwicklung führte die Berufspädagogik auch zu neuen Vorstellungen von der Reform der beruflichen Bildung. Die Reform der beruflichen Bildung durfte sich nicht mehr an einer als bekannt antizipierten Berufsstruktur orientieren. Es kam vielmehr darauf an, das System der beruflichen Bildung so zu verändern, daß jede Arbeitskraft die Kompetenz entwickelt, sich »selbständig regulierend an immer neuen Verwendungssituationen zu orientieren«[37].

Die Berufspädagogik erkannte, daß die Reform der beruflichen Bildung also auf die Ausbildung einer breiten Substituierbarkeit der Arbeitskraft ausgerichtet sein muß. Um die Arbeitskräfte für eine breite Substituierbarkeit kompetent zu machen, muß die berufliche Bildung in die allgemeine Bildung integriert werden. Aufgrund dieser Einsichten drängte sich nun der Berufspädagogik die Bedeutung des Staates für die Reform der beruflichen Bildung auf.

Die Arbeiten von Otto Mühlhäuser[38] und Altmann-Kammerer[39] distanzieren sich deshalb von der Vorstellung, der technische Fortschritt sei eine »quasi naturgesetzliche Entwicklung und ziehe naturwüchsig den Wandel der Berufsstruktur und der beruflichen Bildung nach sich«[40]. Sie gehen im Rückgriff auf Erkenntnisse der Bildungsplanung davon aus, daß die Reform der beruflichen Bildung sich auf differenzierte Erkenntnisse über neue Qualifikations-Anforderungen der Produktion stützen muß und zugleich vom Staat, der sich auf eine wachstumstheoretische Ökonomie stützt, gesteuert werden kann[41].

---

36 Wirtschaftliche und soziale Aspekte des technischen Wandels in der BRD. Frankfurt 1970. Bd. 1, S. 226, 376 f.

37 D. Axmacher: Erwachsenenbildung im Kapitalismus. Frankfurt 1973, S. 74.

38 O. Mühlhäuser: Beschäftigungseffekte des technischen Wandels, München 1970.

39 Altmann/Kammerer: Wandel der Berufsstruktur, München 1970.

40 Altmann/Kammerer: Wandel . . ., a. a. O., S. 7.

41 Ebenso: J. Hirsch: Wissenschaftlich-technischer Fortschritt und politisches System. Frankfurt 1970, bes. S. 113; H. Berg: Ökonomische Grundlagen der Bildungsplanung, Berlin 1965, S. 62; H. v. Recum: Aspekte der Bildungsökonomie, Neuwied 1969, S. 18 aber auch I. Richter: Öffentliche Verantwortung für berufliche Bildung, Frankfurt 1970, S. 14.

Aber sowohl die von der Produktion gesetzte Notwendigkeit wie die dem Staat geschuldete Möglichkeit der Vergesellschaftung der beruflichen Bildung wurde in der weiteren Entwicklung der Berufspädagogik bestritten. Neue empirische Untersuchungen von Qualifikationsanforderungen bei betrieblichen Umstellungen, die von der Berufspädagogik aufgegriffen wurden, legten hier zuerst ein Veto ein. Besonders bekannt wurden die Ergebnisse der Studie von Kern/Schumann aus dem Jahre 1970[42]. Kern/Schumann fassen ihre Untersuchung in der These zusammen, daß die bestehenden Qualifikationsreserven der Industriearbeiterschaft ausreichen, um den Anforderungen der Produktion Rechnung zu tragen. Der aktuelle technische Wandel im Bereich der Industriearbeit der BRD ist »im Regelfall mit keinen harten Qualifizierungsproblemen verbunden«[43]. Auch in der anschließenden Studie »Produktion und Qualifikation« kommen Kern, Schumann u. a. zur Einschätzung, daß der technische Wandel nur in wenigen Fällen das Qualifikationsniveau der Arbeiter derart verändert, daß »es auf der Basis der traditionellen Kenntnisse und Fertigkeiten des Facharbeiters bzw. durch recht kurzfristige Weiterbildung nicht erfüllt werden könnte«[44]. Die Berufspädagogik, die sich auf diese Untersuchungen und zugleich auf die von Altvater und Huisken begründete »politische Ökonomie des Ausbildungssektors« stützte, bestritt auch die Notwendigkeit und Möglichkeit einer aktuellen Vergesellschaftung der beruflichen Bildung. Der auf Altvater und Huisken zurückgehende Ansatz erhob den Anspruch, den gesellschaftlichen Zusammenhang von technischem Fortschritt und beruflicher Bildung als ökonomisch vermitteltes Verhältnis zu begreifen. Die Entwicklung der Technik wurde nicht mehr aus einer fiktiven Logik der Technik selbst abgeleitet, sondern als durch den Profitmechanismus des Kapitals gesteuert betrachtet. Auch die Ausbildung und die Anwendung der Arbeitskraft erschien nun nicht mehr technologisch, sondern durch das Verwertungsinteresse des Kapitals bestimmt. Diese Verwertungsinteressen determinierten auch

42 H. Kern, M. Schumann: Industriearbeit und Arbeiterbewußtsein, Frankfurt 1970.
43 H. Kern/M. Schumann: Industriearbeit . . ., a. a. O., S. 280.
44 Autorenkollektiv: Produktion und Qualifikation, Göttingen 1973, S. 96.

die Qualifikationsanforderungen. Mit der Durchsetzung der kapitalistischen Produktionsweise sah Altvater die Dequalifikation der arbeitsprozeßabhängigen Seite der Qualifiaktion der Arbeitskraft und zugleich eine Erweiterung ihrer prozeßunabhängigen Seite erheischt[45]. Die Erweiterung der prozeßunabhängigen Anforderungen erfordert aber keine Vergesellschaftung der beruflichen Bildung, sondern ist bei Altvater, wie bei Dahrendorf und Kern/Schumann nur Nebenprodukt der Anwendung der Arbeitskraft im Produktionsprozeß[46]. Angesichts des Wegfalls besonderer beruflicher Bildungsanforderungen im Kapitalismus ergab sich mit Notwendigkeit die Vorstellung, daß die Vergesellschaftung der beruflichen Bildung im Kapitalismus aus ökonomischen Gründen gar nicht notwendig ist. Die Berufspädagogik, die die Resultate der Altvater-Schule aufgriff, kam vielmehr zu dem Ergebnis, daß alle Ansätze der Vergesellschaftung der Erziehung nicht der Verbesserung, sondern der Verschlechterung der beruflichen Bildung dienen[47]. Martin Baethge, der noch einmal die These von der notwendigen Dequalifikation der angewandten Arbeitskraft entwickelte[48], faßte die Ergebnisse der »politischen Ökonomie des Ausbildungssektors« für die Berufspädagogik zusammen. Sine Ergebnis: Eine Notwendigkeit der Vergesellschaftung der beruflichen Bildung besteht im Kapitalismus nicht. Das Qualifikationsniveau der Handwerkslehre reicht völlig aus, um Arbeit »an ständig sich verändernden Arbeitsplätzen verrichten zu können«[49]. Was bleibt? Für Baethge nur noch der Abschied von Reformillusionen!

Als Ergebnis der Entwicklung der Verwissenschaftlichung der Berufspädagogik in den 60er Jahren der BRD ist folgendes festzuhalten:

---

45 E. Altvater/F. Huisken: Materialien zur politischen Ökonomie des Ausbildungssektors, Erlangen 1971, S. 90.

46 E. Altvater/F. Huisken: Materialien a. a. O., S. 90.

47 Vgl. H. Kuhlmann: Die Reform der Lehrlingsausbildung, Berlin 1971, S. 67 (Texte zur Arbeitslehre Bd. 6,2).

48 Vgl. besonders M. Baethge: Bildungsreform und gesellschaftliche Arbeitsplatzstruktur. In: R. Crusius u. a.: Berufsausbildung – Reformpolitik in der Sackgasse? Reinbek 1974, S. 138 f.; M. Baethge: Lehrstellenboykott. In: R. Crusius u. a. Berufsausbildung . . ., a. a. O., S. 198.

49 M. Baethge: Abschied von Reformillusionen. In: M. Tohidipur (Hrsg.): Politische Ökonomie des Ausbildungssektors, Weinheim 1974, S. 413 f.

1. Es gibt auch in dieser Phase keinen Sprung von der geisteswissenschaftlichen zur sozialwissenschaftlichen Berufspädagogik. Auf die Stufe der technologischen Analysen des gesellschaftlichen Zusammenhangs von Produktion und beruflicher Bildung folgen Versuche, die ökonomische Seite der Vermittlung von Produktion und beruflicher Bildung zu analysieren.
2. Erst auf dieser Stufe gewinnt der Verwissenschaftlichungsprozeß, soweit nicht jede Veränderung des Verhältnisses von Produktion und beruflicher Bildung abgelehnt wird, die Funktion der Effektivierung und Rationalisierung der Vermittlung von Produktion und beruflicher Bildung.
3. Mit dem Ende der Rekonstruktionsperiode läßt sich nicht der Beginn, sondern gegenüber den 50er Jahren nur eine Vertiefung der Bemühungen um eine Verwissenschaftlichung der Berufspädagogik erkennen.
4. Der Prozeß der Verwissenschaftlichung der Berufspädagogik nach dem Ende der Rekonstruktionsperiode zeigt bedeutend stärker als in den 50er Jahren seine Widersprüchlichkeit.

2.3. Gesellschaftskonflikt und Berufspädagogik

Die Entwicklung der Berufspädagogik nach dem Ende der Rekonstruktionsperiode zeigt, daß entscheidende Seiten der gesellschaftlichen Determination der beruflichen Bildung überhaupt noch nicht erkannt worden waren. Besonders die Dimension der politischen Determination der Entwicklung der Vergesellschaftung und Verwissenschaftlichung der beruflichen Bildung war weitgehend unterschlagen worden. In den Theorien über den technologischen Determinismus wurde die staatliche Tätigkeit bei der Entwicklung der Produktion wie des Ausbildungssektors vergessen. In den Theorien, die wenigstens die ökonomische Determination des gesellschaftlichen Verhältnisses von technischem Fortschritt und beruflicher Bildung annahmen, erschien der Staat total der ökonomischen Entwicklung unterworfen. Die Besonderung des Staates gegenüber Wirtschaft und Gesellschaft und die Beeinflussung seiner Tätigkeit durch die politischen Machtverhältnisse wurden nicht erkannt. Die Bestimmung von Qualifikationsanforderungen differenzierte nicht zwischen allgemeinen und besonderen Anforderungen. Außerdem wurden die Anforderungen weitgehend technologisch bzw. ökonomistisch determiniert gesehen. Dieser

Determinismus schien auch für eine automatische Durchsetzung der Anforderungen und für eine automatische Vergesellschaftung der beruflichen Bildung zu sorgen. Die Begründung der Notwendigkeit der Vergesellschaftung der beruflichen Bildung wurde nicht aus der Analyse des Gesellschaftskonflikts gewonnen, der der Entwicklung der beruflichen Bildung überhaupt zugrundeliegt und sie letztlich vorantreibt.

Die akute Krise des beruflichen Bildungssystems, wie sie in der Lehrstellenverknappung und der Jugendarbeitslosigkeit sichtbar wird, hat ein Umdenken eingeleitet[50]. Eine neue Stufe der Verwissenschaftlichung der Berufspädagogik wird erreicht. Diese Verwissenschaftlichung setzt sich durchgängig gegen die technologische und ökonomistische Determination der beruflichen Bildung ab. Aus dem gesellschaftlichen Interessenkonflikt von Arbeitern und Unternehmern wird die Gestalt und die Entwicklung der Vergesellschaftung der beruflichen Bildung hergeleitet. Wilke Thomssen erkennt nun das bestehende System beruflicher Bildung als Produkt von Klassenauseinandersetzungen[51].

Die Unterwerfung der beruflichen Bildung unter den Einfluß privater Produktion wird nun von Lempert aus der hartnäckigen und erfolgreichen Verteidigung der Interessen der Unternehmerverbände gegen die Interessen der Arbeiterschaft hergeleitet[52]. G. Schubring wendet sich nun dagegen, daß man den Staat als bloßes Ausführungsorgan ökonomischer Zwänge auch im Bereich der beruflichen Bildung betrachtet. Er kritisiert, daß man bisher nicht die relative Selbständigkeit des Staates gegenüber der Gesellschaft berücksichtigt hat, »die ihn auch empfindlich macht gegenüber dem Druck der Arbeiterklasse«[53]. Man wendet sich dagegen, daß die Identifikation von Qualifikationsanforderungen aus der »funktionellen Zurichtung für den Arbeitsprozeß abgeleitet wird«[54].

---

50 Vgl. R. Crusius/M. Wilke: Lehrstellenverknappung und Jugendarbeitslosigkeit. In: Deutsche Jugend 1975, Nr. 1, S. 11–22.

51 W. Thomssen: Zum Klassencharakter der Berufsausbildung. In: G. Szell (Hrsg.): Privilegierung und Nichtprivilegierung im Bildungssystem, München 1972, S. 197 f.

52 W. Lempert. Berufliche Bildung als Beitrag zur gesellschaftlichen Demokratisierung, Frankfurt 1974, S. 207.

53 G. Schubring: Thesen zu einigen »linken« bildungsökonomischen Auffassungen. In: Sopo 1973, Nr. 27, S. 78.

54 J. Gröll: Grenzen der Qualifikationsbestimmung: In: Ästhetik und Kommunikation. 1974, Nr. 18, S. 36.

Die Qualifikationsstruktur resultiert vielmehr »aus einem Kräfteverhältnis zwischen Arbeiter und Unternehmer und nicht aus objektiv technischen Notwendigkeiten«[55]. Bei der Bestimmung der Arbeitsanforderungen unterscheidet man nun zwischen allgemeinen Anforderungen, die der kapitalistischen Produktion insgesamt und besonderer Anforderungen, die dem einzelnen Kapital geschuldet sind[56]. Als Tendenz der Entwicklung der Qualifikationsanforderungen wird nun ein Ansteigen der allgemeinen Qualifikationen und eine gleichzeitige Auflösung besonderer Qualifikationen in der Entwicklung der kapitalistischen Gesellschaft erkannt[57]. Diese Tendenz, deren Realisierung ständig mit den Interessen des Einzelkapitals kollidiert, zwingt die Arbeiter auf Leben und Tod danach zu streben, daß die Gesellschaft »den Wechsel der Arbeiten und daher möglichste Vielseitigkeit der Arbeiter als allgemeines gesellschaftliches Produktionsgesetz« anerkennt und der Staaat die Verhältnisse diesen Anforderungen anpaßt. (Vgl. MEW 23, 512). Der Einfluß der Arbeiterorganisationen auf den Staat, auch im Interesse des Vorantreibens der Vergesellschaftung der beruflichen Bildung, wird deshalb von der Berufspädagogik nun hoch eingeschätzt. Die Gewerkschaft bietet den Lohnabhängigen die Möglichkeit, »ihre Produzentenmacht unmittelbar als Reformkraft umzusetzen«[58]. Die größte Chance für die Durchsetzung der Vergesellschaftung der beruflichen Bildung als Integration des beruflichen in das allgemeine Bildungssystem »wird von einer Gewerkschaftspolitik erwartet, die Bildungspolitik und Wirtschaftspolitik koppelt«[59].

Als Ergebnis der Rekonstruktion des Prozesses der Verwissen-

---

55 U. Boehm: Ökonomisch-technische Entwicklung und Qualifikation. In: R. Crusius u. a.: Berufsausbildung . . ., a. a. O., S. 28.

56 Vgl. dazu: Marxistische Gruppe Erlangen: Kapitalistische Hochschulreform, Erlangen 1972, S. 39 ff., A. Deeke, Lohnarbeit und Beruf, Frankfurt 1974, S. 33–53.

57 A. Deeke: Lohnarbeit . . ., a. a. O., S. 45; Autorenkollektiv: Der Vergesellschaftungsprozeß der beruflichen Bildung. Berlin 1974, S. 25 f.; Projekt Klassenanalyse: Materialien zur Klassenstruktur der BRD, Berlin 1973, Bd. 1, S. 217, 259 f.

58 A. Brock u. a.: Gewerkschaftliche Berufsbildungspolitik. In: R. Crusius u. a.: (Hrsg.) Berufsausbildung . . ., a. a. O., S. 179.

59 F. Naschold: Schulreform als Gesellschaftskonflikt, Frankfurt 1974, S. 29 f., W. Lempert: Berufliche Bildung . . ., a. a. O., S. 205; R. Crusius u. a.: Berufsausbildung . . ., a. a. O., S. 140 f., 180.

schaftlichung der Berufspädagogik in der BRD ist folgendes festzuhalten:

1. Die Verwissenschaftlichung der Berufspädagogik in der BRD beginnt mit der Aufgabe ihrer wissenschaftlichen Autonomie als Geisteswissenschaft. Im Zuge ihrer Verwissenschaftlichung rezipiert die Berufspädagogik zuerst die Ergebnisse der Industriesoziologie, dann der Bildungsökonomie, um wissenschaftliche Argumente für die Notwendigkeit der Vergesellschaftung der beruflichen Bildung entwickeln zu können. Angesichts des Aufbrechens starker gesellschaftlicher Konflikte um die Entwicklung der beruflichen Bildung kann die Berufspädagogik nicht bei technizistischen und ökonomistischen Konzeptionen des gesellschaftlichen Verhältnisses von Produktion und beruflicher Bildung stehenbleiben. Sie muß auch die politischen Aspekte dieses Verhältnisses aufgreifen. Erst auf der Basis eines politisch durchgesetzten neuen Schrittes zur Vergesellschaftung der beruflichen Bildung wird die Berufspädagogik sich als einheitliche sozialwissenschaftliche Disziplin etablieren können. Sie wird dann als Sozialwissenschaft sich verstärkt den Problemen des Verhältnisses der Lernorte: Betrieb und Schule und der Didaktisierung des beruflichen Unterrichts zuwenden können.
2. Die Verwissenschaftlichung der Berufspädagogik entwickelt sich keineswegs nur im Dienst der Sicherung der bestehenden Produktion bzw. der Ökonomisierung der Vermittlung von beruflicher Bildung und Produktion. Der Verwissenschaftlichungsprozeß muß in Phasen starker Gesellschaftskonflikte vielmehr auch emanzipatorische Funktionen bei der Durchsetzung der Vergesellschaftung der beruflichen Bildung gegen starke gesellschaftliche Widerstände entwickeln.
3. Es ist zu erwarten, daß mit der Gewinnung weiterer Einsichten in die politischen Ursachen und Funktionen der Berufspädagogik die Auseinandersetzungen um die Richtung der Verwissenschaftlichung der Berufspädagogik sich verschärfen.

Der Streit, ob die Entwicklung der Gesellschaft eine Integration der beruflichen Bildung in die allgemeine Bildung erfordert[60] oder ob nicht vielmehr das duale System nur teilweise reformiert zu

60 Vgl. dazu Deutscher Bildungsrat: Zur Neuordnung der Sekundarstufe II. Konzept für eine Verbindung von allgemeinem und beruflichem Lernen. Stuttgart 1974.

werden braucht[61], wird zunehmen.

Es ist deshalb zu erwarten, daß sich in diesen Auseinandersetzungen die gesellschaftliche Formbestimmtheit beruflicher Bildung weiter enthüllt und die Konstitutionsbedingungen für eine soziologische Erziehungswissenschaft auch in diesem Bereich sich verbessern.

61 Vgl. Th. Dams: Berufliche Bildung – Reform in der Sackgasse? Freiburg 1973, S. 117 ff., 149 f.

6. Arbeiterkind und Klassenbewußtsein

1. Zu den Grenzen der herrschenden Sozialisationsforschung

Die Sozialisationsforschung muß, solange sie am Bestand der kapitalistischen Industriegesellschaft orientiert ist, ihren Ausgang von den als gleich und frei erscheinenden Individuen oder von der in natürlicher Harmonie erscheinenden Gesellschaft nehmen. Sie wird deshalb entweder die gesellschaftlichen Bedingungen der Herausbildung gleicher und freier Individuen oder die Bedingungen der Haltung der scheinbar harmonischen Gesellschaft von Generation zu Generation untersuchen[1]. Eine Sozialisationsforschung, die den Verkehrungen der Oberfläche der kapitalistischen Gesellschaft, diesen wahren »Eden der angeborenen Menschenrechte«[2] verhaftet bleibt, begreift nicht viel von dieser Gesellschaft, in deren »Tiefe ganz andere Prozesse vorgehen, in denen diese scheinbare Gleichheit und Freiheit der Individuen verschwindet«[3].

Solange die Sozialisationsforschung den Schranken unterliegt, die ihr der Schein der Oberfläche der kapitalistischen Gesellschaft setzt, wird sie einfach den Blick verschließen »vor den sozialen Faktoren und Triebkräften, die objektiv über das System hinaustreiben«[4]. Die Untersuchung der Auswirkungen der wirklichen gesellschaftlichen Verhältnisse auf die gesellschaftlichen Individuen und der Möglichkeiten der kollektiven Emanzipation der im Kapitalismus unterdrückten Klasse von diesen Verhältnissen wird nur eine Sozialisationsforschung in Angriff nehmen, die mit Hilfe der Marxschen Gesellschaftstheorie den kapitalistischen Schein durchbricht und mit Bezug auf die Bewegung der Arbeiterklasse wirkliche Emanzipationsprozesse erkennen kann. Wenn der Klassen-

---

1 Zu den soziologischen und psychologischen Typen bürgerlicher Sozialisationsforschung vgl. B. Caesar: Autorität in der Familie, Reinbek 1972, S. 11 bis 22.

2 MEW 23, 189.

3 K. Marx: Grundrisse der Kritik der politischen Ökonomie, Berlin 1953, S. 159. Zu den Grenzen bürgerlicher Sozialisationsforschung vgl. auch C. Hagemann-White und R. Wolff: Gesellschaftliche Entwicklung und Sozialisationsforschung. In: Erziehung und Klassenkampf, 3. Jg. 1973, Nr. 9, S. 21–23.

4 E. Hahn: Historischer Materialismus und marxistische Soziologie, Berlin 1968, S. 112.

kampf auf die Agenten und Opfer kapitalistischer Bildungsproduktion übergreift, entstehen die Voraussetzungen und Grundlagen von sozialistischer Sozialisationsforschung.

Diese Forschung wird möglich, wenn die Emanzipation der Arbeiterkinder praktisch im Gang ist. Diese Forschung analysiert die widersprüchlichen Auswirkungen der funktionalen Vergesellschaftung auf das Arbeiterkind, die seiner Klassenlage entspricht. Mit der Erforschung der funktionalen Vergesellschaftung gibt sie zugleich Hinweise für die intentionale Erziehung des Arbeiterkindes im Interesse der gesellschaftlichen Entwicklung[5]. Sozialistische Sozialisationsforschung weist so einer emanzipatorischen, klassenspezifischen Erziehungspraxis die Ansätze und Möglichkeiten der Entwicklung emanzipatorischen Bewußtseins bei Arbeiterkindern nach. Soziologische Erziehungswissenschaft, die Theorie und Praxis emanzipatorischer Erziehung sozialwissenschaftlich begründen soll[6], besitzt in der sozialistischen Sozialisationsforschung eine Kontrollinstanz für die Angemessenheit ihrer pädagogischen Intentionen gegenüber Arbeiterkindern. Sozialisationsforschung gibt den Praktikern einer soziologischen Erziehungswissenschaft Aufschluß über Lage und Bewußtsein ihrer kindlichen Adressaten. Sie gibt ihm damit die Rahmenbedingungen, die seine pädagogischen Aktivitäten sowohl an den Interessen der Kinder als auch der gesellschaftlichen Entwicklung orientieren.

2. Einige Probleme sozialistischer Sozialisationsforschung

Sozialistische Sozialisationsforschung begreift den Prozeß der Vergesellschaftung der Arbeiterkinder in doppelter Hinsicht. Sie sieht diesen Prozeß sowohl als Prozeß der Anpassung der Arbeiterkinder an die kapitalistische Gesellschaft durch Ausbildung einer bestimmten Form des Arbeitsvermögens, als auch als Emanzipation des Arbeiterkindes von dieser gesellschaftlichen Zurichtung durch Entwicklung einer bestimmten Form bewußter politi-

5 Zum Verhältnis von Sozialisation und Erziehung vgl. Th. Wilhelm: Sozialisation und soziale Erziehung. In: G. Wurzbacher (Hrsg.): Stuttgart 1974 bes. S. 161 ff., W. Strzelewicz: Erziehung und Sozialisation. In: K. Brede u. a.: Soziologie für die Schule. Freiburg 1973, S. 182 ff.

6 Zum Verhältnis von »soziologischer« Erziehungstheorie und Erziehungspraxis vgl. W. Klafki u. a.: Erziehungswissenschaft. Frankfurt 1971, Bd. 3, S. 177 ff.

scher Qualifiaktion und Sozialisation. Sie untersucht besonders die Bewußtseinsformen, die sie im Prozeß der Emanzipation erreichen können. Diese Forschung wirft einige Probleme auf.

Die sozialistische Sozialisationsforschung geht davon aus, daß die politische Bewußtseinsentwicklung der Arbeiterkinder prinzipiell ebenso verlaufen muß wie bei den erwachsenen Arbeitern. Die Arbeitereltern übertragen ihr Bewußtsein weitgehend auf die Arbeiterkinder. Das gesellschaftliche Bewußtsein der Arbeiterkinder als Alltagsbewußtsein[7] müßte also dieselbe widersprüchliche und doppelte Bestimmung entwickeln wie das Bewußtsein der Arbeiter. »Auf Grund der doppelten Beziehung des Arbeiters zum Kapital, einmal in der Zirkulation als gleichberechtigter Warenbesitzer, zum anderen in dem despotischen Produktionsprozeß als bloßer subjektiver Faktor des Kapitals, ist sein Bewußtsein über sein gesellschaftliches Verhältnis doppelt und widersprüchlich bestimmt[8].« Während das Zwangsverhältnis der Produktion sich im Bewußtsein der Arbeiter »unterschwellig als rebellisches Verhältnis ausdrückt«[9], vermittelt ihm die Zirkulation den Schein von Gleichheit und Freiheit. Aber ebenso wie der Arbeiter bestimmten Mystifikationen in bezug auf die Gesellschaft unterliegt[10], so zwingt ihn der Gang der Produktion zur Entwicklung bestimmter Formen richtigen Bewußtseins: »Zeichnet sich die bürgerliche Gesellschaft einerseits durch den Entfremdungsprozeß der Arbeit, die Mystifikation der gesellschaftlichen Verhältnisse aus, so entwickeln sich zugleich in ihr die materiellen und geistigen Bedingungen der Emanzipation der Arbeiterklasse, die Entfaltung der gesellschaftlichen Potenzen der Arbeit«[11]. Die Ansätze des Bewußtseins des ökonomischen Gegensatzes von Lohnarbeit und

7 Vgl. dazu T. Leithäuser: Untersuchung zur Konstitution des Alltagsbewußtseins, Hannover 1972, S. 186–221.
8 Projekt Klassenanalyse: Materialien zur Klassenstruktur der BRD, Berlin 1973, Teil 1, S. 240.
9 Projekt Klassenanalyse: Zur Taktik der proletarischen Partei, Berlin 1972, S. 86.
10 Projekt Klassenanalyse: Zur Taktik ..., a. a. O., S. 88–94; Diess.: Materialien ..., a. a. O., S. 219–256; Autorenkollektiv: Klassenlage und Bewußtseinsformen technisch-wissenschaftlicher Lohnarbeiter, Frankfurt 1973, S. 103 bis 160.
11 Projekt Klassenanalyse: Zur Taktik ..., a. a. O., S. 89; Diess.: Materialien ..., a. a. O., S. 228 f., 254 f.

Kapital »findet seinen Ausdruck im organisierten Widerstand der Arbeiter gegen ihre Organisierung durch das Kapital im unmittelbaren Produktionsprozeß«[12]. Die Arbeiter entwickeln so gewerkschaftliches Bewußtsein, das erst zum Klassenbewußtsein wird durch die Vermittlung revolutionärer Theorie im Rahmen einer marxistischen Arbeiterpartei[13]. Der Marxismus unterscheidet also gewisse Stufen der Entwicklung des Arbeiterbewußtseins bis zum wirklichen Klassenbewußtsein, die nicht spontan durchlaufen werden, sondern von der Entwicklung der Entmystifikation des Arbeiterbewußtseins und der adäquaten Intervention einer marxistischen Partei abhängen[14].

In Hinblick auf die Arbeiterkinder ergeben sich hier allerdings mehrere Aspekte, die bei ihnen eine zum Bewußtsein der Arbeiter doch unterschiedliche Entwicklung des Klassenbewußtseins nahelegen.

1. Das Arbeiterkind nimmt an der Unterdrückung und Emanzipation seiner Klasse teil, aber im entwickelten Kapitalismus nicht in der Produktion, sondern in Familie, Schule und auf der Straße. Es unterliegt damit nur in vermittelter Form der Mystifikation und beginnenden Entmystifikation des Bewußtseins seiner Klasse.
2. In der Arbeiterfamilie und in der Schule herrschen weder die Freiheit und Gleichheit des Marktes noch die gleichgültige Despotie des Betriebs, sondern persönliche Abhängigkeits- und Knechtschaftsverhältnisse. Das Bewußtsein des Arbeiterkindes muß deshalb im Unterschied zum Bewußtsein seiner Klasse eine personalistisch gefaßte doppelte Bestimmung entwickeln. Soweit der Lehrer das Arbeiterkind als gleichberechtigten Warenbesitzer ausbildet, vermittelt er den Schein von Gleichheit und Frei-

12 Autorenkollektiv: Klassenlage . . ., a. a. O., S. 123, 168, 173; Projekt Klassenanalyse: Materialien . . . a. a. O., S. 257 f.
13 Vgl. dazu E. Hahn: Materialistische Dialektik und Klassenbewußtsein, Frankfurt 1974, S. 81–91; E. Mandel: Lenin und das Problem des proletarischen Klassenbewußtseins. In: Autorenkollektiv: Lenin. Revolution und Politik, Frankfurt 1970, bes. S. 149 ff., S. 198 ff.
14 Zu den Stufen des Arbeiterbewußtseins vgl. F. Deppe: Das Bewußtsein der Arbeiter, Köln 1971, bes. S. 61–64; G. Lukács: Klassenbewußtsein. In: Ders.: Geschichte und Klassenbewußtsein, Berlin 1923, S. 89–92. Die Entwicklung der Stufen des Arbeiterbewußtseins illustriert M. Vester: Die Entstehung des Proletariats als Lernprozeß. Frankfurt 1970.

heit, soweit er das Arbeiterkind bloß zum subjektiven Faktor des Kapitals präpariert, vermittelt er die Erfahrung der Despotie. Diese doppelte Bestimmung des Bewußtseins des Arbeiterkindes bleibt aber dem Schein persönlicher Willkür seitens des Lehrpersonals verhaftet. Der doppelte Charakter der gesellschaftlichen Beziehungen des Arbeiterkindes bleibt ihm im Alltagsbewußtsein durch den Schein persönlicher Abhängigkeit verborgen. Dieser Schein verstärkt sich in seinem Alltagsbewußtsein durch die wirkliche persönliche Abhängigkeit des Arbeiterkindes von seinen Eltern.

3. Das Arbeiterkind hat im Unterschied zu den erwachsenen Arbeitern sein Arbeitsvermögen und damit auch seine kognitive und psychische Entwicklung noch nicht abgeschlossen. Dazu kommt: sein Begriffsvermögen wird nur auf niedrigem Niveau entwickelt, um seine Ausbildungskosten und den Wert seiner Arbeitskraft möglichst niedrig zu halten. Dazu kommt außerdem ein Zwang zur Sprunghaftigkeit im Verhalten, weil es sich noch nicht selbständig reproduziert und keine sichere Orientierung aus dem gleichbleibenden Verkauf der Arbeitskraft und ihrer Anwendung zieht. Zwischen der Produktion seines Arbeitsvermögens in der Schule und der Reproduktion seines Lernvermögens in der Familie wird es hin und her gerissen.

Für die sozialistische Sozialisationsforschung ergibt sich das Problem, die Besonderheiten der Entwicklung des Klassenbewußtseins beim Arbeiterkind herauszuarbeiten, sowie die diesem Bewußtsein entsprechenden organisierten Verkehrsformen zu bestimmen. Es stellt sich weiter die Frage, wie bei den Arbeiterkindern die auf Grund der besonderen Aspekte ihrer Klassenlage sich entwickelnde Tendenz zu einem utopischen Bewußtsein, das sich nur abstrakt gegen Herrschaft als moralisch suspekt wendet, überwunden werden kann. Das Problem stellt sich, wo und wann gelingt den Arbeiterkindern der Anschluß an das fortgeschrittene Bewußtsein der Arbeiterklasse.

Die sozialistische Sozialisationsforschung steht aber auch vor erkenntnistheoretischen Schwierigkeiten. Es stellt sich die Frage: Wieweit reichen die Kategorien der politischen Ökonomie, um auch die Bewußtseinsformen zu bestimmen, die aus persönlicher Abhängigkeit im Reproduktionsbereich und im Bereich der Bildungsproduktion erwachsen. Wieweit schlagen sich außerdem bei der Bewußtseinsentwicklung der Arbeiterkinder Faktoren nieder, die der inneren Natur der Kinder geschuldet ist und die in der politischen Ökonomie bisher keinen Begriff fanden.

Die sozialitische Sozialisationsforschung hat häufig gemeint, hier Grenzen der politischen Ökonomie feststellen zu können. Sie hat deshalb versucht, Marxismus mit Psychoanalyse, Individualpsychologie, in sozialistischen Staaten auch mit Sozialpsychologie[15] zu kombinieren, um Probleme der politischen Entwicklung der gesellschaftlichen Individuen analysieren zu können.

Otto Rühle, der auf dem Standpunk stand, die politische Ökonomie analysiere die materiellen Verhältnisse und die Individualpsychologie das Seelenleben, ging davon aus, daß im Rahmen sozialistischer Sozialisationsforschung eine Synthese beider Wissenschaften »möglich und nötig ist«[16].

Die Voraussetzungen, Ergebnisse, praktischen Folgen und heutige Relevanz dieses Ansatzes haben wir im folgenden zu diskutieren.

3. Zum Versuch einer materialistischen Umformulierung der Adlerschen Individualpsychologie

Otto Rühle faßt in seiner Sozialisationstheorie das Verhältnis von Sein und Bewußtsein, von Gesellschaft und Individuum mit Hilfe zweier Theorien: Mit Hilfe von Marxismus und Individualpsychologie. Die Vermittlung beider Theorien versucht Rühle nicht auf der Ebene der Erkenntnistheorie, wie häufig bei den Freudomarxisten der Weimarer Zeit[17], Otto Rühle legt seine Vermittlung im Rahmen der Analyse der sozialen Entwicklung des Arbeiterkindes dar. Die Analyse der Vergesellschaftung des Arbeiterkindes basiert bei Otto Rühle auf dem Konzept des Verhältnisses von Umwelt und Individuum, wie es Adler für die Entwicklungsstufen des Kindes gefaßt hat. Bei Otto Rühle wird angenommen, daß das Kind in eine repressive Umwelt hineingeboren wird, gegen die es

15 Vgl. H. Hiebsch: Sozialpsychologische Grundlagen der Persönlichkeitsformung, Berlin 1971; H. Hiebsch, M. Vorweg: Einführung in die marxistische Sozialpsychologie, Berlin 1971.

16 O. Rühle: Marxismus und Individualpsychologie. In: Am anderen Ufer, 1. Jg. 1924, Heft 1, S. 24.

17 Vgl. H. P. Gente (Hrsg.): Marxismus, Psychoanalyse, Sexpol Frankfurt 1970, Bd. 1; H. J. Sandkühler (Hrsg.): Psychoanalyse und Marxismus, Frankfurt 1970.

sich zur Wehr setzen muß. Diese Wechselbeziehung von Repression und Reaktion spiegelt sich nach Adler im Kind als Entwicklung von Minderwertigkeitsgefühl (als Ausdruck der Repression) und die Minderwertigkeit kompensierendes Machtstreben (als Ausdruck der Reaktion) wider. Dieses Machtstreben äußert sich nun je nach den individuellen Gegebenheiten in der Form direkter oder indirekte Aggression gegen die soziale Umwelt. Die Aggression drückt sich in direkter Form im Rückzug von den Umweltzwängen in Verwahrlosung und Kriminalität aus, in indirekter Form zeigen sich Aufsteigertum bzw. Konformismus. Im Prozeß der Auseinandersetzung mit der sozialen Umwelt gewinnt das Individuum Charakterstrukturen, die durch Lebensplan und Leitlinien festgelegt sind[18].

Rühle versucht dieses Modell sowohl seines abstrakten wie ahistorischen Charakters zu entkleiden, indem er »die seelischen Vorgänge ... als Ausdruck der ökonomisch-sozialen Verhältnisse«[19] aufzufassen versucht. Die Herrschaftsverhältnisse und ihre Folgen, wie sie Adler begreift, entspringen für Rühle aus der spezifischen kapitalistischen Gesellschaft, die mit entwickelter Warenproduktion sowohl zur Klassenunterdrückung wie zur Konkurrenz aller gegen alle führt. Die kapitalistischen Verhältnisse sind es auch, die die von Adler beschriebenen Charakterstrukturen prägen. »Der wirtschaftliche Konkurrenzkampf findet sein getreues Abbild in der Welt der seelischen Beziehungen der Menschen zueinander[20].«

Zugleich führt die kapitalistische Produktion aber auch zum Kampf der Klassen gegeneinander. Sie zwingt besonders die Arbeiter zur Entwicklung solidarischer Beziehungen innerhalb ihrer Klasse. Rühle geht deshalb in der materialistischen Fundierung des Adlerschen Modells davon aus, daß die kapitalistische Gesellschaftsordnung nicht nur Individualisten, sondern auf dem Boden des Klassenkampfes auch Gemeinschaftsmenschen hervorbringt.

---

18 Alfred Adler entwickelte diese Theorie genauer in: Ders.: Über den nervösen Charakter, Frankfurt 1972, S. 30–105; Ders.: Menschenkenntnis, Frankfurt 1966, S. 71–88; Ders.: Der Sinn des Lebens, Frankfurt 1973, S. 67–93. Otto Rühle stellt die Rezipierung dieser Theorie dar in: Ders.: Zur Psychologie des proletarischen Kindes, Frankfurt 1969, S. 17–20, 52–65.

19 O. Rühle: Marxismus und Individualpsychologie. In: Am anderen Ufer, 1. Jg. 1924, Heft 1, S. 24.

20 O. Rühle: Der autoritäre Mensch und die Revolution. In: Ders.: Zur Psychologie des proletarischen Kindes, a. a. O., S. 140.

Die Kompensation des allgemeinen Machtstrebens durch ein natürliches Gemeinschaftsstreben, wie es Adler faßt, wird durch Rühle an die Entwicklung des Klassenkampfes gebunden gesehen. Die allgemeine Konkurrenz kann nach Rühle in zweifacher Weise verarbeitet werden: »Mit einer bürgerlichen Orientierung macht der Mensch, entsprechend seinen klassenmäßigen Sicherungsbedürfnissen eine Rechtfertigung und Erhaltung der überlieferten Welt mit Privatinteresse, Individualismus, Egoismus, Machtstreben, Autorität daraus. Mit einer bewußten proletarisch-revolutionären Orientierung gewinnt er daraus entsprechend seinem entgegengesetzt verlaufenden Sicherheitsbedürfnis die Disposition und Mittel zur inneren und äußeren Überwindung dieser Welt«[21].

Sein materialistisch fundiertes Adlersches Modell versucht Rühle der Entwicklung des Arbeiterkindes zugrunde zu legen, indem er die Besonderheiten der Entwicklung von Bürgerkind und Arbeiterkind herauszuarbeiten sucht.

Er faßt die soziale Umwelt des Arbeiterkindes einmal im Unterschied zur relativ befriedigenden Umwelt des Bürgerkindes als repressive Umwelt der Arbeiterklasse. Er schreibt: »Die hier geschilderten Erscheinungen treffen im allgemeinen auf das seelische Verhalten aller Kinder mehr oder weniger zu. Die Begleitumstände aber, unter denen sie sich auswirken, sind für das proletarische Kind in besonderem Maße ungünstig«[22]. Er sieht zweitens die soziale Umwelt des Arbeiterkindes im Unterschied zu der des Bürgerkindes von der emanzipatorischen Entwicklung der Arbeiterklasse beeinflußt[23]. Die Arbeiterbewegung nimmt Einfluß auf den Verlauf des Minderwertigkeitsgefühls beim Arbeiterkind. Beide Bestimmungen prägen für Rühle die Verlaufsform des Minderwertigkeitsgefühls und damit die Entwicklung des Alltagsbewußtseins des Arbeiterkindes.

Das Alltagsbewußsein wird für das Arbeiterkind einmal durch ein »gesteigertes Minderwertigkeitsgefühl« bestimmt[24]. Dieses Minderwertigkeitsgefühl ist Produkt seiner ungesicherten Stellung in der Arbeiterfamilie und autoritärer Verhältnisse in der öffentli-

21 O. Rühle: Der autoritäre Mensch . . ., a. a. O., S. 142.
22 O. Rühle: Zur Psychologie des proletarischen Kindes, Frankfurt 1969, S. 20.
23 O. Rühle, a. a. O., S. 22 ff.
24 O. Rühle, a. a. O., S. 51.

chen und privaten Erziehung[25]. Das Alltagsbewußtsein des Arbeiterkindes ist aber zum anderen von ausgeprägten Versuchen der Kompensation des Gefühls der Minderwertigkeit geprägt. Die Kompensationsversuche können in unterschiedlicher Richtung verlaufen. Wenn das Arbeiterkind durch individuelle Anstrengungen versucht, das Minderwertigkeitsgefühl zu überwinden, dann wird aus dem Arbeiterkind der Typ des gehorsamen Kindes. Das gehorsame Kind wählt den Weg der indirekten Agression und erstrebt bei äußerer Willigkeit und Unterwerfung Macht und Ansehen »mit Hilfe der indirekten Agression auf Umwegen, Winkelzügen, von hinten herum«[26]. Wenn das Arbeiterkind als Kompensationsform seines Minderwertigkeitsgefühls die direkte Aggression wählt, dann wird das Kind zum Rebellen. »Sein Lebensplan ist beherrscht von der Note der Aktivität. Gegenüber der Autorität, die ihm in der gesamten sozialen Umwelt entgegentritt, ist sein Bemühen unausgesetzt darauf gerichtet, die in seiner Person verkörperte Autorität zur Geltung zu bringen[27].« Als individueller Rebell muß das Arbeiterkind gegenüber den Zwängen der Klassenanlage unterliegen und sich zum Typ des abwegigen Kindes entwickeln[28], das in Verwahrlosung[29], Kriminalität[30], Prostitution[31] oder Selbstmord[32] endet. Wird aber das Arbeiterkind durch den Einfluß der Arbeiterbewegung[33] und durch die Vereinigung des Protestes auf der Straße[34] zu kollektiven Aggressionsformen geführt, so können sich Ansätze zur Herausbildung des Typs des revolutionären Arbeiterkindes entwickeln[35]. Mit der Ausbildung kollektiver Aggressionsformen ändert sich das Alltagsbewußtsein des Arbeiterkindes. Ohne schon die allgemeinen Mystifikationen zu durchbrechen, gewinnt sein Bewußtsein die »Intention auf das Richtige«. (Lukàcs).

---

25 O. Rühle, a. a. O., S. 51.
26 O. Rühle, a. a. O., S. 57.
27 O. Rühle, a. a. O., S. 69.
28 O. Rühle, a. a. O., S. 81, 102.
29 O. Rühle, a. a. O., S. 81 ff.
30 O. Rühle, a. a. O., S. 86.
31 O. Rühle, a. a. O., S. 86 ff.
32 O. Rühle, a. a. O., S. 97 ff.
33 O. Rühle, a. a. O., S. 111, 115, 117, 118.
34 O. Rühle, a. a. O., S. 75.
35 O. Rühle, a. a. O., S. 102.

Die bei Rühle analytisch geschiedenen proletarischen Kindertypen sind in Wirklichkeit als Verhaltensmöglichkeiten in jedem Arbeiterkind vorhanden. Der Vergesellschaftungsprozeß stellt das Arbeiterkind ständig in eine Entscheidungssituation, ob es seinen kompensierenden Lebensplan auf eine individuelle bürgerliche oder kollektive und sozialistische Perspektive ausrichtet. Schon das Alltagsbewußtsein des Arbeiterkindes reproduziert den Doppelcharakter des Bewußtseins seiner Klasse. Das proletarische Kind hat »neben der individuellen eine Massenseele«[36]. Diese Charakterstruktur unterscheidet das Arbeiterkind gründlich vom strukturell individualistisch eingestellten Bürgerkind. Die Kindertypen verteilen sich außerdem in unterschiedlichem Maße auf die Klassen. In der Bürgerklasse wird häufiger das gehorsame, in der Arbeiterklasse mehr das rebellische und abwegige Kind vorkommen. In der kapitalistischen Gesellschaft kann das Bürgerkind unter seinen Klassenbedingungen schon in individueller Form soziale Identität gewinnen, das Arbeiterkind erreicht seine soziale Identität nur im Ausleben kollektiv gesteuerter Aggressionen. Rühle hat damit Adlers fatalistische und biologische Aggressionstheorie überwunden. Für Rühle ist die Aggression nicht angeboren, sondern durch Klassenunterdrückung und individuelle Unterdrückung gesellschaftlich produziert. Aggression ist keineswegs dysfunktional, wenn sie als Antrieb zum Klassenkampf und zu höheren Formen sozialen Bewußtseins entwickelt wird[37]. Rühle hat außerdem die Adlersche Lehre vom natürlichen Machtstreben und Gemeinschaftsgefühl in jedem Menschen klassenspezifisch differenziert. Er hat diese Lehre als die Psychologie kapitalistischer Klassenindividuen aufgewiesen. Rühle hat Adlers Psychologie auf ihre vom Kapitalismus produzierten Beine gestellt[38].

---

36 O. Rühle: Zur Psychologie des proletarischen Kindes, Frankfurt 1969, S. 111.

37 Natürlich wird diese Umformulierung der Freud- und Adlerschen Aggressionstheorie in der heute wachsenden Diskussion über Aggression unterschlagen. Vgl. etwa H. Selg (Hrsg.): Zur Aggression verdammt? Stuttgart 1972.

38 Diese Leistung Otto Rühles wird in den Darstellungen der Individualpsychologie seitens der bürgerlichen Adlerianer unterschlagen. Vgl. z. B. M. Sperber: Alfred Adler oder das Elend der Psychologie, Frankfurt 1971; H. Jacoby: Alfred Adlers Individualpsychologie und dialektische Charakterkunde, Frankfurt 1974; J. Rattner: Alfred Adler, Reinbek 1972; R. Dreikurs: Grundbegriffe der Individualpsychologie, Stuttgart 1969.

4. Arbeiterkind und Klassenbewußtsein

Indem Rühle in seiner Sozialisationstheorie das Alltagsbewußtsein des Arbeiterkindes analysierte, entwickelte er zugleich Aussagen über die Entstehung von Klassenbewußtsein beim Arbeiterkind.

Da Rühle davon ausgeht, daß das Arbeiterkind in seiner Auseinandersetzung mit der Klassenumwelt »an das Schicksal der sozialen Klasse gebunden ist, der es entstammt«[39], so sieht er die im Arbeiterkind entstehenden Bewußtseinsformen auch an die Entwicklung der Bewußtseinsformen der Klasse und des Klassenkampfes gebunden[40].

Klassenbewußtsein hat für Rühle als »bewußt gewordenes Sein« mehrere Aspekte[41]. Es ist einmal negativ die »Erkenntnis dessen, was hinsichtlich der Lebensbeziehungen und Lebensbedingungen die Angehörigen einer Klasse gegen die einer anderen Klasse abgrenzt«[42]. Es ist positiv zugleich Zusammengehörigkeitsbewußtsein gemeinsam Unterdrückter und Ausgebeuteter[43]. Es bezieht sich aber nicht nur auf die augenblickliche Lage der Arbeiterklasse, sondern umfaßt die richtige Einsicht in die zukünftige Bedeutung und Aufgabe der Arbeiterklasse. Klassenbewußtsein ist zugleich Erkenntnis »der historischen Sendung des Proletariats, die sich in seiner revolutionären Rolle darstellt und aktive Anteilnahme an der Durchführung dieser Rolle«[44]. Es ist damit Bewußtsein von der Möglichkeit einer neuen klassenlosen Gesellschaft: »ohne Klassenscheidung, ohne oben und unten, ohne Überlegenheit und Unterlegenheit, ohne Herren und Sklaven«[45]. Dieses Bewußtsein entwickelt sich für Rühle abhängig von Stand der Auseinandersetzung der Klassen.

Rühle unterscheidet drei Stufen in der Entwicklung des Klassenbewußtseins, die durchaus evolutionär einander ablösen: »Im Verlauf der Entwicklung von der ersten Regung des Klassenge-

---

39 O. Rühle: Zur Psychologie . . ., a. a. O., S. 22.
40 O. Rühle, a. a. O., S. 22 f.
41 O. Rühle, a. a. O., S. 23.
42 O. Rühle, a. a. O., S. 23.
43 O. Rühle, a. a. O., S. 23.
44 O. Rühle: Der autoritäre Mensch und die Revolution. In: Ders.: Zur Psychologie . . ., a. a. O., S. 138.
45 O. Rühle: Zur Psychologie . . ., a. a. O., S. 112.

fühls bis zu den letzten Ekstasen des Klassenkampfes lassen sich ohne Mühen drei Phasen erkennen: die des inneren Aufbegehrens bei äußerlich williger Unterwerfung, die der inneren und äußeren Revolte von einzelnen oder zufällig Verbündeten und die der planvollen Kampfführung durch eine organisierte und geschulte Gemeinschaft«[46]. Diese drei Stufen durchlaufen die Arbeiter in der Geschichte der Arbeiterbewegung. Die erste Phase, »inneres Aufbegehren bei äußerer Willigkeit und Unterwerfung, reicht bis weit in die Zeit der großen Partei- und Gewerkschaftsorganisationen hinein«[47]. Die zweite Phase entwickelt sich, »wenn die verelendete und gepeinigte Masse nach langen Perioden stummer, hündischer Ergebenheit ihren im geheimen aufgehäuften Haß plötzlich in leidenschaftlichen Explosionen entladen«[48]. Die dritte Phase sieht Rühle dann eintreten, wenn die Arbeiterklasse bereit ist, einen bewußten und langfristigen Klassenkampf zu führen. Diese dritte Phase erreicht für Rühle die Arbeiterbewegung in der Weimarer Zeit. »Bei der proletarischen Klasse geht die Zeit des Rebellentrotzes, der Revolten allmählich über in die Zeit des revolutionären Vormarsches, der Revolution und der neuen Gemeinschaft[49].«

Da für Rühle die Stufen der Entwicklung des Klassenbewußtseins für die erwachsenen Arbeiter und für die Kinder, auf Grund der Identität ihrer Klassenlage gleich sind, so entwickelt sich beim Arbeiterkind die Durchbrechung des Alltagsbewußtseins und die Entwicklung des Klassenbewußtseins, wie bei den erwachsenen Arbeitern auch, in drei Stufen. In diesen Stufen werden bestimmte Verhaltensweisen des Arbeiterkindes im Alltag zur psychischen Grundlage der Entwicklung des Klassenbewußtseins. Das Arbeiterkind der ersten Stufe des Klassenbewußtseins, das noch völlig im Alltagsbewußtsein befangen ist, ist das gehorsame Kind. Dieses Arbeiterkind »verhält sich den Eltern und Erziehern gegenüber genauso, wie sich der gehorsame Proletarier einst (zum Teil auch heute noch) dem Bourgeois gegenüber verhielt. Es gehorcht – und ballt die Faust in der Tasche«[50].

46 O. Rühle, a. a. O., S. 65.
47 O. Rühle, a. a. O., S. 65.
48 O. Rühle, a. a. O., S. 68.
49 O. Rühle: Kind und Klasse. In: Am anderen Ufer, 1. Jg. 1924, Heft 3, S. 23.
50 O. Rühle: Zur Psychologie . . ., a. a. O., S. 67.

Das gehorsame Kind erkennt die Autorität äußerlich an, heimlich entwertet es aber die Autorität, »schädigt und hintergeht sie, wo es nur kann«[51]. Das gehorsame Arbeiterkind täuscht erzieherische Erfolge vor. Es ist aber ein großer erzieherischer Mißerfolg[52]. Das gehorsame Arbeiterkind kennt in dieser Phase der Bewußtseinsentwicklung nicht nur die Interessengegensätze zwischen den Individuen, es hat »die Gegensätzlichkeit der Gefühls- und Interessensphäre innerhalb der Klassengesellschaft«[53] schon erkannt. Es ist sich »an Hand eines entsprechenden Erlebnisses der tiefen Kluft bewußt (geworden), die zwischen ihm und dem Kind der bürgerlichen Klasse aufgähnt«[54]. Die zweite Stufe des Klassenbewußtseins erreicht das Arbeiterkind, wenn bei ihm »der Trotz als generelle Haltung den Gehorsam erheblich zurückgedrängt hat«[55]. Dieses Kind ist äußerst widerspenstig. Es liegt im Kampf mit allen Bezugspersonen, mit Eltern, Lehrern und auch, wenn deren Machtmittel erschöpft sind, mit anderen Behörden[56]. Das Leben des trotzigen Kindes ist »auf Kampf eingestellt«[57]. Für die Entwicklung des Klassenbewußtseins ist es nun entscheidend, in welcher Richtung das Arbeiterkind sein Handeln angesichts der erkannten Dichotomie der Gesellschaft orientiert. Wenn das Arbeiterkind seinen Trotz individualistisch wendet, bleibt es im Alltagsbewußtsein befangen. Es wird an den sozialen Schranken seiner Klassenlage scheitern und zum Aufsteiger oder Absteiger werden. Wenn es seine Aggression aber seiner Klassenlage gemäß kollektivistisch wendet, unterstützt durch »die Gemeinschaft der Straßenjungen«[58], so entwickelt es punktuell klassenspezifisches Gemeinschaftsgefühl auf Grund »zufälliger und vorübergehender Vereinigung der Proteste«[59]. Es reproduziert mit dieser Haltung die Phase der Arbeiterbewegung, die durch kurzfristige und unorganisierte Revolten gekennzeichnet war[60].

---

51 O. Rühle, a. a. O., S. 66.
52 O. Rühle, a. a. O., S. 67.
53 O. Rühle, a. a. O., S. 25.
54 O. Rühle, a. a. O., S. 24.
55 O. Rühle, a. a. O., S. 68.
56 O. Rühle, a. a. O., S. 69.
57 O. Rühle, a. a. O., S. 69.
58 O. Rühle, a. a. O., S. 74.
59 O. Rühle, a. a. O., S. 75.
60 O. Rühle, a. a. O., S. 74.

Die dritte Stufe des Klassenbewußtseins erreicht das Arbeiterkind, wenn seine kollektiven Verhaltensweisen das Moment des Zufälligen, Provisorischen, Unbewußten abstreift und es in Jugendorganisationen und Kindergruppen eine »planvolle, dauernde, bewußte Verbindung von Proletarierkindern« eingeht[61]. Der langfristigen Kampf- und Organisationsperspektive in einer »neuen, wirklichen, lebendigen Gemeinschaft der Tat«[62] entspricht nun ein Bewußtsein, daß die Klassengesellschaft ablehnt und eine klassenlose Gesellschaft verwirklichen will: Eine Gesellschaft »ohne Klassenscheidung, ohne oben und unten, ohne Überlegenheit und Unterlegenheit, ohne Herren und Sklaven«[63]. Diese höchste Stufe des Klassenbewußtseins bei Rühle ist aber für ihn ständig von der Gefahr bedroht, durch autoritäre und diktatorische Tendenzen in der Kinderorganisation wieder zerstört zu werden. Jede autoritäre Organisation kann die Klassensolidarität sprengen und die Arbeiterkindergruppe wieder in einen Haufen trotziger oder nur scheinbar gehorsamer Individuen verwandeln[64].

Wenn Rühle auch von der Entwicklung der Identität des Klassenbewußtseins bei erwachsenen Arbeitern und Arbeiterkindern ausgeht und ihm das »Verhalten des Kindes unter bestimmten Umständen wie eine Spiegelung des Verhaltens der Klasse in einer bestimmten Phase erscheint«[65], so sieht er doch Unterschiede in der Entwicklung des Klassenbewußtseins bei den erwachsenen Arbeitern und den Arbeiterkindern. Der erste Unterschied liegt darin, daß das Arbeiterkind sich noch in der Entwicklung befindet. Es ist sprunghaft und labil, während der Arbeiter feste soziale Beziehungen ausgebildet hat. »Das Kind greift unter dem Einfluß verschiedenster Faktoren die eine oder andere Verhaltensweise heraus ... in den seltensten Fällen ist die Aufeinanderfolge der Verhaltensweisen eine planvolle Sukzession, gleichsam eine Wahl immer tauglicherer Mittel zu einem Ziel hin, wie bei der Klasse als Ganzem[66].« Rühle sieht also, daß das Arbeiterkind nicht spontan und zielstrebig alle Stufen des Klassenbewußtseins und Klassenhan-

61 O. Rühle: Zur Psychologie ..., a. a. O., S. 131 f.
62 O. Rühle, a. a. O., S. 112.
63 O. Rühle, a. a. O., S. 112, vgl. auch S. 132.
64 O. Rühle, a. a. O., S. 126 f.
65 O. Rühle, a. a. O., S. 66.
66 O. Rühle, a. a. O., S. 66.

delns durchläuft, sondern äußerst labil von einer Stufe zur anderen wechselt. Er erkennt weiter, daß die Arbeiterkinder für die Entwicklung des organisierten und langfristigen Kampfes gegen die Klassengesellschaft das Vorbild der Erwachsenen- und Arbeiterorganisationen brauchen[67]. Die Stellung der Arbeiter in der Produktion zwingt sie früher gegenüber den Angriffen des Kapitals Klassenbewußtsein zu entwickeln, als die Kinder, die bei scharfer Unterdrückung eher in individualistischen Gehorsam oder Trotz flüchten. Die Tendenz, daß sich die Entwicklung des Klassenbewußtseins beim Arbeiterkind besonders verzögert, sieht Rühle bei kleinbürgerlich-autoritären Verkehrsformen in Familie und Schule gegeben. Das ungehinderte Austoben der Autorität der Eltern[68] fixiert das Arbeiterkind auf gehorsame oder abwegige Verhaltensweisen, steigert auf jeden Fall eine individuelle Kompensation des Minderwertigkeitsgefühls und verhindert eine kollektivistische Reaktion auf die Klassengesellschaft[69]. Bei der Untersuchung der Entwicklung des Klassenbewußtseins, das für Rühle weitgehend spontan, aufgrund historischer Kampferfahrungen, sich bildet, entdeckt Rühle Hindernisse der Entwicklung des Klassenbewußtseins bei Arbeiterkindern, die der gesellschaftlichen Natur und der sozialen Lage des Arbeiterkindes geschuldet sind. Die Beseitigung dieser Hindernisse erwartet Rühle von einer Erziehung zum Klassenbewußtsein.

5. Erziehung zum Klassenbewußtsein

Erziehung zum Klassenbewußtsein ist für Rühle kein voluntaristischer Akt. Die Praxis der Erziehung zum Klassenbewußtsein hängt von gesellschaftlichen Bedingungen ab. Wie für Rühle die Entstehung des Klassenbewußtseins sowohl an die »Erschütterungen und Zersetzungen der kapitalistisch-bürgerlichen Welt«, wie an die Entstehung einer neuen Gesellschaft »im Schoße der alten«[70] gebunden ist, so ist die Erziehung zum Klassenbewußtsein

67 O. Rühle, a. a. O., S. 111, 117.
68 O. Rühle, a. a. O., S. 67.
69 Zur weiteren Analyse der Auswirkungen autoritärer Familien- und Schulerziehung auf das Arbeiterkind vgl. O. Rühle: Zur Psychologie ... a. a. O., S. 36–43 u. S. 43–50.
70 O. Rühle: Die Ideen der Erziehung. In: Am anderen Ufer, 1. Jg. 1924, Heft 5, S. 9.

von der Praxis des Klassenkampfes abhängig[71]. Die Erziehung zum Klassenbewußtsein kann nur Tat der kämpfenden Arbeiterbewegung sein. »Wie das Proletariat in seinen entwickeltsten Formationen bereits organisatorische Vorbereitungen trifft, um Betriebe, Produktionsmittel, Technik der kapitalistischen Wirtschaft in seine Gewalt zu bringen und wie es eine revolutionäre Taktik entwickelt, um die politische Macht der Herrenklasse zu erobern, zu zerbrechen, so muß es sich auch des Kulturschaffens, der Bildungspflege, des Erziehungswerks im Rahmen seiner Klassenkampfstrategie bemächtigen, muß auf diesem Gebiet einen eigenen Standpunkt gewinnen, eine selbständige Orientierung vornehmen, eine neue schöpferische Aktivität entfalten[72].« Rühle glaubt, daß die Arbeiterbewegung dann zu einer Erziehung ihrer Kinder übergeht, wenn sie selbst von der Phase der Revolte in die Phase des »revolutionären Vormarsches, der Revolution und der neuen Gemeinschaft fortschreitet«[73]. In dieser Phase ist die Arbeiterbewegung bereit, die Bewußtseinsformen der jungen Generation zu beeinflussen. Sie wird nun danach streben, die sprunghaft abwechselnden Verhaltensweisen des Arbeiterkindes zwischen Gehorsam, Abwegigkeit und Trotz in eine planvolle Entwicklung des Bewußtseins und Verhaltens zu verwandeln. Sie wird alles tun, um das abwegige Kind an der weiteren Flucht zu hindern und sie wird versuchen, aus dem revoltierenden Arbeiterkind ein revolutionäres zu machen und den »revoltierenden Trotz, der noch eine autoritäre Kampfgeste ist, in revolutionäres Selbstbewußtsein umzuformen«[74]. Für Rühle ist die Entwicklung von Klassenbewußtsein beim Kind ein Werk der Erziehung. Diese Erziehung orientiert sich an Zielen und Mitteln, wie sie der Lage der Arbeiterklasse entsprechen. Ziel der sozialistischen Erziehung ist es einmal »die bürgerliche Ideologie und Denkmethode aus den Köpfen fortzuräumen und durch sozialistische Ideologie und revolutionäre Denkmethode zu ersetzen«[75]. Das neue Denken soll von einer

---

71 O. Rühle: Das Ende der Erziehung. In: Am anderen Ufer, 1. Jg. 1924, Heft 5, S. 17.
72 O. Rühle: Marxismus und Erziehung. In: Am anderen Ufer, 1. Jg. 1924, Heft 1, S. 12.
73 O. Rühle: Kind und Klasse. In: Am anderen Ufer, 1924, Heft 3, S. 23.
74 O. Rühle, a. a. O., S. 23.
75 O. Rühle: Marxismus und Erziehung. In: Am anderen Ufer, 1. Jg. 1924, Heft 1, S. 12.

neuen Moral begleitet werden. Für die proletarische Moral ist gut, was dem Sozialismus nützt »und schlecht wird sie alles nennen, was die Bourgeoisie erhält, stärkt, fördert und den Klassenkampf lähmt«[76]. Die proletarische Moral führt zu einem Verhalten, das sich im Mut, in Solidarität, Kampfwillen und Verantwortungsbereitschaft äußert[77].

Das wichtigste Mittel der Erziehung zum Klassenbewußtsein ist für Rühle die klassenspezifische Gemeinschaftserziehung. Gemeinschaftserziehung kann nur Klassengemeinschaftserziehung sein, denn: »Gemeinschaft kann nur bestehen zwischen Menschen, deren Leben aus gleicher oder ähnlicher wirtschaftlich-gesellschaftlicher Grundlage erwächst. Innerhalb einer Klassengesellschaft also nur zwischen Menschen einer und derselben Klasse«[78]. Die Gemeinschaftserziehung fordert den sozialistischen Erzieher, der in der Lage ist, alle Anlässe, die das Minderwertigkeitsgefühl des Arbeiterkindes erwecken könnten, auszuschalten. Dazu gehört primär, daß die Erzieher vom Podest ihrer »Überlegenheit, Autorität und Würde herabsteigen, um den Kindern, die nicht mehr Untergebene, Gehorchende, Objekte unserer Despotie sein sollen, sondern gleichgestellte, solidarisch verbundene Freunde und Genossen, in brüderlicher Kameradschaft die Hände zu reichen«[79]. Die Erziehung der Erzieher ist für Rühle ein Hauptmittel der Bewußtseinsveränderung der Kinder[80].

Um den ständigen Wechsel der kindlichen Verhaltensweisen schrittweise in klassenbewußte Bahnen zu lenken, muß die sozialistische Erziehung »schon im frühesten Kindesalter beginnen«[81]. Rühle erkennt drei Institutionen, in denen die Gemeinschaftserziehung realisiert werden kann. Er nennt die Familie, die Gemein-

---

76 O. Rühle: Moral und Erziehung. In: Am anderen Ufer, 1. Jg. 1924, Heft 5, S. 13.

77 O. Rühle: Zur Psychologie des proletarischen Kindes, a. a. O., S. 168, Die Ziele der sozialistischen Erziehung werden auch dargestellt in: O. Rühle: Erziehung zum Sozialismus, Berlin 1919; O. Rühle: Grundfragen der Erziehung, Dresden 1924, S. 19.

78 O. Rühle: Eltern und Kinder. In: Am anderen Ufer, 1. Jg. 1924, Heft 3, S. 5.

79 O. Rühle: Zur Psychologie des proletarischen Kindes, a. a. O., S. 13.

80 Vgl. O. Rühle: Die Seele des proletarischen Kindes, in: Die Sozialistische Erziehung, 6. Jg. 1926, S. 112.

81 O. Rühle: Zur Psychologie . . ., a. a. O., S. 167.

schaft der Genossen und selbstorganisierte »Erziehungsgemeinschaften«[82]. Der letzteren Institution, am besten in Form von Kindersiedlungen, räumt er die größten Chancen bei der Erziehung ein.

»In der Kindersiedlung ... ist das Zusammenleben der Kinder organisch auf Gemeinschaft eingestellt. Hier ist kein Raum für Zwang und Druck von seiten der Großen, keiner aber auch für unsoziale Willkür von seiten der Kleinen. Große und Kleine arbeiten in der und für die Gemeinschaft. Gemeinsame Beratung, Beschlußfassung, Ausführung: die Kinderdemokratie[83].« Erziehung zum Klassenbewußtsein ist aber auch in Kindergruppen möglich, »die einen Anfang selbständiger Emanzipation auf dem Wege des Zusammenschlusses und der freien Aktion im Klassenkampfsinne darstellen«[84]. Die Bewegung der Kindergruppen würde sich für Rühle gemäß seiner überwiegend spontaneistischen Konzeption der Klassenbewußtseinsentwicklung am besten entfalten, wenn jeder autoritäre Einfluß ausgeschaltet würde und sie sich als Bewegung der Kinder ohne Einfluß der Erwachsenen als »nur Kinderbewegung« entwickeln könnte[85].

Rühles Vorstellung, daß das Klassenbewußtsein beim Arbeiterkind spontaneistisch sich entwickelt, wenn nur gewisse Hindernisse beseitigt werden, zwingt ihn dazu, seine Konzeption der Erziehung zum Klassenbewußtsein weitgehend als Konzept des Abbaus der Schranken der Klassenbewußtseinsentwicklung zu formulieren. Dabei klammert er alle Probleme der Vermittlung des wissenschaftlichen Sozialismus an Kinder aus. Klassenbewußtsein bei revolutionären Kindern ist für Rühle schließlich das Bewußtsein, das von einer idealen Gemeinschaftsutopie ausgeht und mit ihr die bestehende Gesellschaft der Klassen als Pseudogemeinschaft negiert. »Und der proletarischen Jugend schwebt irgendwie das Bild einer neuen Gemeinschaft vor. Einer Gemeinschaft, die anders ist als die, der sie entfloh und gegen die sie im Kampf steht[86].« Das Klassenbewußtsein der Kinder bleibt auch auf der höchsten Stufe

---

82 O. Rühle: Wege zur Gemeinschaft. In: Am anderen Ufer, 1. Jg. 1924, Heft 2, S. 22 f.
83 O. Rühle: Wege ..., a. a. O., S. 25.
84 O. Rühle: Wege ..., a. a. O., S. 25.
85 O. Rühle: Zur Psychologie ..., a. a. O., S. 127.
86 O. Rühle, a. a. O., S. 112.

an die Negation der Autorität fixiert.

Rühle überschätzt die Durchsetzbarkeit eines derartigen Bewußtseins bei Kindern im Kapitalismus keineswegs: »Der neue Mensch, der Mitmensch, ohne Machtstreben und Überlegenheitswahn ... er wird sich ganz entfalten erst in der sozialistischen Gesellschaft. Aber um eben diese sozialistische Gesellschaft zu erreichen, bedürfen wir der Menschen, die wenigstens teilweise schon innerlich das Alte abgestreift und das Neue in sich aufgebaut haben«[87].

6. Die Diskussion um das Klassenbewußtsein bei Arbeiterkindern in der Weimarer Republik

Rühles Versuch Marxismus und Individualpsychologie im Rahmen der Entwicklung einer sozialistischen Sozialisationstheorie zu verbinden, hat große Kritik hervorgerufen. Die Kritik wurde von verschiedenen Seiten erhoben. Marxisten kritisierten die Verbindung von Marxismus und Individualpsychologie als Verwässerung des ersteren. »Otto Rühle war ... unglücklicherweise der erste, der die populären Ideen von Marx in die neue Sprache der bürgerlichen Soziologie und Psychologie übersetzte ... Diese Art von Marxismus war für die Arbeiter von keinem praktischen Nutzen, noch konnte sie eine Hilfe für ihre Erziehung bedeuten[88].«

Adlerianer kritisierten die Verfälschung der Individualpsychologie durch den Marxismus. »Aber ihr schlagt einen Weg vor, der uns bedenklich erscheint. Ihr teilt die Menschen in feindliche Lager: Klassen. Ihr wollt eine Gemeinschaft nur für das Proletariat auf Kosten der anderen, der Bourgeoisie[89].« Freudomarxisten schließlich, die Marxismus und Psychoanalyse zu verbinden such-

---

87 O. Rühle: Wege zur Gemeinschaft. In: Am anderen Ufer, 1. Jg. 1924, Heft 2, S. 22.

88 P. Mattick: Otto Rühle und die deutsche Arbeiterbewegung. In: O. Rühle: Von der bürgerlichen zur proletarischen Revolution, Berlin 1970, S. 100 f.; ebenso F. Pfemfert: Achtung, falsche Weichenstellung. In: O. Rühle: Zur Psychologie ..., a. a. O., S. 157 f.; J. Broh: Erwiderung auf Rühle. In: O. Rühle: Zur Psychologie ..., a. a. O., S. 150; O. Kanehl: Zur Diskussion über Rühles autoritären Menschen und die Revolution. In: O. Rühle: Zur Psychologie ..., a. a. O., S. 146.

89 A. Rühle-Gerstel: Der Weg zum Wir. Versuch einer Verbindung von Marxismus und Individualpsychologie. Dresden 1927, S. 192.

ten[90], wandten sich gegen eine Verbindung von Marxismus und der von ihnen als Pseudowissenschaft eingestuften Individualpsychologie.

»Der Marxismus wird also die Psychoanalyse ohne weiteres verwenden, wenn sich nur die Richtigkeit ihrer Behauptungen erweist; hingegen wird er bei der Übernahme auch richtiger Behauptungen der Individualpsychologie auf der Hut sein müssen vor Verschmelzungen mit der kleinbürgerlichen Lebensphilosophie Adlers, aus der die wissenschaftlichen Einsichten Adlers nur sehr schwer auszulesen sind[91].« Ohne Zweifel geht in die Stellungnahme der Freudomarxisten die Auseinandersetzung zwischen Freud und Adler mit ein[92]. Otto und Alice Rühle und die marxistischen Adlerianer[93] haben auf diese Angriffe hin versucht nachzuweisen, daß Marxismus und Individualpsychologie sich jeweils ergänzen. »Wir sehen, daß die Theorien von Marx und Adler verblüffend parallel laufen, die Geschichte von der gleichen Tendenz gestaltet sehen, die Gegenwart gleichermaßen beurteilen, für die Zukunft das gleiche voraussagen und fordern[94].« Sie beschritten damit einen Weg, der von Freudomarxisten wie Reich und Bernfeld ebenso eingeschlagen wurde, um ihre Art der Vermittlung von Psychoanalyse und Marxismus zu rechtfertigen. Die Diskussion um die Vermittlung von Marxismus und Psychoanalyse bzw. Indi-

---

90 H. Dahmer: Libido und Gesellschaft. Studien über Freud und die Freudsche Linke, Frankfurt 1973.

91 S. Bernfeld: Zur Frage: Psychoanalyse und Marxismus. In: Der Klassenkampf, 2. Jg. 1927, Nr. 3, S. 94. Zur weiteren Kritik Bernfelds an Adler vgl. Bernfeld: Antiautoritäre Erziehung und Psychoanalyse, Frankfurt 1969, Bd. 2, S. 489, 505 f. Die Ironie des Schicksals hat es aber zuwege gebracht, daß trotz der Kritik der Individualpsychologie durch Bernfeld, Bernfelds eigener Versuch einer Freudomarxistischen Sozialisationstheorie (Vgl. S. Bernfeld: Sisyphus oder die Grenzen der Erziehung, Frankfurt 1967, S. 49 ff.) mit Rühles Ergebnissen in vielen Punkten übereinstimmt.

92 Vgl. dazu A. Rühle-Gerstel: Freud und Adler, Dresden 1925.

93 Zu ihnen gehörten außer O. F. Kanitz, Erwin Wexberg auch Manes Sperber, Otto Müller-Main, Georg Polak. Letztere organisierten sich bis 1933 in der Berliner »Fachgruppe für dialektisch-materialistische Psychologie«. Vgl. ihre Publikation: Autorenkollektiv: Krise der Psychologie – Psychologie der Krise, Berlin 1932.

94 O. Rühle: Marxismus und Individualpsychologie. In: Am anderen Ufer, 1. Jg. 1924, Heft 1, S. 22. Die Berechtigung einer Synthese versucht Alice Rühle-Gerstel in ihrem Buch: Der Weg zum Wir. Versuch einer Verbindung von Marxismus und Individualpsychologie, Dresden 1927, zu beweisen.

vidualpsychologie ist bis heute noch nicht endgültig abgeschlossen. Erst wenn die Marxisten auch für die Entwicklungsstufen der Arbeiterkinder erklären können »wie die psychischen Mechanismen beschaffen sind, mittels derer in den Köpfen der lebenden und wirtschaftenden Menschen gegebene Produktionsverhältnisse, die ihnen entsprechende Ideologie erzeugen«[95], können diese Vermittlungsversuche als überholt betrachtet werden.

Nicht nur die Verbindung von Individualpsychologie und Marxismus wurde kritisiert, auch die von Rühle auf Adler-marxistischer Basis entwickelte Sozialisationstheorie wurde besonders von marxistischer Seite kritisch betrachtet. Man bemängelte dabei folgende Punkte:

1. Rühle leitet die Bewußtseinsformen der Kinder hauptsächlich aus dem als natürlich gesetzten Generationsgegensatz ab[96].
2. Rühle verfällt der Überschätzung der Veränderung der Psyche der Individuen ohne die Veränderung der gesellschaftlichen Verhältnisse, in denen sie leben[97], genügend zu beachten.
3. Rühle konstruiert die Entstehung des Klassenbewußtseins außerhalb der wirtschaftlich-politischen Klassenkämpfe[98].
4. Rühle leugnet die Notwendigkeit der Vermittlung des wissenschaftlichen Sozialismus und der Organisation der Klassenbewußtseinsentwicklung durch eine marxistische Arbeiterpartei[99].

Diese Kritik weist deutlich auf die Mängel der Rühle'schen Sozialisationstheorie hin. Sie kann aber nicht die Stärke dieser Theorie aufweisen. Rühle ist mit seiner Theorie denen entgegengetreten, die dem Arbeiterkind jede Möglichkeit der Entwicklung von Klassenbewußtsein absprachen, es für völlig unpolitisch erklären und jede Politisierung des Arbeiterkindes als Zerstörung einer

95 S. Bernfeld: Antiautoritäre Erziehung und Psychoanalyse, Frankfurt 1969, Bd. 2, S. 497.

96 Vgl. dazu E. Hoernle: Grundfragen proletarischer Erziehung, Frankfurt 1973, S. 147; J. Raspe: Zur Sozialisation proletarischer Kinder, Frankfurt 1972, S. 30, 32.

97 Vgl. dazu J. Broh: Erwiderung auf Rühle. In: O. Rühle: Zur Psychologie ..., a. a. O., S. 150. O. Kanehl: Zur Diskussion über Rühles autoritären Menschen und die Revolution. In: O. Rühle: Zur Psychologie ..., a. a. O., S. 147.

98 E. Hoernle: Grundfragen ..., a. a. O., S. 151; O. Kanehl ..., a. a. O., S. 146.

99 E. Hoernle: Grundfragen ..., a. a. O., S. 151; J. Raspe: Zur Sozialisation ..., a. a. O., S. 33; K. H. Günther u. a.: Geschichte der Erziehung, Berlin 1967, S. 452.

»heilen« Kindheit bejammerten. Er hat die empirischen Untersuchungen der Weimarer Zeit in eine Theorie gefaßt, die die empirischen Befunde zum dichotomischen und politischen Bewußtsein der Arbeiterkinder verarbeitet[100]. Gewisse Stärken der Rühleschen Theorie werden auch deutlich, wenn man sie mit den anderen Theorien der Entstehung des Klassenbewußtseins beim Arbeiterkind in der Weimarer Zeit vergleicht. Total spontaneistische Theorien der Entstehung des Klassenbewußtseins beim Arbeiterkind behaupteten z. B. »Das Leben selbst besorgt die Bildung des Klassenbewußtseins am besten und nachdrücklichsten, indem es das Kind, den Jugendlichen, zusehends in seine Wirbel zieht und ihn allmählich als aktives Wirtschaftssubjekt in den Kreis einer Gesellschaftsklasse hineinstellt«[101]. Diese spontaneistischen Theorien unterstellten auch eine naturwüchsige Tradierung des Klassenbewußtseins zwischen den Generationen. »Die stärksten Antriebsfedern zu revolutionären Gesinnung bei Arbeiterkindern ist den Beobachtungen nach, die Identifizierung mit älteren klassenbewußten Geschwistern oder Eltern[102].«

Gegenüber solchen Theorien in der Tradition der Zweiten Internationale, die jede Erziehung zum Klassenbewußtsein als unnötig erachten lassen, weist Rühle zu Recht auf die in der familiären

---

100 Die Entstehung des dichotomischen Bewußtseins bei Arbeiterkindern belegen: O. Rühle: Zur Psychologie ..., a. a. O., S. 24–27; A. Jalkotzky: Kindliche Erkenntnisse über Klassenscheidung. In: Die sozialistische Erziehung, 5. Jg. 1925, S. 71–76; L. Lichtenstein: Das proletarische Kind im Lichte der Kinderforschung. In: Autorenkollektiv: Krise der Psychologie ..., a. a. O., S. 113–125; M. Döring: Die psychologische Lage des proletarischen Kindes. In: Proletarische Pädagogik: Bericht des 5. Weltkongresses der Internationale der Bildungsarbeiter, Leipzig 1928, S. 43–56; H. Schneckenburger: Das soziale Verständnis des proletarischen Kindes. In: Sozialistische Erziehung, 5. Jg. 1932, S. 61 f.; H. Schneckenburger: Das soziale Verständnis des Arbeiterkindes. In: Zeitschrift für pädagogische Psychologie, 34. Jg. 1933, S. 274–285; H. Schneckenburger: Die Altersentwicklung und die Milieubedingtheit des sozial-ethischen Verständnisses beim proletarischen Kinde. In: Zeitschrift für angewandte Psychologie, 1932, Bd. 42, Heft 5/6, Bd. 43, Heft 1/2; K. Böge: Arm und reich vom kindlichen Standpunkt aus gesehen. In: Zeitschrift für pädagogische Psychologie, 33. Jg. 1932, S. 169–184; A. Schrott: Soziologische Betrachtungen mit Kindern. In: Die sozialistische Erziehung, 6. Jg. 1926, S. 272–279.

101 T. Geiger: Klassenlage, Klassenbewußtsein und öffentliche Schule. In: Ders.: Arbeiten zur Soziologie, Neuwied/Berlin 1962, S. 329.

102 W. Reich: Was ist Klassenbewußtsein? Amsterdam 1968, S. 32.

und öffentlichen Erziehung etablierten Schranken und Destruktionsmittel für die Entstehung von Klassenbewußtsein hin. Seine Theorie deckt die Wichtigkeit der organisierten politischen Selbsttätigkeit der Arbeiterkinder bei der Entwicklung von Klassenbewußtsein auf. Seine Theorie war aber nicht in der Lage, die kognitiven Momente der Klassenbewußtseinsentwicklung zu analysieren, die nach G. Lukács und Lenin das Klassenbewußtsein als parteiliches Totalitätsbewußtsein von seinen empirischen und utopischen Vorformen unterscheidet. Auch die Notwendigkeit der Kooperation von Jugendorganisationen und Partei als praktischer Ausdruck der Einheit von wissenschaftlichem Sozialismus und sozialistischer Politik im Klassenkampf konnte Rühle nicht entwickeln.

Einige Fehler in der Klassenbewußtseinstheorie von Otto Rühle wurden in der Theorie Edwin Hoernles überwunden. Hoernle leitet die Bewußtseinsformen des Arbeiterkindes aus der Einsicht in die Verkehrung des Bewußtseins der gesellschaftlichen Individuen im Kapitalismus ab. Da das Kind der Oberfläche der Gesellschaft besonders auf der Straße konfrontiert ist, kann Hoernle feststellen: »Die Straße der bürgerlichen Großstadt an sich wirkt gegenrevolutionär. Die Triebkräfte des gesellschaftlichen Lebens werden hier nicht offenbar. Nur die Oberfläche sieht das Kind«[103]. Diese Oberfläche ist nicht spontan zu durchbrechen. Hoernle leugnet keineswegs, daß die Unterdrückung das Arbeiterkind zu spontanem Widerstand zwingt. Er meint nur, daß der Widerstand im »Dunkel des Unterbewußtseins und isoliert geführt wird«[104]. Der spontane Widerstand der Kinder verbleibt »in der ungeleiteten, regellosen, verzweifelten und deshalb demoralisierenden Art tierischer Selbsthilfe«[105]. Das heißt nicht, daß bestimmte kollektive Widerstandserfahrungen nicht auch im Arbeiterkind Ansätze von Gruppensolidarität erwecken. »Im Proletarierkinde liegen alle Elemente bereit, um eine kommunistische Weltanschauung und einen kommunistischen Charakter zu formen, sie müssen aber, aus den Tiefen des Unbewußtseins gehoben werden ans Licht des Bewußtseins[106].« Das Arbeiterkind entwickelt kein spontanes Klassenbe-

103 E. Hoernle: Grundfragen proletarischer Erziehung, Frankfurt 1973, S. 167.
104 E. Hoernle: Grundfragen . . ., a. a. O., S. 176.
105 E. Hoernle: Grundfragen . . ., a. a. O., S. 177, 108 f.
106 E. Hoernle: Grundfragen . . ., a. a. O., S. 168.

wußtsein, ebensowenig wie die erwachsenen Arbeiter. Aber wie diese kann es sein Bewußtsein verändern, wenn es am Kampf seiner Klasse teilnimmt »einfach deshalb, weil es an den Leiden seiner Klasse teilnimmt«[107]. Die Entwicklung von Klassenbewußtsein beim Arbeiterkind in seiner höchsten Form ist an mehrere Voraussetzungen gebunden, die Rühle nicht genügend beachtet hat:

1. Das »Abhängigkeitsgefühl im Kinde«[108] und das soziale Minderwertigkeitsgefühl muß durch gesellschaftlich wertvolle Leistungen des Arbeiterkindes aufgehoben werden. Bloße Gemeinschaftserziehung kann das Minderwertigkeitsgefühl nicht völlig beseitigen. Das Minderwertigkeitsgefühl wird beseitigt »indem wir an die Stelle der dumpfen Minderwertigkeitsgefühle die klaren Hochgefühle setzen, die das Bewußtsein erzeugt, ein brauchbares, anerkanntes, energisch unterstütztes aktiv mitarbeitendes Glied zu sein der großen proletarischen Kampfgemeinschaft[109].« Zur Festigung des sozialen Selbstbewußtseins muß das Proletariat außerdem gegenüber den Kindern eine »neue autoritätsfreie Haltung einnehmen[110].«
2. Die Arbeiterkinder können ihr Alltagsbewußtsein nur durchbrechen, wenn sie ihre Lebensverhältnisse selbst zu ändern beginnen. Eine Änderung ihres Bewußtseins auf Erziehungsinseln ohne Änderung der Verhältnisse scheitert. Es geht darum die Arbeiterkinder »innerhalb ihres gegebenen proletarischen Milieus . . . in den Kampf um die Veränderung dieses Milieus handelnd einzuführen[111].«
3. Klassenbewußtsein entsteht nicht ohne begriffliche Anstrengung. Ausgehend von den Widersprüchen in gewissen Erscheinungen des gesellschaftlichen Lebens, sollen die Arbeiterkinder die »Klassenscheidung als Grundtatsache des heutigen gesellschaftlichen Lebens, das Privateigentum als ökonomische Ursache dieser Klassenscheidung«[112] erkennen lernen. Zur Erkenntnis des Wesens der Gesellschaft und zur Durchdringung der Ober-

107 E. Hoernle: Grundfragen . . ., a. a. O., S. 156.
108 E. Hoernle: Grundfragen . . ., a. a. O., S. 204.
109 E Hoernle: Grundfragen . . ., a. a. O., S. 179 und S. 178, 200.
110 E. Hoernle: Grundfragen . . ., a. a. O., S. 111.
111 E. Hoernle: Grundfragen . . ., a. a. O., S. 162.
112 E. Hoernle: Grundfragen . . ., a. a. O., S. 197.

fläche ist sozialkritische Beobachtungsgabe[113], die Einführung ins »politische Handel«[114], verbunden mit »systematisierender Schulungsarbeit«[115] nötig.

4. Die Vermittlung des wissenschaftlichen Sozialismus, die Verbindung der Arbeiterkinder mit dem Kampf ihrer Klasse geschieht nicht in einer autonomen Kinderbewegung. »Eine solche Erziehung muß selbstverständlich in der Hand des fortgeschrittensten, revolutionärsten Teils des Proletariats liegen, also der kommunistischen Kampforganisationen: Jugend und Partei[116].«
   Hoernles Sozialisationstheorie stellt sicher, daß das Bewußtsein der Arbeiterkinder sich in Richtung des praktischen Klassenbewußtseins der kämpfenden Arbeiterbewegung entwickelt. Sie versucht zu gewährleisten, daß die Arbeiterkinder noch vor Eintritt in die Produktion die Chance zur Entwicklung eines richtigen Bewußtseins erhalten. Hoernle hat die Gefahr, daß das Arbeiterkind innerhalb seiner Bewußtseinsentwicklung bei der bloßen Negation von Klassenherrschaft und persönlicher Unterdrückung stehenbleibt, gesehen. Die Fixierung der Entwicklung des Klassenbewußtseins bei Kindern auf ein bloß utopisches Bewußtsein hat er zu überwinden gesucht.

7. Die neue politische Sozialisationsforschung und das Problem des Klassenbewußtseins bei Arbeiterkindern

Es ist Ausdruck der Bindung der sozialistischen Sozialisationsforschung an die Entwicklung der Arbeiterbewegung, daß es in der Phase der Verfolgung und Unterdrückung der Arbeiterbewegung keine sozialistische Sozialisationsforschung gab und ihre Ergebnisse unbekannt und verschollen blieben.

Mit den Ansätzen zur Rekonstruktion einer politischen Arbeiterbewegung änderte sich die Situation[117]. Die Änderung der

113 E. Hoernle: Grundfragen ..., a. a. O., S. 197.
114 E. Hoernle: Grundfragen ..., a. a. O., S. 120.
115 E. Hoernle: Grundfragen ..., a. a. O., S. 135 u. 196.
116 E. Hoernle: Grundfragen ..., a. a. O., S. 157 u. 136 ff.
117 Zur Rekonstruktion der Arbeiterbewegung in der BRD und zur Veränderung ihrer Bewußtseinsformen liegt eine unübersehbare Flut von Material vor. Vgl. u. a. H. Jung u. a.: Kampfaktionen der westdeutschen Arbeiter-

gesellschaftlichen Lage führte auch zu neuen Tendenzen in der Theoriebildung. Nachdem die polit-ökonomischen Analysen des Ausbildungssektors[118] ausgiebig zeigen konnten, »daß alle gutgläubig inszenierten pädagogischen Reformen im Namen von Humanisierung, Verbesserung der Lebensqualität, Chancengleichheit usw. sich in Wahrheit lediglich als konsequente Strategien zur Durchsetzung des Profitinteresses des Kapitals erweisen«[119], drängt sich die Frage auf, wieweit die Arbeiterklasse die Grenzen der kapitalistischen Bildungsreform überwinden kann. Damit stellt sich auch das Problem, ob die Arbeiterkinder selbst schon politisch im eigenen Interesse denken und handeln können.

Dieses Problem zwang auch die politische Sozialisationsforschung zur Entdeckung einer neuen Perspektive. Beschäftigte sie sich traditionellerweise mit der Frage inwieweit »Sozialisation die Menschen dem jeweiligen Herrschaftssystem unterwirft«[120], so warf sie jetzt die Frage auf, ob es möglich ist, daß schon Kinder

---

klasse 1966-70. In: Das Argument, 1970, Heft 11/12; H. Jung: Die betrieblichen Abwehraktionen der Belegschaften 1967/68. In: Marxistische Blätter, 1968, Heft 4; Autorenkollektiv: Die Septemberstreiks 1969. Frankfurt 1969; Autorenkollektiv: Am Beispiel der Septemberstreiks. Anfang der Rekonstruktionsperiode der Arbeiterklasse? Frankfurt 1971; Autorenkollektiv: Proletariat in der BRD, Berlin 1974, bes. S. 307 ff. u. 480 ff.

118 Vgl. E. Altvater/F. Huisken: Materialien zur politischen Ökonomie des Ausbildungssektors, Erlangen 1971; F. Huisken: Zur Kritik bürgerlicher Didaktik und Bildungsökonomie, München 1972; usw.

119 H. Ortmann: Politische Ökonomie und Pädagogik. In: Erziehung und Klassenkampf, 3. Jg. 1973, Nr. 9, S. 40.

120 W. Gottschalch: Bedingungen und Chancen politischer Sozialisation, Frankfurt 1972, S. 22. Empirische Untersuchungen wiesen nach, daß die politische Prägung und Unterwerfung der Kinder im Schulalter schon weit fortgeschritten ist. Vgl. E. H. Müller: Politisches Lernen im Kindesalter. In: Müller, Neuß, Nußbaum: Politikunterricht und Gesellschaftskunde in der Schule, Ulm 1971; K. Wasmund: Kinder und Wahlkampf. In: Westermanns Pädagogische Beiträge, 1974, Heft 1; D. Tiemann: Politische Erziehung im Elementar- und Primarbereich. In: H. Hielscher: (Hrsg.): Materialien zur sozialen Erziehung im Kindesalter, Heidelberg 1974, S. 35 ff; G. Beck: Autorität im Vorschulalter, Weinheim 1973; P. Ackermann: Politisches Lernen in der Grundschule, München 1973; S. Aust u. a.: Beiträge zur politischen und sozialen Erziehung in der Grundschule, Essen 1972; G. Beck: Politische Sozialisation und politische Bildung in der Grundschule, Frankfurt 1972; U. Lohmar: Politik in der Hauptschule, Düsseldorf 1970; Becker, Herkommer, Bergmann: Erziehung zur Anpassung, Schwalbach 1968; W. Jaide: Jugend und Demokratie? München 1971.

systemüberwindendes Verhalten und Bewußtsein entwickeln können[121].

Diese neue Perspektive in der politischen Sozialisationsforschung trat exemplarisch in einer Debatte jüngerer Wissenschaftler um die Probleme der politischen Sozialisation zutage. Auf der Basis der Rezeption amerikanischer Studien zur Entwicklung politischen Verhaltens von Kindern kam Nyssen zu pessimistischen Ergebnissen: »Auf Grund der Untersuchungen zur politischen Sozialisation ist anzunehmen, daß die Menschen in der Regel tiefverwurzelte Loyalitätsgefühle gegenüber dem eigenen politischen System entwickeln und zwar – wie gesagt – bereits in der Kindheit[122].« Nyssen blieb dabei nicht stehen. Er leitete zugleich aus seinen Untersuchungen auch noch die These von der Wirkungslosigkeit nicht systemkonformer politischer Bildung bei Kindern ab[123]. Dieser scheinbare wissenschaftliche Nachweis der Aussichtslosigkeit einer kritischen Bewußtseinsbildung im Kindesalter traf in der Bundesrepublik auf breite Zustimmung konservativer Sozialisationsforscher, die sich bei ihrer Argumentation der gleichen amerikanischen Studien bedienten wie Nyssen[124].

Nyssens Position blieb allerdings nicht lange ohne Widerspruch. Ulf Preuß-Lausitz wies Nyssen nach, daß die totale Anpassung der Kinder an das bestehende System nicht für Unterschichtkinder gelten kann, weil die »Erfahrung der Unterprivilegiertheit noch eher die Möglichkeiten einer ›systemkritischen‹, wenn schon nicht

---

121 Vgl. zur neuen Orientierung der politischen Sozialisationsforschung W. v. Baeyer-Katte: Sozialisation im politischen Verhalten. In: Handbuch der Psychologie in zwölf Bänden, Göttingen 1972, Bd. 7, 2, S. 1047.

122 F. Nyssen: Kinder und Politik. In: Autorenkollektiv: Politische Bildung – Politische Sozialisation, Weinheim 1973, S. 57.

123 F. Nyssen: Kinder und Politik. In: a. a. O., S. 57 f.

124 Vgl. u. a. G. C. Behrmann: Politische Sozialisation in den USA und politische Bildung in der BRD. In: Gesellschaft, Staat, Erziehung, 14. Jg. 1969, S. 145–160; A. Harnischfeger: Politische Sozialisation. In: Geschichte in Wissenschaft und Unterricht, 21. Jg. 1970, S. 80–90; K. Wahl: Neuere Forschungsergebnisse zur politischen Sozialisation im Kindesalter. In: Politische Studien, 21. Jg. 1970, S. 592–600; A. Hainke: Politische Einstellungen und Lernprozesse bei Kindern und Jugendlichen. Neuere amerikanische Beiträge zu einer Theorie der politischen Sozialisation, Tübingen 1971; K. Wasmund: Politische Sozialisation im frühen Schulalter. In: Westermanns pädagogische Beiträge, 23. Jg. 1971, S. 530–539; B. Claussen: Politische Sozialisation im Kindesalter. In: Zeitschrift für Pädagogik, 1974, Heft 3, S. 305–325.

antikapitalistischen Erziehung ermöglicht[125].« Die Vermutung, daß die Unterschichtkinder in ihrer besonderen sozialen Lage mit »gesellschaftlichen Widersprüchen« konfrontiert werden, die »sie in permanente Konflikte« und antikapitalistisches Verhalten treiben[126], wurde inzwischen von einer ganzen Reihe von Untersuchungen bestätigt. So stellten auch G. Brandt u. a. gegenüber der affirmativen politischen Sozialisationsforschung in den USA fest, daß bei »gesellschaftlich unterprivilegierten Gruppen« nicht nur systemkonformes Verhalten erwartbar ist. »Es ist demnach auch alternative politische Sozialisationsprozesse vorstellbar«, die »von negativen Einstellungen zu bestehender sozialer Herrschaft ausgehen[127].« Der Prozeß des Distanzierung der Arbeiterkinder vom bestehenden Gesellschaftssystem wurde untersucht. So wurde einmal die besondere Unterdrückung des Arbeiterkindes auf Grund seiner Klassenlage, die auch seine Lage in Familie und Schule bestimmt, herausgearbeitet. »Das Arbeiterkind hat sich einer Fülle von Torturen, Erniedrigungen, Mißerfolgserlebnissen ... zu unterziehen, ehe es reif für die Fabrik entlassen wird[128].« Andererseits konnte aufgezeigt werden, daß die verstärkte Repression das Arbeiterkind zu spezifischen Formen von Aggression treibt[129]. Da diese klassenspezifische Aggressivität vom Arbeiterkind, wenn es nicht resigniert und sich mit anderen Kindern zusammenschließt auch zum Kampf gegen die repressive Umwelt eingesetzt werden

---

125 U. Preuß-Lausitz: Politisches Lernen. Zur Kritik der sogenannten politischen Sozialisation. In: Autorenkollektiv: Politische Bildung – Politische Sozialisation, a. a. O., S. 79.

126 U. Preuß-Lausitz: Vom angepaßten Kind zum linken Schüler. In: a. a. O., S. 101.

127 Autorenkollektiv: Berufliche Sozialisation und gesellschaftliches Bewußtsein jugendlicher Erwerbstätiger, Frankfurt 1973, S. 176.

128 E. Brechstein: Die Sozialisation des Arbeiterkindes in Familie und Schule, Freiburg 1971, S. 101; Vgl. dazu auch P. Brückner: Sozialpsychologie des Kapitalismus, Frankfurt 1972, S. 37 ff., 106 ff., 120 ff.; G. Vinnai: Sozialpsychologie der Arbeiterklasse, Reinbek 1973, S. 49 ff., 74 ff.; P. Milhoffer: Familie und Klasse, Frankfurt 1973, S. 130 ff. Selbst die schichtenspezifische Sozialisationsforschung beschreibt zumindest die Unterprivilegiertheit und Tantalussituation (Bernfeld) des Arbeiterkindes. Vgl. B. Caesar: Autorität in der Familie, Reinbek 1972; W. Gottschalch u. a.: Sozialisationsforschung, Frankfurt 1971.

129 Vgl. J. Raspe: Zur Sozialisation proletarischer Kinder, Frankfurt 1972, S. 63; Projektgruppe Brelohstr. Proletarisches Vorschulprogramm, Bochum 1971, S. 341, 347, 349 f.

kann, kann das Arbeiterkind eine Kampfbereitschaft entwickeln, die die »kämpferischen Elemente des späteren Klassenbewußtseins vorwegnimmt[130]«.

Diese theoretischen Überlegungen, die Preuß-Lausitz' Vermutungen bestätigen, wurden durch praktische Erfahrungen in Schülerläden und proletarischen Kindergruppen bestätigt. Es wurde festgestellt, daß schon Arbeiterkinder auf Grund ihrer klassenspezifischen Unterdrückung nicht nur emotional aggressiv auf privilegierte Kinder reagieren, sondern daß sie auch kognitiv sich von der herrschenden Klasse distanzieren. Sie bilden ein dichotomisches Gesellschaftsbild aus. »Hauptsächlich handelte es sich um das Erleben und das Bewußtsein des Arm-reich-Gegensatzes, um das Unten-oben-Herrschafts-und-Ausbeutungsverhältnis und um den permanenten bewußten Gegensatz des Arbeiterkindes zur Bourgeoisie[131].«

Das Alltagsbewußtsein der Arbeiterkinder reproduziert die repressiven Erfahrungen ihrer Eltern in der Produktion[132], verstärkt durch die Ergebnisse ihrer eigenen Auseinandersetzung mit den Klassenschranken in der westdeutschen Gesellschaft. Schon die Arbeiterkinder erweisen sich als geprägt von der Erfahrung der gesellschaftlichen Ohnmacht, wie sie sich im dichotomischen Bewußtsein niederschlägt. Sie zeigen aber zugleich Anzeichen der doppelten Bestimmung ihres Bewußtseins. Sie zeigen nicht nur Momente der Ohnmacht und Flucht, sondern auch des Trotzes und der Bereitschaft unter kollektiven Bedingungen gegen die Unterdrückung Widerstand zu leisten. Die Arbeit in den proletarischen Kindergruppen zeigte, daß das Arbeiterkind in der Gegenwart schon so weit emotionale und kognitive Distanz zur herrschenden Klasse in ihren verschiedenen Erscheinungsformen gewonnen hat, daß es in Gruppen organisiert zum systemkritischen

---

130 L. Lorenz: Arbeiterfamilie und Klassenbewußtsein, Gießen 1972, S. 71.

131 Autorenkollektiv: Schülerladen Rote Freiheit, Frankfurt 1971, S. 124; ebenso L. v. Werder: Von der antiautoritären zur proletarischen Erziehung, Frankfurt 1972, S. 144; Projektgruppe Brelohstr.: a. a. O., S. 319.

132 Die dichotomische Struktur des Arbeiterbewußtseins ist durch umfassende Untersuchungen belegt. Vgl. H. Popitz u. a.: Das Gesellschaftsbild des Arbeiters, Tübingen 1957; S. Grimm: Die Bildungsabstinenz der Arbeiter, München 1966; S. Herkommer: Gesellschaftsbild und politisches Bewußtsein. In: Das Argument, 10. Jg. 1969, Heft 50, S. 208–222. Zur Kritik der Popitzschen Arbeit F. Deppe: Das Bewußtsein der Arbeiter, Köln 1971, S. 36, S. 74 ff.

Handeln fähig ist. In den proletarischen Kindergruppen erwies sich die Erklärung des Alltagsbewußtseins der Arbeiterkinder durch Otto Rühle als durchaus aktuell. Als bestes Mittel der Verhinderung der regressiven Reaktion des Arbeiterkindes auf seine Klassenlage erschien die organisierte Selbsttätigkeit der Kindergruppen, die zu Kollektiven wurden, wenn der politische Erzieher, wie Rühle es nahegelegt hatte, jede autoritäre Distanz zu den Kindern abgebaut hatte. Die antiautoritäre Erziehungsbewegung hat diese Erkenntnis wiederentdeckt, ohne ihre Bedeutung für die Veränderung des Bewußtseins des doppelt unterdrückten Arbeiterkindes in seinen gesellschaftlichen Voraussetzungen richtig gesehen zu haben[133].

Diese Erkenntnisse, die die Auflösung des Alltagsbewußtseins bei Arbeiterkindern in kritischer Richtung aufweisen, werden heute einer sozialistischen Richtung in der politischen Sozialisationsforschung und damit auch einer soziologischen Erziehungswissenschaft Anstöße geben.

---

133 Die bisherige wissenschaftliche Diskussion über die antiautoritäre und sozialistische Erziehung hat ihre radikalen Anstöße schleunigst wieder zugeschüttet und ihre Fehler gar nicht begriffen. Vgl. z. B. J. Claßen (Hrsg.): Antiautoritäre Erziehung in der wissenschaftlichen Diskussion, Heidelberg 1973, bes. S. 44 ff., 174 ff., 203 ff., 243 f.; besonders verunsichert haben die antiautoritären und sozialistischen Erziehungsansätze die Reaktion. Vgl. W. Brezinka: Die Pädagogik der neuen Linken, Stuttgart 1973; H. Bath: Emanzipation als Erziehungsziel?, Bad Heilbrunn 1974; L. Kerstins: Modelle emanzipatorischer Erziehung, Bad Heilbrunn 1974, aber auch H. Giesecke: Erziehung gegen den Kapitalismus? In: Ders.: Bildungsreform und Emanzipation, München 1973, S. 150–177.

7. Das unbewältigte Klassenbewußtsein der Arbeiterjugend

Eine soziologische Erziehungswissenschaft, die auf einen Beitrag der Erziehung zum Fortschritt der Gesellschaft hinarbeitet, wird sich den Problemen, mit welchem Bewußtsein die Menschen ihre Verhältnisse verändern können, wie dieses Bewußtsein entsteht und welche Rolle die Erziehung bei der Herausbildung dieses Bewußtseins spielen kann, als einem ihrer Hauptprobleme zuzuwenden haben. Soziologische Erziehungswissenschaft ist nicht nur an der Kritik falschen gesellschaftlichen Bewußtseins über die Erziehung und fehlerhafter Erziehungstheorien interessiert, sondern auch an der Untersuchung der Entstehung richtigen gesellschaftlichen Bewußtseins. Sie sieht eine ihrer Hauptaufgaben in der Entwicklung einer Erziehungstheorie, die die Entstehung des richtigen Bewußtseins über die Gesellschaft untersucht und fragt, welche Funktion die Erziehung bei der Entstehung richtigen gesellschaftlichen Bewußtseins haben kann. Soziologische Erziehungswissenschaft muß sich deshalb der Frage des Klassenbewußtseins zuwenden. Da als Adressat fortschrittlicher Erziehung neben gewissen Teilen der bürgerlichen Jugend hauptsächlich die Arbeiterjugend zu gelten hat, muß soziologische Erziehungswissenschaft sich dem Problem der Hinderungsgründe und Triebkräfte des Klassenbewußtseins der Arbeiterjugend widmen. Bei der Bearbeitung dieses Problems muß sich die Diskussion neu reflektieren, die bisher in der traditionellen Arbeiterbewegung hauptsächlich in der Weimarer Zeit und seit 1970 in der BRD über das Klassenbewußtsein der Arbeiterjugend geführt worden sind.

1. Die Untersuchung des Klassenbewußtseins der Arbeiterjugend in der Arbeiterbewegung der Weimarer Republik

Die deutsche Arbeiterbewegung hat sich dem Problem des Klassenbewußtseins der Arbeiterjugend erst in der Weimarer Zeit zugewendet. Als die Arbeiterjugend im großen Umfang im Gegensatz zu den Jugendlichen der Bürgerklasse zu Lohnarbeitern geworden waren[1], wurden in der Arbeiterbewegung folgende Fragen aufgeworfen:

---

1 Zum Prozeß der Herausbildung der Arbeiterjugend als Schicht der Arbeiterklasse vgl. S. Ransch: Jugend und Jugendsoziologie, Berlin Humboldt-Univ. Wiwi-Diss. 1965, S. 21 ff. Die Ergebnisse von Ransch werden weiter diskutiert

1. Wie kann die Arbeiterjugend ein ihrer objektiven Klassenlage angemessenes Bewußtsein entwickeln?
2. Wieweit unterscheidet sich diese Entwicklung von der Bewußtseinsentwicklung der erwachsenen Arbeiter?
3. Welche Formen von Erziehung können die Auflösung des Alltagsbewußtseins und die Entfaltung des Klassenbewußtseins bei der Arbeiterjugend unterstützen?

Alle sozialistischen Jugendtheoretiker in der Weimarer Zeit gingen von einem mechanistischen Zusammenhang zwischen Sein und Bewußtsein aus. Die Bewußtseinsformen galten als Spiegelbild des sozialen Seins, das unverdeckt klassenspezifische Strukturen zeigen sollte. Jede Krise mußte deshalb notwendig mit der Entstehung massenhaften Klassenbewußtseins einhergehen. Die Entstehung von Klassenbewußtsein galt außer in einigen für die Jugendforschung kaum rezipierten Ansätze[2] bei Otto Rühle und G. Lukács[3] als ein für die Angehörigen der Arbeiterklasse selbstverständlicher Prozeß. Klassenbewußtsein als richtiges Bewußtsein der Arbeiter über Stellung und Aufgaben der Arbeiterklasse in der bürgerlichen Gesellschaft erwuchs aus den den Arbeitern vom Kapital aufgezwungenen Kämpfen. Ungleichzeitige und unangemessene Reaktionen auf die Klassenlage sollten durch Schulung und Agitation, die mit diesen Kämpfen eng verbunden sein sollten, beseitigt werden. Die Arbeiterjugend, als junge Lohnarbeiter unter dem Schein der Ausbildung ausgebeutet, sollte also wie die erwachsenen Arbeiter zum Klassenbewußtsein gelangen. Unterschiede in der Entwicklung des Klassenbewußtseins der Arbeiterjugend gegenüber den erwachsenen Arbeitern rührten für alle sozialistischen Theoretiker nur aus dem Umstand her, daß die Arbeiterjugend als »rechtloseste und ausgebeutetste Schicht der Arbeiterklasse« galt[4]. Unter den Bedingungen wachsender Klassenkämpfe war deshalb zu befürchten, daß die Arbeiterjugend zu besonders radikalen Formen der Reaktion auf Unterdrückung und Ausbeutung

---

bei H. Lessing, M. Liebel: Jugend in der Klassengesellschaft, München 1974, bes. S. 90 ff.; L. v. Werder: Sozialistische Erziehung in Deutschland, Frankfurt 1974, S. 89 ff.

2 Vgl. den Aufsatz: Arbeiterkind und Klassenbewußtsein in diesem Band.

3 G. Lukács: Geschichte und Klassenbewußtsein, Berlin 1923.

4 R. Schüller: Wirtschaftliche Lage und wirtschaftlicher Kampf der Arbeiterjugend, Berlin 1923, S. 151.

neigen würde[5]. Man war sich auch einig, daß wie bei den erwachsenen Arbeitern die Reaktion der Arbeiterjugend auf die klassenspezifische Repression im ungünstigsten Fall zu gesteigerter privatistischer Regression und politischer Apathie führen konnte[6] oder im günstigsten Fall zur »trotzigen Abwehr und unklaren Empörung«[7].

Obwohl für alle sozialistischen Theoretiker klar war, daß die Arbeiterjugend zum Zweck der Abwehr verbreiteter unangemessener Reaktionen auf ihr Klassenschicksal Aufklärung, Agitation und Schulung brauchte, konnte die traditionelle Arbeiterbewegung sich kaum über Formen und Inhalt einer Erziehung zum Klassenbewußtsein einigen. Worin bestanden die Unterschiede?

Ein Teil der Jugendtheoretiker wollte bei der Vermittlung von Kenntnissen über die Gesetze der Gesellschaftsentwicklung[8] an den in der Freizeit der Arbeiterjugend sich äußernden Bedürfnissen »aller jungen Menschen nach Zusammenschluß«[9] anknüpfen. Diese Theoretiker schlugen weiter vor, im Rahmen von Jugendgemeinschaften in der Freizeit Vorträge und Diskussionen über locker gegliederte Themen zu Fragen der Arbeiterbewegung und des Sozialismus zu veranstalten. Sie gingen von der Einsicht aus, daß in der sozialistischen Jugendarbeit »kein systematisches und zusammenhängendes Studium einzelner Wissensgebiete möglich ist«[10].

Eine andere Gruppe von Theoretikern plädierte für die Aufdeckung des Zusammenhanges der sinnlichen Erfahrungen der einzelnen mit den Strukturen des herrschenden politischen und wirtschaftlichen Systems[11]. Diese Gruppe insistiere darauf, daß nicht Freizeitgruppen, sondern Betriebszellen, nicht der »allgemeine Geselligkeitstrieb«, sondern die Erfahrung der Produktion die Grundlagen der Erziehung zum Klassenbewußtsein zu bilden hätten. Sie konnten auch nur in einem systematischen Schulungspro-

---

5 F. Fürnberg, K. Müller: Die Lage der arbeitenden Jugend in den kapitalistischen Ländern, Berlin 1928, S. 195.
6 R. Schüller: Wirtschaftliche Lage . . ., a. a. O., S. 68, 108.
7 H. Soffner: Die proletarische Jugend, Jena 1929, S. 59.
8 M. Westphal: Handbuch für sozialistische Jugendarbeit, Berlin 1928, S. 21.
9 A. Siemsen: Selbsterziehung der Jugend, Berlin 1929, S. 36.
10 M. Westphal: Handbuch . . ., a. a. O., S. 47.
11 Autorenkollektiv: Die Grundfragen der kommunistischen Jugendbewegung, Berlin 1923, S. 60.

zeß[12], der in Grund- und Hauptschulung sich stufte, auf einem ausgearbeiteten zweibändigen Schulungsleitfaden basierte und schließlich zur Durcharbeitung von Karl Marx' »Kapital« führen sollte, den richtigen Weg zur Erarbeitung des richtigen Bewußtseins sehen.

Der Streit um die Entwicklung des richtigen Klassenbewußtseins bei der Arbeiterjugend wurde in der Weimarer Zeit nicht geschlichtet. Durch den Faschismus, der bei wachsender Krise der sozialen Verhältnisse nicht die erwartete massenhafte Entwicklung von richtigem Bewußtsein brachte, sondern eine weitere Verbreiterung des falschen Bewußtseins in der Arbeiterklasse, wurde aber klar dokumentiert, daß die traditionelle Arbeiterbewegung nicht nur äußerst dürftige, sondern zugleich auch problematische Vorstellungen über das Klassenbewußtsein der Arbeiterjugend entwickelt hatte. Als nach 1966/67 in der BRD sich neue Ansätze einer Arbeiterjugendbewegung zeigten, stellte sich das Problem des Klassenbewußtseins bei der Arbeiterjugend erneut.

2. Neuere Untersuchungen zum Klassenbewußtsein der Arbeiterjugend

Die neueren Untersuchungen[13] griffen die alten Probleme wieder auf. Man ging ganz in der Tradition davon aus, daß die Arbeiterjugend als Teil der Arbeiterklasse zu gelten hat. »Der Jugendliche wird wie seine Klassengenossen gezwungen, seine Arbeitskraft zu verkaufen und Mehrwert für den Kapitalisten zu produzieren[14].« Man arbeitete auch die besonderen Merkmale der

---

12 A. Kurella: Methodischer Leitfaden für die Lehrer des politischen Grundwissens, Wien 1927.

13 Wir greifen im folgenden nur auf Arbeiten zurück, die den Anspruch haben, das Verhältnis von sozialem Sein und Bewußtsein der Arbeiterjugend materialistisch zu fassen. Die neue schichtenspezifische Jugendforschung der BRD braucht deshalb hier nicht berücksichtigt zu werden. Zur Kritik der schichtenspezifischen Jugendforschung vgl. H. Lessing, M. Liebel: Jugend in der Klassengesellschaft, a. a. O., S. 60 ff.

14 C. Hübner, M. Liebel, M. Reichelt: Politökonomische Bestimmung zur Lage der Arbeiterjugend im Kapitalismus und deren Bedeutung für die Entwicklung des Klassenbewußtseins. In: Erziehung und Klassenkampf, 1. Jg. 1971, Nr. 1, S. 5; ebenso H. Deppe-Wolfinger: Arbeiterjugend – Bewußtsein und politische Bildung, Frankfurt 1972, S. 78; W. Schwettmann, U. Sander: Jugend und Klassenkampf, Dortmund 1972, S. 29.

Arbeiterjugend als einer Schicht innerhalb der Arbeiterklasse heraus: Die Arbeiterjugend ist noch nicht ausgebildet. Sie kann aber schon produktiv angewandt werden. Sie ist billiger als erwachsene Arbeitskraft, dient zur Senkung des Werts der Arbeitskraft und unterliegt schärferer Ausbeutung als der erwachsene Arbeiter. Zugleich hat die Arbeiterjugend aber noch nicht den Status eines freien Lohnarbeiters. Sie hat geringere politsche Rechte als die erwachsene Arbeitskraft und wird deshalb oft als Streikbrecher eingesetzt[15]. Man bestätigte auch die Tradition darin, daß mit der weitgehenden Identität der Lage von erwachsenen und jugendlichen Arbeitern bei der Arbeiterjugend »ebenso objektive Voraussetzungen zur Gewinnung von Klassenbewußtsein vorliegen« wie bei den erwachsenen Arbeitern[16]. Bei der Bestimmung des Zusammenhanges von sozialem Sein und Bewußtsein wird aber heute über die mechanistische Vermittlung von Sein und Bewußtsein, wie sie die traditionelle Arbeiterbewegung noch vornahm, hinausgegangen. Hier ergeben sich aber auch wichtige Unterschiede unter den neueren Konzeptionen.

C. Hübner u. a., Deppe-Wolfinger sowie ein gewerkschaftliches Autorenkollektiv sehen zwar ein Vermittlungsverhältnis zwischen Sein und Bewußtsein. Es besteht für sie aber keine »ungebrochene Abbildung« des Seins im Bewußtsein[17].

Für C. Hübner u. a. resultieren aus den speziellen Arbeitsbedingungen der Arbeiterjugend durchaus hemmende und fördernde Faktoren, die jeweils unterschiedlich das Bewußtwerden des sozialen Seins berühren. Als günstige Bedingungen für die Entstehung von Klassenbewußtsein gelten bei ihnen:

1. Wenn Ausbeutung und Verschlechterung der Lage kraß und unmittelbar erfahrbar ist und ein Vergleich mit weniger ausgebeuteten Schichten des Proletariats möglich ist.
2. Wenn ein Kommunikationszusammenhang der Arbeiter über ihre gemeinsame Lage im Arbeitsprozeß möglich ist.

Als ungünstige Bedingungen gelten:

1. Wenn die Arbeitssituation durch besondere Diskriminierung

---

15 C. Hübner u. a., a. a. O., S. 5–10, ebenso E. Stark: Die Lage der Arbeiterjugend in der BRD nach 1960, Frankfurt 1973, S. 29 ff.; K. Krawczack: Die Lage der westdeutschen Arbeiterjugend, Berlin 1960, S. 9 ff.

16 C. Hübner u. a., a. a. O., S. 8.

17 H. Deppe-Wolfinger, a. a. O., S. 150.

und Unterdrückung nicht als veränderbar erscheint.

2. Wenn individuelle Veränderung der Lage durch Aufstieg oder Vergünstigungen möglich scheinen.
3. Wenn die Vereinzelung und die Konkurrenz unter den Arbeitern groß ist[18].

Indem C. Hübner u. a. das Verhältnis zum sozialen Sein und Bewußtsein bei der Arbeiterjugend durch diese Faktoren vermittelt sehen, kommen sie zur Einschätzung, daß auf die Bewußtseinsbildung der Arbeiterjugend mehr ungünstige als günstige Bedingungen bei der Entstehung von sozialem Bewußtsein einwirken. Durch zusätzliche Unterdrückung und Vereinzelung bedroht, kann die Arbeiterjugend kaum eine andere Reaktion auf ihre Klassenlage entwickeln, als ein individualistisches Bewußtsein zu entwickeln. Dieses Bewußtsein ist durch starke Ohnmachtsgefühle, durch Minderwertigkeitsgefühle und unrealistische Zukunftserwartungen gekennzeichnet[19]. Daneben können sich aber besonders bei der Jugend in Großbetrieben, wo die Auswirkung der ungünstigen Faktoren abgeschwächt ist und bei der Möglichkeit einer aktiven Reaktion der Arbeiterjugend auf ihre Lage Momente moralischer Empörung entwickeln, zunächst gegen einzelne Personen gerichtet, die als unmittelbare Peiniger sinnlich erfahren werden[20]. Die moralische Empörung wird als Vorstufe des Klassenbewußtseins eingeschätzt.

Für Deppe-Wolfinger wirken auf das Bewußtsein der Arbeiterjugend ebenso wie bei Hübner u. a. isolierende und individualisierende wie auch kollektivierende Faktoren ein. Ihr Resultat: Das Bewußtsein der Arbeiterjugend ist ambivalent. Tendenzen der Förderung von kollektivem Bewußtsein stehen Tendenzen der Individualisierung des Bewußtseins gegenüber[21].

Für das gewerkschaftliche Autorenkollektiv reagiert das Bewußtsein der Jugendlichen gleichfalls ambivalent auf die Erfahrung der Klassenlage. Neben individuellen Aufstiegshoffnungen, dem Versuch, durch Arbeits- und Berufswechsel der Arbeitssituation zu entfliehen[22], zwingt das Fühlbarwerden der Macht der Un-

---

18 C. Hübner u. a., a. a. O., S. 13.
19 C. Hübner u. a., a. a. O., S. 17.
20 C. Hübner u. a., a. a. O., S. 14.
21 H. Deppe-Wolfinger, a. a. O., S. 172.
22 Autorenkollektiv: Gewerkschaftliche Jugendbildung. Rahmenkonzeption, Frankfurt 1973, S. 75 f.; vgl. auch W. Bauch u. a.: Emanzipatorische Arbeiter-

ternehmer die Arbeiterjugend z. B. bei Steigerung des Arbeitstempos zugleich zu bestimmten Widerstandshandlungen[23]. Da die Arbeiterjugend durch hohe zukünftige Berufserwartungen[24], starke Konkurrenz mit älteren Kollegen[25] und fehlender gewerkschaftlicher Kampferfahrungen[26] aber häufig an kollektivem Widerstand gehindert wird, ist das Bewußtsein der Arbeiterjugend ehe individualistisch als kollektivistisch eingestellt[27].

Strikt gegen die Annahme der bisher referierten Autoren, daß man das Verhältnis von sozialem Sein und Bewußtsein bei der Arbeiterjugend auf der Basis einer modifizierten Widerspiegelungstheorie begreifen kann, wenden sich L. Hack u. a.[28]. Für sie sind die Bewußtseinsformen der Arbeiterjugend nur aus dem Verhältnis von Lohnarbeit und Kapital abzuleiten. Das Verhältnis von Lohnarbeit und Kapital ist für sie primär ein Entfremdungsverhältnis. Das Verhältnis von Sein und Bewußtsein ist deshalb dadurch gekennzeichnet, daß der Arbeiter vom Produkt seiner Arbeit, vom Akt der Produktion und seinem Gattungsvermögen entfremdet ist. Das dem Verhältnis des Lohnarbeiters zum Kapital entsprechende Bewußtsein ist das der Gleichgültigkeit. Die Gleichgültigkeit gilt L. Hack u. a. als »die zentrale objektive Konstitutionsbestimmung für den Prozeß der Vermittlung von sozialem Sein und Bewußtsein«[29].

Die Gleichgültigkeit des Arbeiters gegenüber den gesellschaftlichen Bestimmungen seiner Arbeit resultiert aus der Gleichgültigkeit des Kapitals sowohl gegenüber den Besonderheiten der Produktionssphäre als auch gegenüber der besonderen Form der Tätig-

---

bildung, Berlin 1975, S. 113 ff.; Th. v. Freyberg: Die soziale Situation und die politischen Einstellungen von jugendlichen Arbeitnehmern, Frankfurt 1973, bes. S. 42 ff.

23 Autorenkollektiv: Gewerkschaftliche Jugendbildung, a. a. O., S. 74.

24 Autorenkollektiv: a. a. O., S. 81 f.

25 Autorenkollektiv: a. a. O., S. 83.

26 Autorenkollektiv: a. a. O., S. 84.

27 Zu diesen Ergebnissen kommt auch die Studie: Autorenkollektiv: Berufliche Sozialisation und gesellschaftliches Bewußtsein jugendlicher Erwerbstätiger, Frankfurt 1973, bes. S. 187 f., 198 f.

28 L. Hack, W. Krause, U. Schmidt, W. Wachutka: Klassenlage und Interessenorientierung. Zum Konstitutionsprozeß der Bewußtseinsstruktur und Verhaltensmuster junger Industriearbeiter. In: Zeitschrift für Soziologie, 1. Jg. 1972, Heft 1, S. 21.

29 L. Hack, a. a. O., S. 21.

keit des Arbeiters und gegenüber dem gesellschaftlichen Charakter der Arbeit.

Im Verhältnis des Kapitalisten zum Arbeiter sind aber zugleich Momente der Auflösung der Gleichgültigkeit enthalten. Wenn die Gleichgültigkeit des Arbeiters Ausdruck der Orientierung des Arbeiters am privaten Interesse der Realisierung seines Tauschwertes ist, so wird diese Orientierung durch den Zwang, dem Kapital bei Lohnsenkung kollektiven Widerstand entgegenzusetzen, durchbrochen. Wenn auch Gleichgültigkeit das vorherrschende Bewußtseinsmoment auch junger Arbeiter ist, so kann deshalb die Gleichgültigkeit sowohl die Basis für Apathie, instrumentelle Interessenorientierung oder kollektiv-solidarisches Verhalten sein[30]. Gleichgültigkeit gegenüber den gesellschaftlichen Bedingungen der Produktion kann zu einem Interesse an der Beseitigung privat verfaßter Produktionsweise umschlagen. Das geschieht aber für L. Hack u. a. erst, wenn der durch langfristige Anpassung konstituierte Prozeß der Gleichgültigkeit durchbrochen wird[31].

Wenn sich schon bei der Bestimmung des Verhältnisses von Sein und Bewußtsein der Arbeiterjugend in der neueren Diskussion unterschiedliche Vorgehensweisen und Ergebnisse ergeben, so werden die Unterschiede noch krasser, wenn die pädagogischen Konsequenzen aus den Einsichten in den Konstitutionsprozeß von Klassenbewußtsein bezogen werden sollen.

C. Hübner u. a. sehen die Entstehung von Klassenbewußtsein im Betrieb schon bei Beseitigung der »Ohnmacht und Angst erzeugenden Bedingungen« gegeben[32]. Die kognitiven Seiten der Entwicklung von Klassenbewußtsein stellt für sie kein Problem dar, weil sie glauben, daß im Betrieb »das Kapitalverhältnis noch sehr begreiflich oder vielmehr gar nicht zu verkennen ist«[33]. Deshalb rechnen sie mit Ausbildung von Klassenbewußtsein und klassenbewußtem Handeln der Arbeiterjugend, wenn der Widerstandswille der Arbeiterjugend durch betriebliche Selbstorganisation und damit durch »neue kollektiv-solidarische Identifikationsmöglichkeiten«[34] entfaltet wird. Ist der Klassenkampf einmal in Gang, dann »wer-

---

30 L. Hack, u. a., a. a. O., S. 22.
31 L. Hack, u. a., a. a. O., S. 29 f.
32 C. Hübner u. a., a. a. O., S. 17.
33 C. Hübner u. a., a. a. O., S. 12 f.
34 C. Hübner u. a., a. a. O., S. 17.

den für die Arbeiterjugend auch die negativen Bedingungsfaktoren ihrer Bewußtseinslage hinter die positiven zurücktreten«[35].

Die gleichen aktionistischen Vorstellungen von der Entstehung von Klassenbewußtsein bei der Arbeiterjugend hegen im Widerspruch zu ihrer Einsicht in die Entfremdung des Arbeiters von den geistigen Potenzen der Erkenntnis der Gesellschaft auch L. Hack u. a. Für sie ist »klassenkämpferisches kollektiv-solidarisches Verhalten« nur eine Frage der »offensiven Form der Selbstorganisation« der Arbeiterjugend[38].

Beide Autorengruppen bleiben unreflektiert am syndikalistischen Modell der Objektivation organisierten Klassenbewußtseins verhaftet, das über die Grenzen des Einzelbetriebes kaum hinausreicht und die Konstitutionsbedingungen proletarischer Öffentlichkeit als Ausdruck von Klassenbewußtsein völlig aus der Betrachtung ausklammert. Die Bedeutung kognitiver Leistungen bei der Aneignung einer wissenschaftlichen Gesellschaftstheorie, ohne die die Dechiffrierung der Klassenlage und die Einleitung von Klassenbewußtsein ganz unmöglich ist, wird völlig ignoriert.

Auch in der Konzeption antikapitalistischer Jugendarbeit schleppen sich die Fehler einer unzureichenden Analyse des Klassenbewußtseins der Arbeiterjugend fort. Besonders bei M. Liebel[37] wird die Notwendigkeit der systematischen wissenschaftlichen Dechiffrierung der gesellschaftlichen Totalität als Bestandteil des Prozesses der Herausbildung gewußter Klasseninteressen völlig verdrängt. Es wird zwar in seiner Konzeption antikapitalistischer Jugendarbeit von der Notwendigkeit von Lernprozessen gesprochen, die »zur Ausbildung von Klassenbewußtsein (nicht bloß abstrakten Befreiungshoffnungen) führen«[38].

Unter Lernprozessen wird aber nur die Aufarbeitung von »Kampferfahrungen«[39] begriffen. Liebel unterstellt die Möglich-

---

35 C. Hübner u. a., a. a. O., S. 28.
36 L. Hack u. a., a. a. O., S. 27.
37 Während bei Liebel antikapitalistische Jugendarbeit aber dem Anspruch nach auf eine Analyse der Erziehung zum Klassenbewußtsein hinausläuft, ist das bei anderen Beiträgen zur antikapitalistischen Jugendarbeit nicht der Fall. Sie können deshalb hier vernachlässigt werden. Wie z. B. Lüers, Büttenbender u. a.: Selbsterfahrung und Klassenlage, München 1971, bes. S. 101 ff.
38 H. Lessing, M. Liebel: Jugend in der Klassengesellschaft, München 1974, S. 174.
39 H. Lessing, M. Liebel, a. a. O., S. 174.

keit der induktiven Dechiffrierung des Kapitalverhältnisses. Diese Dechiffrierung soll seinen Ausgang von der sinnlichen Erfahrung nehmen[40]. Er glaubt, daß das Kapitalinteresse am »unmittelbarsten in der Produktionssphäre«[41] sinnlich wahrnehmbar sei und durch die Unterstützung von »Pädagogen«[42] der Arbeiterjugend voll bewußt gemacht werden könnte. Liebel vergißt hier zwei Momente. Einmal bedenkt er überhaupt nicht, daß die Arbeiterjugend von allen Formen höherer Abstraktion abgeschnitten und ihr die geistigen Potenzen des Produktionsprozesses entfremdet sind. Auch unter Beihilfe eines Pädagogen sind diese kognitiven Defizite der Arbeiterjugend nicht abzubauen. Zum anderen kann nur der ein »sozialistischer Pädagoge«[43] sein, der selbst auf Basis einer systematischen Gesellschaftstheorie die bürgerliche Gesellschaft durchschaut hat und den Entmystifikationsprozeß in Verbindung mit Praxis auch in der Arbeiterjugend vermitteln kann. »Die Vermittlung des richtigen Bewußtseins aber beginnt mit dem richtigen Bewußtsein der Lehrenden[44].«

Obwohl die restlichen Autoren ein beschränkteres Methodenverständnis von der Analyse des Klassenbewußtseins haben als C. Hübner u. a., L. Hack u. a. und M. Liebel, können sie doch die kognitiven Momente der Entstehung des Klassenbewußtseins bei der Arbeiterjugend besser berücksichtigen als die Spontaneisten.

Deppe-Wolfinger spricht sich gegen jede spontaneistische oder aktionistische Entstehung von Klassenbewußtsein bei der Arbeiterjugend aus[45]. Für sie ist Klassenbewußtsein an organisierte politische Lernprozesse gebunden, die die theoretischen Begründungen für die Notwendigkeit »des gemeinsamen solidarischen Handelns der Arbeiter entwickeln müssen«[46]. Mit Schulungsprozessen allein ist es aber nicht getan. Ob sich das Klassenbewußtsein entwickelt, hängt nicht zuletzt, von »der historischen Ausprägung der gesellschaftlichen Widersprüche und von der bewußten politi-

---

40 H. Lessing, M. Liebel, a. a. O., S. 167.
41 H. Lessing, M. Liebel, a. a. O., S. 174.
42 H. Lessing, M. Liebel, a. a. O., S. 178.
43 H. Lessing, M. Liebel, a. a. O., S. 241 ff.
44 H. J. Döpp: Die dialektische Methode im politischen Lernprozeß. In: Erziehung und Klassenkampf, 1972, Nr. 5/6, S. 117.
45 Deppe-Wolfinger, a. a. O., S. 195.
46 Deppe-Wolfinger, a. a. O., S. 192.

schen Organisation der Arbeiterklasse ab«[47]. Das gewerkschaftliche Autorenkollektiv stimmt Deppe-Wolfinger zu. Ohne kognitive Schulungsprozesse in gewerkschaftlichen Betriebsgruppen und Bildungsveranstaltungen wird bei der Arbeiterjugend kein bewußtes Interesse entstehen an dem Ziel, die »Arbeitsbedingungen im Betrieb und das Machtverhältnis zwischen Lohnabhängigen und Unternehmern zu verändern«[48].

3. Das unbewältigte Klassenbewußtsein

Der kurze Überblick über 50 Jahre Forschung zum Problem des Klassenbewußtseins bei der Arbeiterjugend zeigt die ganze Kümmerlichkeit der bisherigen Bemühungen. Die bisherigen Ansätze zur Entwicklung des Klassenbewußtseins bei der Arbeiterjugend waren offenbar eher pragmatisch als wissenschaftlich orientiert.

Zwar gibt es bei der Analyse des Zusammenhangs von Sein und Bewußtsein bei der Arbeiterjugend ab 1970 gegenüber der Weimarer Zeit Fortschritte, aber eine wirklich auf eine wissenschaftliche Analyse fußende Ableitung der Entwicklung von Klassenbewußtsein der Arbeiterjugend hat es noch gar nicht gegeben. Alle vorliegenden Ansätze zum Klassenbewußtsein der Arbeiterjugend arbeiten mit eklektizistischen Versatzstücken. Dabei tritt der Versuch, ökonomistische und psychologistische Betrachtungsweise zu verbinden, besonders hervor[49]. Die Reaktion des Bewußtseins der Arbeiterjugend auf ihr soziales Sein wird sowohl in der Weimarer Zeit wie in der Bundesrepublik zumeist reduziert auf oberflächliche Verhaltenskategorien wie individualistisch oder kollektivistisch, passivistisch oder aktivistisch. Diese Verhaltenskategorien fassen überhaupt nicht mehr die Struktur der Mystifikation und Entmystifikation der Totalität der Gesellschaft im Bewußtsein der Arbeiterjugend. Sie reflektieren also gar nicht die für die Entstehung von Klassenbewußtsein wichtigen Zwischenglieder zwischen dem so-

47 Deppe-Wolfinger, a. a. O., S. 208.
48 Autorenkollektiv: Gewerkschaftliche Jugendbildung, a. a. O., S. 86.
49 Wichtige Vorarbeiten zur Analyse des Klassenbewußtseins, wie sie in folgenden Beiträgen vorliegen: Autorenkollektiv: Klassenlage und Bewußtseinsformen technisch-wissenschaftlicher Lohnarbeiter, Frankfurt 1973; Projekt Klassenanalyse: Materialien zur Klassenstruktur der BRD, Berlin 1973, Bd. 1, sind für die Jugendforschung überhaupt noch nicht fruchtbar gemacht worden.

zialen Sein und dem auf Bewußtsein basierenden Handeln. Sie stellen auf alternative Reaktionen ab, deren bewußte oder naturwüchsige Konstitution im Kopf der Individuen dunkel bleibt. Auch der Ansatz von L. Hack u. a. reproduziert ähnliche Mängel. Da er nur den Konstruktionsprozeß der Gleichgültigkeit analysiert und den Konstitutionsprozeß von Interesse und umfassenden Bewußtsein in der Arbeiterjugend vergißt, ist er den anderen Ansätzen nur teilweise überlegen. Keiner der bisher vorliegenden Ansätze kann wirklich den Zusammenhang von Klassenlage und Bewußtsein aus dem Kapital-Verhältnis ableiten. Die aus dem Kapital-Verhältnis ableitbaren Mystifikationen, die konstitutiv für die Bewußtseinsformen auch der Arbeiterjugend sind und die im Kapital-Verhältnis angelegte Tendenz der Entmystifikation wird in keinem Ansatz gründlich angesprochen. Die notwendige Scheidung zwischen den allgemeinen und den jeweils aktuell historischen Bedingungen der Entstehung von Klassenbewußtsein wird nicht berücksichtigt. Die Frage, welche Organisationsform Träger des Klassenbewußtseins der Arbeiterjugend sein kann, wird nicht prinzipiell geklärt.

Die pädagogischen Konsequenzen aus den Analysen des Klassenbewußtseins sind besonders in den Versuchen seit 1970 noch völlig unterentwickelt. Kaum kann ein stringenter Zusammenhang zwischen der Analyse des Klassenbewußtseins der Arbeiterjugendlichen und pädagogischen Konsequenzen zur Unterstützung der Entstehung von Klassenbewußtsein abgeleitet werden. Auch der richtige Hinweis, daß die pädagogische Arbeit an der Arbeitssituation der Arbeiterjugendlichen anzuknüpfen hat, gibt noch keinen Aufschluß über die wirklich entmystifizierten Bewußtseinsinhalte der Arbeiterjugend, auf die sich die pädagogische Arbeit und politische Praxis zu beziehen hätte.

Daß eine Erziehung der Arbeiterjugend zum Klassenbewußtsein nicht zu sehr an der positiven Entwicklung des Klassenbewußtseins orientiert sein kann, sondern vielmehr an der Kritik und Auflösung idealistischer Gedankenformen, an der Kritik aller Versuche zu Teilemanzipationen, um dem opportunistischen und putschistischen Handeln den Weg zu verlegen, bleibt undiskutiert. Gar nicht erwähnt wird, daß Erziehung zum Klassenbewußtsein primär das falsche Bewußtsein zu zerstören hat, das den im Kapitalismus Handelnden aufgezwungen wird. Erziehung zum Klassenbewußtsein muß der Arbeiterjugend verdeutlichen, wie sich die Gesetze des Kapitals in den verwandelten Formen der Oberfläche und in den Handlungen der Individuen durchsetzen. Die Zirkulations- und Staatsillusionen gilt es im Zuge ihrer objektiven Krise auch als Bewußtseinsinhalte aufzulösen. Die richtige Bewußtseinsentwicklung muß schließlich beschleunigt werden durch Kritik des in Teilen der Arbeiterjugend herrschenden Vulgärmarxismus. Diese primär negative Funktion einer Erziehung zum Klassenbewußtsein müßte auch um positive Entwürfe von Lernprozessen, Agitationsmustern und Schulungsprogrammen erweitert werden. Um diese kognitiven Lernprozesse leisten zu können, kommt es zentral darauf an, daß von der Arbeiterjugend die Fähigkeit »des Abstrahierens von unmittelbar Konkretem erworben wird«[50]. Die Lust am Abstrahieren kann aber nicht entstehen, wenn der Marxismus wieder »kalt, schulmeisterlich, nur ökonomistisch« angeboten wird[51]. Gerade in der Jugendarbeit darf es nicht wieder geschehen, daß eine »allzu abstrakte (nämlich zurückgebliebene) Linke die Massenphantasie unterernährt«[52], da besonders im Bewußtsein der Arbeiterjugend die Hoffnung auf ein besseres Leben, das sich meist individualistisch in Aufstiegsillusionen, Fluchttendenzen verpuppt, eine dominante Rolle spielt[53], muß es bei der Erziehung zum Klassenbewußtsein schließlich auch auf die Mobilisierung archetypischer revolutionärer Hoffnungstopoi aus dem Vorbewußtsein der Arbeiterjugend ankommen. Erst die Vermittlung von Wissenschaft und Utopie bringt die ambivalenten Bedürfnisse und Interessen gerade der Arbeiterjugend auf den richtigen Weg.

Auf der Basis eines nicht bloß ökonomistischen Begriffs von Klassenbewußtsein müßte auch die Auseinandersetzung mit den entwickelten Schulungsprogrammen der Arbeiterjugend aus der Weimarer Zeit geführt werden. Bisher blieben jedoch die meisten Fragen der Schulung offen.

Wie, mit welchen Methoden und Inhalten auf Basis welcher Curricula sich die Arbeiterjugend wirklich eine wissenschaftliche Gesellschaftstheorie aneignen und in den Auflösungsprozeß der bürgerlichen Gesellschaft bewußt eingreifen kann, läßt die bisheri-

50 W. Christian: Probleme des Erkenntnisprozesses im politischen Unterricht, Köln 1975, S. 75.
51 E. Bloch: Erbschaft dieser Zeit, Frankfurt 1962, S. 128.
52 E. Bloch, a. a. O., S. 149.
53 Zur besonderen Form antizipierenden Bewußtseins bei Jugendlichen vgl. E. Bloch: Das Prinzip Hoffnung, Frankfurt 1959, bes. S. 132 ff.

ge Forschung kaum stringent entscheiden.

Die soziologische Erziehungswissenschaft sieht sich deshalb zu Anstrengungen aufgerufen, das »unbewältigte Klassenbewußtsein« der Arbeiterjugend ernsthafter anzugehen. Dabei ist besonders die heutige Situation innerhalb der gesellschaftlichen Auseinandersetzung zu berücksichtigen. Ohne eine gründliche Theorie des Klassenbewußtseins der Arbeiterjugend und ohne die Herausarbeitung pädagogischer und politischer Maßnahmen zur Stabilisierung des Klassenbewußtseins wird es keine verwissenschaftlichte Erziehung zum Fortschritt geben.

8. Weiterbildung als Arbeiterbildung

1. Zur »realistischen Wende« in der Weiterbildung

Jeder Versuch einer Konzeptentwicklung der Weiterbildung, der nicht abstrakt bleiben will, muß von einer angemessenen Interpretation der »realistischen Wende« in der gegenwärtigen Weiterbildung ausgehen. Der Wandel der geisteswissenschaftlichen Erwachsenenbildung zur sozialwissenschaftlichen Weiterbildung[1], der von den staatlichen Versuchen begleitet wird, die Erwachsenenbildung in den staatlichen Ausbildungssektor zu integrieren[2], hat bisher hauptsächlich zwei Interpretationen gefunden: einmal seitens der etablierten, andererseits seitens einer kritischen Wissenschaft von der Weiterbildung.

Die *etablierte Wissenschaft* von der Weiterbildung erklärt diese Wende aus der Notwendigkeit der Berücksichtigung einer neuen Stufe der technischen und politischen Entwicklung der Gesellschaft durch die Weiterbildung[3]. Die Weiterbildung erhält unter Berücksichtigung technologischer Umwälzungen, die neue politische und qualifikatorische Initiativen erfordern, eine doppelte Funktion. Sie soll sowohl zur Verbesserung der politischen »Selbstbestimmung« ihrer Adressaten[4] wie zu deren besserer

1 B. Dieckmann u. a.: Gesellschaftsanalyse und Weiterbildungsziele, Braunschweig 1973, S. 21–27.

2 Die Versuche der weiteren Integration der Weiterbildung in den Ausbildungssektor dokumentieren besonders deutlich die Arbeiten des Deutschen Bildungsrates zur Weiterbildung. Vgl. Deutscher Bildungsrat: Strukturplan für das Bildungswesen, Stuttgart 1972, S. 51 ff., S. 197 ff.; Deutscher Bildungsrat: Bildungsurlaub als Teil der Weiterbildung, Stuttgart 1973; Deutscher Bildungsrat: Umrisse und Perspektiven der Weiterbildung, Stuttgart 1975.

3 Ein älteres Modell dieses Erklärungsmusters entwickelte W. Strzelewicz in seinen Beiträgen: Ders.: Industrialisierung und Demokratisierung der modernen Gesellschaft, Hannover 1970; Ders.: Demokratisierung und Erwachsenenbildung, Braunschweig 1973. Neuere Versuche finden sich bei H. Siebert: Erwachsenenbildung, Düsseldorf 1972, S. 21 ff., 38 ff.; H. Tietgens u. a.: Zukunftsperspektiven der Erwachsenenbildung, Braunschweig 1970, S. 20 ff.; H. Tietgens: Orientierungspunkte zur Weiterbildungsdiskussion. In: Deutscher Bildungsrat, Umrisse und Perspektiven der Weiterbildung, Stuttgart 1975, S. 13 ff.; J. H. Knoll: Einführung in die Erwachsenenbildung, Berlin 1973, S. 50 ff.

4 H. Siebert: Erwachsenenbildung . . ., a. a. O., S. 72.

»Anpassung an die technisch-ökonomische Entwicklung«[5] beitragen.

Die *kritische Wissenschaft* von der Weiterbildung[6] erklärt diese Wende im Anschluß an die politische Ökonomie des Ausbildungssektors, wie sie von der Altvater-Schule entwickelt worden ist[7]. So sieht Dirk Axmacher diese Wende der Weiterbildung aus neuen extrafunktionalen Anforderungen erwachsen, die aus der Krise der betrieblichen Hierarchie und des Leistungslohnes entspringen[8]. Für diese Position wird die realistische Wende der Weiterbildung nicht der verbesserten politischen Selbstbestimmung der Adressaten dienen, sondern nur der besseren Anpassung der Adressaten der Weiterbildung an neue betriebliche Anforderungen[9].

Diese *kritische Position* kritisiert an der etablierten Wissenschaft von der Weiterbildung richtig, daß diese die Wende der Weiterbildung nicht auf der Basis eines angemessenen Gesellschaftsverständnisses analysiert. Der etablierten Wissenschaft wird richtig vorgehalten, sie verbreite den Schein einer auf Emanzipation gerichteten Reform der Weiterbildung, wo es sich weitgehend nur um eine bessere gesellschaftliche Integration der Adressaten durch eine entsprechend effektivierte Weiterbildung handelt. Die etablierte Wissenschaft propagiere schließlich die politische Emanzipation der Adressaten, um sie gleichzeitig nur besser ökonomischer anzupassen.

Diese kritische Position greift allerdings selbst in der Analyse der Wende zu kurz[10]. Sie vernachlässigt es völlig, die aus der neuen Entwicklungsetappe der Gesellschaft resultierenden Widersprüche auch im Hinblick auf ihre Auswirkungen auf die weitere Entwicklung der Weiterbildung zu analysieren. Die kritische Position liegt richtig, soweit ihre Kritik auf die Gefahren aufmerksam macht, daß die Weiterbildung in ihrer weiteren Entwicklung nur noch mehr den herrschenden ökonomischen Anforderungen unse-

5 Ebenda, S. 73.
6 D. Axmacher: Erwachsenenbildung im Kapitalismus, Frankfurt 1974.
7 Vgl. E. Altvater, F. Huisken (Hrsg.): Materialien zur politischen Ökonomie des Ausbildungssektors, Erlangen 1972; F. Huisken: Zur Kritik bürgerlicher Didaktik und Bildungsökonomie, München 1972.
8 D. Axmacher: Erwachsenenbildung . . ., a. a. O., S. 79, 110 f.
9 Ebenda, S. 160 f., 178.
10 Zur Kritik an Axmacher vgl. auch: K. Bergmann, G. Frank: Kritik an D. Axmacher. In: Ästhetik und Kommunikation, 5. Jg. 1974, Heft 18, S. 45 ff.

rer Gesellschaft unterworfen wird. Sie schweigt sich aber völlig darüber aus, wie weit »im Prozeß der künftigen gesellschaftlichen Entwicklung die Arbeiterklasse die Volkshochschule in Anspruch nehmen wird«[11] und darüber hinaus eine Weiterbildung als Arbeiterbildung etablieren muß. Auch über den der heutigen Situation angemessenen Begriff von Arbeiterbildung kann sie keine Aussagen machen.

Um über die kritische Position hinaus zu einer soziologischen Erziehungswissenschaft von Erwachsenen vorzustoßen, sollen im folgenden einige Überlegungen vorgetragen werden, die die »realistische Wende« der Weiterbildung nicht als fortschreitende Subsumierung der Weiterbildung unter die Interessen des Kapitals, sondern als Gesellschaftskonflikt und als Ansatz einer Weiterbildung als Arbeiterbildung erkennen lassen.

2. Der Vergesellschaftungsprozeß der Erziehung und der Weiterbildung als Gesellschaftskonflikt

Die entwickelte warenproduzierende Gesellschaft muß als erste geschichtliche Gesellschaftsformation die Erziehung der Arbeitskräfte vergesellschaften. Sie erfordert nämlich für alle Arbeitskräfte eine funktionale und extrafunktionale Qualifikation, die nicht mehr familiär hergestellt werden kann. Neben die Anforderungen, die der einzelne Arbeitsprozeß erhebt, treten nun die Anforderungen, die die Gesamtgesellschaft von jeder Arbeitskraft erheischt[12].

11 P. Gah: Grenzen und Schwierigkeiten der Arbeiterbildung an Volkshochschulen. In: Hessische Blätter für Volksbildung, 1973, Nr. 2, S. 123.

12 Die genauere Analyse der doppelten Bestimmung der Qualifikationsanforderungen in der modernen Gesellschaft ist noch im Gange. Es haben sich zwei Positionen herausgebildet. Bürgerliche Soziologen wie Dahrendorf und Kern/Schumann leiten die Anforderungen jeweils von der Funktionalität bzw. Extrafunktionalität der Anforderungen an die Arbeitskraft für den einzelnen Arbeitsprozeß her. (Vgl. R. Dahrendorf: Industrielle Fertigkeiten und soziale Schichtung. In: Kölner Zeitschrift für Soziologie und Sozialpsychologie, 8. Jg. 1956, Heft 4, S. 540 ff.; H. Kern/M. Schumann: Industriearbeit und Arbeiterbewußtsein, Frankfurt 1970, Teil 2, S. 22). Sozialistische Theoretiker wie M. Masuch, A. Deeke, Marxistische Gruppe Erlangen gehen vom Doppelcharakter des Produktionsprozesses aus und unterscheiden zwischen Qualifi-

Die Arbeitskräfte brauchen nicht nur wie in älteren Gesellschaften eine spezielle berufliche Bildung, sondern auch eine allgemeine Bildung[13]. Da diese erheischte Bildung zwar in wachsendem Maße durch den Staat organisiert wird, aber trotz gleicher formeller Bildungschancen zu klassenspezifischer Ungleichheit der Qualifikation führt, muß sich der Prozeß der Institutionalisierung der Erziehung als Gesellschaftskonflikt entwickeln. Dieser Konflikt ist zugleich in der Entwicklung der kapitalistischen Produktion selbst angelegt, weil die Entwicklung des Gesamtkapitals die wachsende allgemeine Qualifikation der Arbeitskräfte verlangt, ohne daß diese Tendenz unter der Dominanz des Einzelkapitals durchgeführt werden kann[14]. Der Gesellschaftskonflikt um die Entwicklung der Vergesellschaftung der Erziehung und die Form und den Inhalt der Qualifikation muß ständig wieder aufbrechen, wenn die Entwicklung der Produktivkräfte eine Erweiterung der allgemeinen extrafunktionalen Qualifikationen erfordert, die im ständigen Widerspruch stehen zur fortlaufenden Senkung der speziellen funktionalen Qualifikationen durch die betriebliche Produktionsstrategie. Dieser Widerspruch äußert sich in den klassenspezifisch unterschiedlichen Formen der bildungspolitischen Beeinflussung des Vergesellschaftungsprozesses von Erziehung. Während die Kapitalistenklasse auf eine Senkung der funktionalen Qualifikationen drängt und sie den Staat bei der systemkonformen Verkürzung der extrafunktionalen Qualifikationen unterstützt, muß die Arbeiterklasse nicht nur auf eine Erweiterung der funktionalen und extrafunktionalen Qualifikationen drängen, sie muß zur Abkürzung der Auflösung der herrschenden Produktionsverhältnisse

---

kation des Arbeitsprozesses und des Verwertungsprozesses und zwischen allgemeinen und besonderen Qualifikationen (Vgl. M. Masuch: Politische Ökonomie der Ausbildung, Reinbeck 1972, S. 63; A. Deeke: Lohnarbeit und Beruf, Frankfurt 1974, S. 33 ff.; Marxistische Gruppe Erlangen: Kapitalistische Hochschulreform, Erlangen 1972, S. 39 ff.). Diese Diskussion kann hier nicht weitergeführt werden. Für das folgende muß vorerst die Unterscheidung zwischen funktionalen und extrafunktionalen Qualifikationen sowie die Berücksichtigung ihrer widersprüchlichen Verwirklichung in der kapitalistischen Gesellschaft genügen.

13 A. Deeke: Lohnarbeit und Beruf, a. a. O., S. 49.

14 K. Marx: MEW 23, S. 511 f.; G. Krapp: Marx und Engels über die Verbindung des Unterrichts mit produktiver Arbeit und die polytechnische Bildung, Frankfurt 1971, S. 46 ff.

auch kritisch-funktionale und kritisch-extrafunktionale Qualifikationen in eigenen Institutionen an die Arbeiter vermitteln.

Der Gesellschaftskonflikt führt also im Rahmen der Auseinandersetzung zwischen bürgerlicher und proletarischer Öffentlichkeit[15] zur Entstehung zweier Erziehungssysteme. Das bürgerliche Erziehungssystem versucht den Anforderungen der *be*stehenden, das sozialistische Erziehungssystem den Anforderungen der *ent*stehenden Gesellschaftsform zu genügen[16].

Auch in der heutigen »realistischen Wende« der Weiterbildung nimmt die Auseinandersetzung um eine höhere Stufe der Vergesellschaftung der Weiterbildung die Form eines Gesellschaftskonflikts an[17]. Das hat nach Maßgabe heutiger wissenschaftlicher Untersuchungen des Vergesellschaftungsprozesses der Weiterbildung folgende Gründe:

Die heute erforderliche Erweiterung der extrafunktionalen Qualifikationen der Arbeitskräfte nach Maßgabe der Anforderungen des Gesamtkapitals muß mit den schwindenden funktionalen Anforderungen an die Arbeitskräfte durch das Einzelkapital in Widerspruch geraten: mit der Konsequenz, daß die Erweiterung der extrafunktionalen Qualifikationen nur in den Formen geschieht, mit denen die Bildungsbarrieren und die »Bildungsabstinenz des Arbeiters« nicht durchbrochen werden können[18].

Daß aber nicht die Arbeiter selbst an diesen Verhältnissen schuld sind, sondern die politischen und ökonomischen Verhältnisse den Arbeiter von den erforderlichen Qualifikationen nicht

---

15 O. Negt, A. Kluge: Öffentlichkeit und Erfahrung, Frankfurt 1972, S. 102 ff.

16 L. v. Werder: Sozialistische Erziehung in Deutschland, Frankfurt 1974, S. 10 ff.

17 Da diese Entwicklung sich zuerst im allgemeinbildenden Schulsystem zeigte, sah sich z. B. schon die Systemtheorie gezwungen, mit Reflex auf das allgemeinbildende Schulsystem dieser Entwicklung theoretisch Ausdruck zu verleihen. Vgl. F. Naschold: Schulreform als Gesellschaftskonflikt, Frankfurt 1974.

18 Ansätze von schichtenspezifischer Erwachsenensozialisierung und beruflicher Sozialisation haben in jüngster Zeit besonders die ihnen erkennbaren Lernwiderstände der Arbeiter gegenüber traditionellen Weiterbildungsangeboten herausgestellt. Vgl. M. Herrmann, H. Laaf: Pädagogische Besonderheiten beruflicher Erwachsenenbildung, Hannover 1974, S. 34 ff.; A. G. Brandenburg: Der Lernerfolg im Erwachsenenalter, Göttingen 1974, S. 55 ff.; Autorenkollektiv: Berufliche Sozialisation und gesellschaftliches Bewußtsein jugendlicher Erwerbstätiger, Frankfurt 1973, S. 143 ff.

nur in der Schule[19], sondern auch in der Weiterbildung ausschließen[20], ist vielfach belegt.

Daß aber auch die neueste Entwicklung des Weiterbildungssystems zu einer »starken Überrepräsentation der Angestellten und Beamten und einer entsprechenden Unterrepräsentation der un- bzw. angelernten Arbeiter führt«[21], zeigen alle aktuellen Untersuchungen. Selbst die heute mit großem Aufwand entwickelte betriebsnahe Weiterbildung durch die Unternehmer kann nur an einen äußerst geringen Prozentsatz von Arbeitern die erforderlichen extrafunktionalen Qualifikationen vermitteln[22].

Es zeichnet sich heute deutlich die Tendenz ab, daß die »betriebliche Weiterbildung nicht zu einem Ausgleich, sondern zu einer Verstärkung vorhandener Disparitäten führt«[23]. Weder diejenigen, »deren Arbeitsinstrumente dem technischen Wandel am unmittelbarsten unterworfen sind ... noch diejenigen, deren schulische und Berufsausbildung am weitesten zurückliegt ... noch diejenigen mit beschränkter Schul- und Berufsausbildung werden im größeren Maße an Weiterbildungsveranstaltungen beteiligt«[24].

Die heutige Entwicklung der Vergesellschaftung der Weiterbil-

---

19 Vgl. S. Grimm: Die Bildungsabstinenz der Arbeiter, München 1966; R. Dahrendorf: Arbeiterkinder an deutschen Universitäten, Tübingen 1965; F. A. Hess (Hrsg.): Ungleichheit der Bildungschancen, Freiburg 1966; J. Hitpass: Einstellungen der Industriearbeiterschaft zur höheren Bildung, Ratingen 1965; P. M. Roeder u. a.: Sozialstatus und Schulerfolg, Heidelberg 1965; H. G. Rolff: Sozialisation und Auslese in der Schule, Heidelberg 1968; H. Fend: Gesellschaftliche Bindungen schulischer Sozialisation, Weinheim/Basel 1974.

20 Vgl. die Auswertung der älteren Untersuchungen von Götte, Grewe-Patsch, Grosse, Ritz, Strzelewicz, Tietgens, bei W. Strzelewicz: Erwachsenenbildung, Heidelberg 1968, S. 48 ff.

21 K. Gottwald, C. Brinkmann: Determinanten der Weiterbildungsmotivation. In: Deutscher Bildungsrat, Bildungsurlaub als Teil der Weiterbildung, Stuttgart 1973, S. 43 ff., hier S. 75; R. Kern u. a.: Bildungssoziologische Materialien und ihre Relevanz für den Bildungsurlaub. In: H. Siebert (Hrsg.): Bildungsurlaub, Düsseldorf 1972, S. 93 ff.; U. Boehm u. a.: Struktur und Finanzierung der Aus- und Weiterbildung, Göttingen 1974, S. 35, 54, 56, 60, 65, 73, 77, 83, 103 ff.

22 Vgl. C. Labonté: Industriearbeiter und Weiterbildung, Stuttgart 1973, S. 126 ff.

23 J. Sass u. a.: Weiterbildung und betriebliche Arbeitskräftepolitik, Frankfurt 1974, S. 112.

24 G. Lenhardt: Berufliche Weiterbildung und Arbeitsteilung in der Industrieproduktion, Frankfurt 1974, S. 131; ebenso F. Weltz: Facharbeiter und berufliche Weiterbildung, Berlin 1973, S. 24 ff.; F. Weltz u. a.: Facharbeiter im Industriebetrieb, Frankfurt 1974, S. 89 ff.

dung kann also gar nicht dazu führen, daß dem Arbeiter die erforderlichen extrafunktionalen Qualifikationen vermittelt werden, die ihm Schule und Berufsausbildung nicht geben konnten und die die Gesellschaft nun von ihm fordert. Die heutige Entwicklung zwingt deshalb die Arbeiter dazu, über den Staat Einfluß auf die Entwicklung der Weiterbildung geltend zu machen. Besonders müssen die Arbeiter darauf dringen, daß in fortschrittlichen Institutionen der Volkshochschule die Vermittlung von kritisch-extrafunktionaler Weiterbildung von niedrigerem Allgemeinheitsgrad möglich wird. Die Entwicklung zwingt die Arbeiterbewegung darüber hinaus auch, sich die Qualifikationen, die sie zur Demokratisierung der Gesellschaft braucht, in eigenen Organisationen anzueignen. Die »realistische Wende« in der Weiterbildung, die am Arbeiter vorbeigeht, muß also auch dazu führen, daß die Arbeiterbewegung an den Wiederaufbau eines zweiten Weiterbildungssystems gehen muß. In diesem zweiten Weiterbildungssystem, das auf den gesellschaftlich vermittelten Qualifikationen der Arbeiter aufbaut und ihnen zugleich kritisches Wissen für ihre gesellschaftlichen Aufgaben vermittelt, übernehmen die Gewerkschaften die Vermittlung von kritisch-funktionalen betriehsnahen Qualifikationen, die Arbeiterparteien die Vermittlung kritisch-extrafunktionaler Qualifikation.

Bei Dirk Axmacher werden diese Konsequenzen aus der Analyse der »realistischen Wende« der Weiterbildung nicht abgeleitet. Seine Untersuchung versucht darüber hinaus den Eindruck zu erwecken, die Entwicklung der Weiterbildung erreiche heute in der Bundesrepublik eine ganz neue historische Qualität[25].

Wenn es für die bürgerliche Weiterbildung auch richtig ist, daß erst neuerdings die »Ablösung des traditionellen Bildungsbegriffs durch den bildungsökonomischen Qualifikationsbegriff«[26] stattfindet, so entwickelte das Bildungsbemühen der Arbeiterbewegung im zweiten Weiterbildungssystem schon immer einen Bildungsbegriff, der anders als der bis vor kurzem herrschende idealistische Bildungsbegriff der bürgerlichen Weiterbildung[27] eine kritische Aufklärung über die betriebliche wie gesellschaftliche Ökonomie

---

25 D. Axmacher: Erwachsenenbildung . . ., a. a. O., S. 20 ff., hier besonders S. 49.
26 ebenda, S. 49.
27 Zur Kritik des bürgerlichen Begriffs von Erwachsenenbildung vgl. W. Markert: Erwachsenenbildung als Ideologie, München 1973.

und Politik einschloß. Ein Rückblick auf die Geschichte der Arbeiterbildung kann zeigen, daß die Rekonstruktion der Arbeiterbildung heute nicht zu sehr vor der Entwicklung eines ganz neuen Bildungsbegriffs steht, sondern vor dem Problem der Fortführung und der Auseinandersetzung mit einer fruchtbaren Tradition.

3. Zur Geschichte der Arbeiterbildung: Arbeiterbildung als zweites Weiterbildungssystem

Das heute mit der »realistischen Wende« neben bürgerlichen Bemühungen um die Weiterbildung auch sichtbar werdende zweite Weiterbildungssystem stellt nur die jüngste Ausformung einer langen Geschichte des zweiten Weiterbildungssystems dar. Die Geschichte dieses Systems ist nicht nur gekennzeichnet von der Entwicklung der Klassenstruktur der bürgerlichen Gesellschaft, sondern auch durch den Kampf um die Bedeutung des wissenschaftlichen Sozialismus als der entfaltetsten Gestalt kritisch-extrafunktionaler Qualifikationen für den Arbeiter. Vom Stand der Klassenkämpfe hängt es dabei letztlich ab, wie weit funktionale und extrafunktionale Weiterbildung gegenüber der bürgerlichen Weiterbildung sich kritisch verstehen und absetzen kann.

Im Frühkapitalismus, als sich die Arbeiterklasse erst in Ansätzen als Industriearbeiterschaft konstituierte[28], mußten die Arbeiterbildungsvereine weitgehend erst mal extrafunktionale und funktionale Bildung an Arbeiter vermitteln[29], um angesichts der äußerst unentwickelten gesellschaftlichen allgemeinen und beruflichen Bildung die Arbeiter überhaupt als Besitzer von verwertbarer Arbeitskraft zu etablieren. Kritische funktionale Weiterbildung

28 Vgl. J. Kuczynski: Die Geschichte der Lage der Arbeiter in Deutschland von 1789–1849, Berlin 1961; ders.: Die Geschichte der Lage der Arbeiter in Deutschland von 1849–1870, Berlin 1962; H. Mottek: Wirtschaftsgeschichte Deutschlands, Berlin 1974, Bd. I, S. 221 ff.

29 Vgl. H. Feidel-Mertz: Zur Ideologie der Arbeiterbildung, Frankfurt 1972, S. 30 ff.; H. Reisig: Die Rolle der Bildung für die Befreiung des Proletariats, Langensalza 1933, S. 65 ff.; K. Birker: Die deutschen Arbeiterbildungsvereine 1840–1870, Berlin 1973; E. Blum: Arbeiterbildung als existentielle Bildung, Bern/Leipzig 1935, S. 26 ff.; O. Neuloh: Arbeiterbildung im neuen Deutschland, Leipzig 1930, S. 43 ff.; F. Balser: Die Anfänge der Erwachsenenbildung in Deutschland in der ersten Hälfte des 19. Jahrhunderts, Stuttgart 1959; J. Dikau: Wirtschaft und Erwachsenenbildung, Weinheim 1969, S. 38 ff.

entwickelte sich neben den Arbeiterbildungsvereinen in den Bildungsbemühungen der ersten Gewerkschaftsgründungen[30].

Kritisch-extrafunktionale Weiterbildung entwickelte sich in dieser frühen Periode nur in den Sekten von Weitling und Marx[31]. Erst im entwickelten Kapitalismus, als die Bewegung eines entfalteten Industrieproletariats[32] den Prozeß der Vergesellschaftung der Erziehung in Gang gebracht hatte[33], die Ansätze eines bürgerlichen extensiven Weiterbildungssystem entstanden waren[34] und die Grenzen der Qualifikationen, soweit sie in diesen Institutionen vermittelt wurden, sich zeigten, entstand ein zweites Weiterbildungssystem der Gewerkschaften[35] und der Sozialdemokratie[36]. Mit der Entstehung dieses Systems entwickelten sich heftige Auseinandersetzungen darüber, wie weit der wissenschaftliche Sozialismus der bestimmende Inhalt der Arbeiterbildung sein sollte. Erst im Hochkapitalismus, als der Anteil der Industriearbeiter an der Arbeiterklasse zu sinken und der Anteil der Angestellten und Beamten zu steigen begann[37], die Klassenkämpfe zunahmen und eine neue Stufe der Vergesellschaftung der bürgerlichen Weiterbildung zur Sicherung der gesellschaftlichen Loyalität notwendig wurde[38], bildeten sich Tendenzen im zweiten Weiterbildungssystem heraus, um den wissenschaftlichen Sozialismus zum Hauptinhalt der Arbeiterbildung zu machen[39]. Sogar in Teilen des staatlichen

---

30 F. Gumpert: Die Bildungsbestrebungen der Freien Gewerkschaften, Jena 1923; H. Müller: Geschichte der deutschen Gewerkschaften bis 1878, Berlin 1918.

31 H. Reisig, a. a. O., S. 18 ff.; F. Balser, a. a. O., S. 178 ff.; W. Markert, a. a. O., S. 66 ff.; F. Balser: Sozialdemokratie, Stuttgart 1962, Bd. 1–2.

32 J. Kuczynski: Die Geschichte der Lage der Arbeiter in Deutschland von 1871–1900; Berlin 1963.

33 Vgl. L. v. Werder, a. a. O., S. 62 ff.

34 W. Picht: Das Schicksal der Volksbildung in Deutschland, Berlin 1936, S. 34 ff.; J. Dikau, a. a. O., S. 80 ff.; P. Steinmetz: Die deutsche Volkshochschulbewegung, Karlsruhe 1929.

35 Vgl. F. Gumpert, a. a. O., S. 14 ff.

36 H. Feidl-Mertz: a. a. O., S. 71 ff.; O. Neuloh: Der Aufbau des sozialistischen Bildungswesens. In: Deutsche Arbeit, Dezember 1927, Heft 12, S. 632 ff.; H. Reisig, a. a. O., S. 111 ff.

37 J. Kuczynski: Die Geschichte der Lage der Arbeiter in Deutschland von 1917–1933, Berlin 1966, S. 38.

38 Vgl. W. Picht, a. a. O., S. 46 ff.; P. Steinmetz, a. a. O., S. 9 ff.

39 O. Neuloh, a. a. O., S. 58 ff., 79 ff.; E. Blum, a. a. O., S. 36 ff.; H. Feidl-Mertz, a. a. O., S. 83 ff.; A. Meier: Die Bestrebungen der revolutionären deutschen Arbeiterbewegung zur systematischen sozialistischen Bildung und

Weiterbildungssystems, besonders in den Volkshochschulen in Leipzig, Berlin und Frankfurt, etablierten sich, durch den politischen Einfluß der Arbeiterklasse gestützt, Ansätze von kritisch-extrafunktionaler Weiterbildung[40]. Es wurde sogar programmatisch für diese Arbeit gefordert: Jede Arbeiterbildung hat den »Marxismus als stärksten Bildungsfaktor einzusetzen«[41]. In dieser Zeit ging man auch dazu über, die Aneignung des wissenschaftlichen Sozialismus als methodologisches und curriculares Problem zu begreifen[42]. Ansätze deduktiver Curriculumkonstruktion versuchten den Marxismus-Leninismus als universellen Inhalt einer wissenschaftlichen Arbeiterbildung adressaten- und epochenspezifisch unter Berücksichtigung nationaler Besonderheiten systematisch aufzubereiten. Diese erste Problematisierung des wissenschaftlichen Sozialismus als zentrales Unterrichts- und Lernproblem im zweiten Weiterbildungssystem hatte auch Auswirkungen auf die Schulungsarbeit der Gewerkschaften[43].

Aufgrund der Niederlage der Arbeiterbewegung 1933 und ihrer Schwäche nach 1945 konnte sich nach dem Zweiten Weltkrieg primär das bürgerliche Weiterbildungssystem in der BRD rekonstruieren[44]. Obwohl im Spätkapitalismus die objektive Ausdehnung der Arbeiterklasse fortschreitet, bei gleichzeitiger weiterer Ausdifferenzierung der Industriearbeiter einerseits und der Beam-

---

Erziehung erwachsener Werktätiger 1918–1923, Hamburg 1971; D. Urbach: Die marxistische Arbeiterschule Berlin. In: Internationales Jahrbuch für Erwachsenenbildung, Heidelberg 1971, S. 191 ff. Auch im sozialistischen Erziehungssystem für Kinder und Jugendliche dominierte als primäre kritisch-extrafunktionale Qualifikation der wissenschaftliche Sozialismus. Vgl. v. Werder, a. a. O., S. 179 ff.

40 K. Meyer: Arbeiterbildung in der Volkshochschule. Stuttgart 1969; P. Hermberg, P. Seiffert: Arbeiterbildung und Volkshochschule in der Industriestadt, Breslau 1932; H. Heller: Freie Volksbildungsarbeit, Leipzig 1924.

41 G. Hermes: Die geistige Gestalt des marxistischen Arbeiters, Tübingen 1926, S. 303; ebenso äußern sich P. Hermberg, A. Siemsen, vgl. ihre Beiträge in: H. Feidl-Mertz (Hrsg.): Zur Geschichte der Arbeiterbildung, Bad Heilbrunn 1968, S. 105 ff.

42 Vgl. A. Kurella: Methodisches für den Lehrer des politischen Leitfadens, Berlin 1927.

43 Vgl. O. Neuloh, a. a. O., F. Gumpert, a. a. O., F. Fricke: Räteschulung im Klassenkampf, Berlin 1920.

44 Vgl. J. H. Knoll, H. Siebert (Hrsg.): Erwachsenenbildung in der Bundesrepublik, Heidelberg 1967; E. Niehuis: Analyse der Erwachsenenbildung in der BRD und der DDR, Heidelberg 1973.

ten und Angestellten andererseits[45], hat in der BRD die kritische Tendenz in der Weiterbildung von Arbeitern sich lange Zeit auf Spuren von kritisch-funktionaler Weiterbildung im Rahmen der Gewerkschaften[46] und Ansätzen kritisch-extrafunktionaler im Rahmen von Arbeiterparteien beschränkt[47].

Im staatlichen Weiterbildungssytem konnten sich lange Zeit keine kritischen Ansätze entwickeln. Sowohl im Hinblick auf die in der Bundesrepublik fortbestehenden Grundlagen zur Entwicklung eines zweiten Weiterbildungssystems wie aufgrund der Grenzen der Vergesellschaftung der Weiterbildung in der BRD können sich alle kritischen Ansätze in der Weiterbildung der BRD heute auf eine wirkliche emanzipatorische Tradition beziehen. Sie stehen deshalb keineswegs, wie die bürgerliche Weiterbildung, an einem völlig neuen Anfang.

4. Zum Begriff der Arbeiterbildung heute

Im Zuge der »realistischen Wende« in der heutigen Weiterbildung entwickelt sich nicht nur ein neuer Begriff bürgerlicher Weiterbildung.

Es sind auch Tendenzen zur Rekonstruktion eines Begriffs von Arbeiterbildung zu beobachten[48]. Dieser Begriff von Arbeiterbildung konstituierte sich zuerst nach dem Ende der Rekonstruktionsperiode innerhalb und außerhalb der Gewerkschaften. Er bezog sich auf Ansätze, die »ihrem Inhalt und ihrer Methode nach

---

45 Die Arbeit an einer Klassenanalyse in der BRD ist noch im Gange. Heute stehen sich die Ansätze der alten und neuen Linken auch in der Klassenanalyse kritisch gegenüber. Vgl. etwa: Autorenkollektiv: Proletariat in der BRD, Berlin 1974 IMSF, Klassen- und Sozialstruktur der BRD 1950–1970, Frankfurt 1973, M. Tjaden-Steinhauer, K. H. Tjaden: Klassenverhältnisse im Spätkapitalismus, Stuttgart 1973, einerseits und andererseits:
Projekt Klassenanalyse: Materialien zur Klassenstruktur der BRD, Berlin 1973/74, Bd. 1–2. Die Konsequenzen, die sich aus den unterschiedlichen Ergebnissen der Klassenanalyse für die heutige Arbeiterbildung ergeben, können in diesem Rahmen nicht diskutiert werden.

46 G. Wuthe: Gewerkschaften und politische Bildung, Hannover 1962.

47 H. Kluth: Die KPD in der BRD, Köln 1959, Autorenkollektiv: KPD 1945 bis 1965, Berlin 1966.

48 Axmacher berücksichtigt diese Tendenzen nicht, da sie seine Analyse sprengen würden. Er erwähnt sie nur in einer Fußnote. Vgl. ders. a. a. O., S. 141, Fußnote 80.

eine autonome Position gegenüber den bürgerlichen Bildungseinrichtungen entwickelten«[49].

Oskar Negt, für den der wissenschaftliche Sozialismus als gültige Theorie zerfallen ist[50] und für den keine wirkliche Arbeiterpartei existiert[51], wird in diesen späten 60er Jahren zum Cheftheoretiker einer gewerkschaftlichen Arbeiterbildung. Er fordert als Ziel dieser Arbeiterbildung die Vermittlung einer »soziologischen Denkweise« an die Arbeiter[52]. Diese soziologische Denkweise umfaßt das kritisch-extrafunktionale Vermögen, ausgehend vom betriebsnahen Einzelkonflikt Einsichten in gesellschaftliche Widersprüche und Entwicklungstendenzen entwickeln zu können. Betriebsnahe Bildungsarbeit soll dieses Vermögen über die Thematisierung exemplarisch erlebter Autoritäts- und Leistungskonflikte[53] entwickeln. Von dieser gewerkschaftlich orientierten Arbeiterbildung setzte sich ein Ansatz von außergewerkschaftlicher Arbeiterbildung ab, der durch die Praxis der antiautoritären Bewegung angeregt, auf jede Schulung zugunsten von Lernen durch Aktionen verzichten wollte. Heute hat sich die Diskussion um die Arbeiterbildung gegenüber den späten 60er Jahren verbreitert. Heute erheben nicht nur die Gewerkschaften[54], sondern auch Parteien, Parteiansätze und Volkshochschulen den Anspruch, Arbeiterbildung zu leisten. Dabei hat die jeweils gemeinte Arbeiterbildung durchaus unterschiedliche Inhalte und Ziele. Die SPD orientiert in den Heimvolkshochschulen der Friedrich-Ebert-Stiftung ihre Arbeiterbildung am demokratischen Sozialismus. Die DKP macht die Theorie des Stamokap zum Inhalt der Arbeiterbildung, bekämpft von einigen Parteiansätzen und Sekten, die ein marxistisch-leninistisches Grundwissen als Arbeiterbildung vermitteln wollen[55]. Daneben treten einige Volkshochschultheoretiker auf, die von der Volkshochschule eine Arbeiterbildung fordern mit dem Ziel, die

---

49 O. Negt: Soziologische Phantasie und exemplarisches Lernen, Frankfurt 1971, S. 20, S. 92.

50 O. Negt, a. a. O., S. 18, 22 f.

51 ebenda, S. 93.

52 O. Negt, a. a. O., S. 27.

53 ebenda, S. 44.

54 Vgl. etwa H. Deppe-Wolfinger: Arbeiterjugend – Bewußtsein und politische Bildung, Frankfurt 1972, S. 250 ff.

55 Vgl. z. B. KPD, Grundkurs zum dialektischen Materialismus, Berlin 1974; KPD (Hrsg.) L. Segal: Lehrbuch der politischen Ökonomie, Berlin 1974.

Arbeiter zum »kollektiven Handeln«[56] zu befähigen.

Diese vielen Ansprüche täuschen aber über die Realität der heutigen Arbeiterbildung hinweg. Eine über den gewerkschaftlichen Ansatz von O. Negt hinausgehende Konzeption von Arbeiterbildung, die Teil einer soziologischen Erziehungswissenschaft ist, ist heute noch bloßes Programm. Um eine wissenschaftliche Arbeiterbildung als wirksame Alternative zur »realistischen Wende« der bürgerlichen Weiterbildung zu entwickeln, sind heute verstärkte curricular-orientierte Untersuchungen zur Herausbildung kritisch-funktionalen und kritisch-extrafunktionalen Wissens bei Arbeitern nötig.

Der Ansatz, Arbeiterbildung als Curriculum-Entwicklung zu entfalten, läßt sich in folgenden Thesen umreißen:

1. Der Mensch ist Produkt seiner Auseinandersetzung mit der Natur durch Arbeit. Das Verständnis, der aus dem Arbeitsprozeß sich entfaltenden gesellschaftlichen Verhältnisse muß der Inhalt jeder Qualifikation sein, die den Menschen zum bewußten Herren seiner Verhältnisse machen will. Da das gesellschaftlich vermittelte Wissen nicht über die herrschende gesellschaftliche Form von Produktion und Reproduktion aufklärt, ist ein Wissen nötig, das in der Lage ist, die Entwicklung der entfalteten Warenproduktion zu dechiffrieren. Dieses Wissen liegt im wissenschaftlichen Sozialismus vor. Inhalt der Arbeiterbildung muß also der wissenschaftliche Sozialismus sein. Die Entwicklung des wissenschaftlichen Sozialismus geht einher mit der Entwicklung der Arbeiterbewegung. Da zwischen dem Alltagsbewußtsein der Arbeiter und dem Klassenbewußtsein ein entscheidender Unterschied besteht, muß alle Curriculum-Konzeption auf die Vermittlung des Alltagsbewußtseins der Arbeiter mit dem wissenschaftlichen Klassenbewußtsein gerichtet sein.
2. Die Curriculum-Entwicklung[57] in der Arbeiterbildung basiert auf mehreren weiteren Voraussetzungen:
   Auf der Basis einer allgemeinen und historischen Klassenanaly-

56 A. v. Cube u. a.: Kompensation oder Emanzipation, Braunschweig 1974, S. 103.

57 Eine Auseinandersetzung mit bürgerlicher Curriculum-Konstruktion für Erwachsene kann hier nicht geleistet werden. Vgl. aber H. Siebert: Curricula für die Erwachsenenbildung, Braunschweig 1974, M. Hermann, H. Laaf: Pädagogische Besonderheiten beruflicher Erwachsenenbildung, Hannover 1974.

se[58] muß die objektive und subjektive Lage des Adressaten von Arbeiterbildung analysiert werden. Dieser Schritt muß zugleich die Qualifikationsanforderungen der Adressaten klären, wie sie die Arbeitsplatzstruktur, Klassenlage und Klassenfunktion setzen. Dieser Schritt muß auch die spontanen entmystifizierenden Tendenzen des Arbeiterbewußtseins klären, an die die Vermittlung des wissenschaftlichen Sozialismus anknüpfen kann. Der wissenschaftliche Sozialismus[59] ist dann auf kritisch-funktionale und kritisch-extrafunktionale Inhalte hin zu analysieren, die mit den spontanen Entmystifikations-Tendenzen des Arbeiterbewußtseins so vermittelbar erscheinen, daß bei den Arbeitern ein parteiliches Totalitätsbewußtsein angebahnt wird.

3. Bei der Curriculum-Konstruktion sind dann folgende Schritte zu berücksichtigen:
   Wenn aus dem Bereich der Politökonomie, des historischen oder dialektischen Materialismus angemessene Inhalte der Arbeiterbildung identifiziert worden sind, muß in dem Prozeß der Entwicklung von Lernzieltaxonomie und Lernsequenzen eingetreten werden. Dieser Prozeß wird weitgehend nur mit Hilfe einer kritischen Analyse von Schulungsquellen aus der Geschichte und Gegenwart der Arbeiterbewegung und durch die Kritik bürgerlicher »Schulungsprogramme« möglich sein. Das Endprodukt der Curriculum-Konstruktion wird ein Leitfaden sein, der sowohl offene als auch geschlossene Lernsequenzen anbietet und zugleich dem Schulungsadressaten den Zusammenhang von Lernen und politischem Handeln erschließt.
4. Der entscheidende Implementationsprozeß des Curriculums in den Bildungsprozeß der Arbeiter wird nur auf Basis der ständigen Beteiligung von Funktionären und Arbeiterbildnern an der Grundlegung und Konstruktion des Curriculums möglich sein. Außerdem muß durch Kritik bestehender Schulungskurse in der heutigen Arbeiterbildung das zu entwickelnde Curriculum als Alternative propagiert werden.
5. Abschließend muß das Curriculum durch Experten- und Teilnehmerbefragung und durch Untersuchung der Auswirkung die-

---

58 Vorarbeiten zur Klassenanalyse liegen vor. Vgl. Projekt Klassenanalyse, Materialien zur Klassenstruktur der BRD, Berlin 1973/74, Teil 1 und 2.

59 Zum Begriff und Inhalt des wissenschaftlichen Sozialismus vgl.: J. Bischoff: Gesellschaftliche Arbeit als Systembegriff, Berlin 1973.

ser Arbeiterbildung auf die politische Praxis evaluiert werden.

6. Wenn auch ein Teil der Curriculumkonstruktion im Rahmen fortschrittlicher Universitätsinstitute geleistet werden kann, so könnten doch durch eine enge Kooperation mit der Arbeiterbewegung, durch die Entwicklung von adressatennahen Reformprojekten wie z. B. Volkshochschulheimen[60] und durch eine fortschrittliche Volkshochschularbeit weitere Grundlagen einer Curriculum-Konstruktion in der Arbeiterbildung entwickelt werden.

Mit der Entwicklung der Theorie und Praxis curricular reflektierter sozialistischer Arbeiterbildung ergibt sich die begrenzte Möglichkeit, daß die »realistische Wende« in der Weiterbildung eine Wende zu den Arbeitermassen wird. Nur diese Wende der Weiterbildung zur Arbeiterbildung und zum Ausbau eines zweiten Weiterbildungssystems ist wirklich realistisch.

60 Das Konzert der VHS-Heime wird dargestellt in: K. Meyer: Arbeiterbildung in der Volkshochschule, Stuttgart 1969, S. 153 ff.

9. Arbeiterbewegung und Ausbildungssektor

1. Zur Bedeutung der heutigen Erforschung der Bildungspolitik und Erziehung der deutschen Arbeiterbewegung

Seit 1972 spricht sich herum, daß die bürgerliche Bildungsreform in eine Sackgasse geraten ist[1]. Der Schock des Abschieds von Illusionen über eine bürgerliche Reform des Erziehungssystems wurde von der Einsicht begleitet, daß auch die bisherigen Ansätze einer politischen Ökonomie des Ausbildungssektors noch keine Einsichten über die Möglichkeiten der Veränderung des Erziehungssystems vermitteln konnten[2].

Die vorliegenden Ergebnisse der bildungspolitischen Einflußforschung zerschlugen weitere Reformhoffnungen[3]. Schien sie jedoch nachzuweisen, daß nur das Kapital die Entwicklung des Ausbildungssektors bestimmt und alle Anstrengungen anderer gesellschaftlicher Kräfte zur Veränderung des Ausbildungssektors kaum erfolgreich und wahrscheinlich sind. Im Zuge dieser Erkenntnisse machte sich Resignation oder blinder Aktivismus unter fortschrittlichen Pädagogen breit.

Aufgrund einiger Ergebnisse der neueren Staatsdiskussion wurde aber dann erkannt, daß der aus den kapitalistischen Verhältnissen erwachsene Klassenkampf auch die Grenzen der Staatstätigkeit verändern kann. Es wurde entdeckt, daß auch die Staatstätigkeit im Ausbildungssektor vom Einfluß der Klassen abhängt, wenn auch im Kapitalismus der Durchsetzung der Bildungsinteressen der Arbeiterklasse engere Grenzen gesetzt sind[4].

---

1 Vgl. u. a.: M. Baethge: Abschied von Reformillusionen. In: b:e, 1972, Nr. 11, S. 19.

2 H. Ortmann: Politische Ökonomie und Pädagogik. In: Erziehung und Klassenkampf, 3. Jg. 1973, Nr. 9, S. 39 ff.

3 Vgl. F. Nyssen: Schule im Kapitalismus – der Einfluß wirtschaftlicher Interessenverbände im Felde der Schule. Köln 1969; M. Baethge: Ausbildung und Herrschaft. Unternehmerinteressen in der Bildungspolitik, Frankfurt 1970; K. H. Roth / E. Kanzow: Unwissen als Ohnmacht. Zum Wechselverhältnis von Kapital und Wissenschaft, Berlin 1970.

4 N. Poulantzas: Politische Macht und gesellschaftliche Klassen, Frankfurt 1974, bes. S. 194 ff.; S. v. Flatow / F. Huisken: Zum Problem der Ableitung des bürgerlichen Staates. In: Probleme des Klassenkampfs, 3. Jg. 1973, H. 7,

Gegenüber einer resignativen Position angesichts des Scheiterns der bürgerlichen Bildungsreform konnten nun zwei Einwände entwickelt werden:

1. Nicht die Kapitalistenklasse, sondern die Arbeiterklasse ist der Träger der Bildungsreform.
2. Der Beitrag der Arbeiterklasse zur Reform des Erziehungssystems wird durch die Geschichte der Arbeiterbewegung enthüllt[5].

Mit diesen Einwänden wurde die Hoffnung erweckt, daß angesichts des Scheiterns der bürgerlichen Bildungsreform die theoretische und praktische Rekonstruktion sozialistischer Bildungspolitik und Erziehung das Ende der bürgerlichen Bildungsreform überwinden würde. Es entstanden aber zugleich neue Probleme. Einige Gruppen in der BRD behaupteten nun: »Der Weg der KPD in der Weimarer Republik zeigt uns den Weg, den wir heute gehen müssen[6].« Weiter wurde ausgeführt: man müsse heute »die Erfahrungen heranziehen, die die KP unter der Diktatur der Bourgeoisie der Weimarer Zeit im Kampf gegen die bürgerliche Klassenerziehung gemacht hat«[7]. Andere wollten nicht von der KPD, sondern von den revolutionären Pädagogen der Weimarer Republik lernen, wie das Erziehungssystem zu ändern ist[8].

Mit dieser Beschränkung der Rekonstruktion einer sozialistischen Bildungspolitik und Erziehung auf die Zeit der Weimarer Republik treten mehrere Fehler auf:

1. Man setzt verschiedene Produktionsepochen und politische Verhältnisse untereinander gleich.

S. 137 ff.; B. Blanke u. a.: Zur neueren marxistischen Diskussion über die Analyse von Form und Funktion des bürgerlichen Staates. In: Probleme des Klassenkampfs, 4. Jg. 1974, H. 14/15, bes. S. 94.

5 Vgl. Rotkol: Soll Erziehung politisch sein?, Frankfurt 1970, S. 10; J. Beck: Lernen in der Klassenschule, Reinbek 1974, S. 179 ff. usw.

6 KPD/ML, Revolutionäre Erziehung in Kapitalismus und Sozialismus 1973, S. 99.

7 KPD: Kampf – Kritik – Umgestaltung. Proletarische Schule und Universität in China, Berlin 1971, S. VI.

8 Ch. Mahrzahn: Zur Bedeutung der revolutionären Pädagogen der Weimarer Republik für die Rekonstituierung einer marxistischen Erziehungstheorie und Praxis heute. In: Erziehung und Klassenkampf, 1. Jg. 1971, Nr. 1, S. 31 ff.; U. Hecker: Zur Aktualität der marxistischen Pädagogik der Weimarer Republik für den Aufbau einer sozialistischen Kinderorganisation in der BRD. In: Marxistische Blätter, 12. Jg. 1974, Nr. 3, S. 86 ff.

2. Man verschleiert den historischen Charakter des Erziehungssystems und damit den historischen Charakter auch der sozialistischen Bildungspolitik.
3. Man löst die politische Strategie und Taktik der sozialistischen Bildungspolitik der Weimarer Zeit aus ihren konkreten Verhältnissen und überträgt sie auf heute völlig unterschiedliche Verhältnisse.

So richtig die Berücksichtigung der Erfahrungen der Arbeiterbewegung für den Aufbau einer sozialistischen Alternative in der heutigen Bildungspolitik ist, so notwendig ist aber die Berücksichtigung aller Erfahrungen der Arbeiterbewegung und nicht nur die Erfahrungen der Weimarer Zeit. Da aber die Erfahrungen der Arbeiterbewegung auf dem Gebiet der Bildungspolitik selbst nur durch wissenschaftliche Erforschung der Geschichte der sozialistischen Bildungspolitik und Erziehung zu gewinnen sind, ist es heute wichtig, sich diese wissenschaftlichen Forschungsergebnisse anzueignen. Die dogmatischen historischen Konstruktionen selbsternannter Zentralkomitees helfen da nicht weiter.

Im folgenden wird deshalb der Stand und die Lücken der Erforschung der Bildungspolitik und Erziehung der deutschen Arbeiterbewegung in der bürgerlichen Gesellschaft geschildert. Dieser Teil der Einführung soll dazu anregen, in dieser Frage sich das ganze sozialistische Erbe anzueignen. Er soll zugleich zeigen, welche Unterschiede der Erforschung dieses Erbes in der DDR und in der BRD sich entwickelt haben.

Dieser Teil kann keinen direkten Beitrag zu einer systematischen Theorie soziologischer Erziehungswissenschaft leisten. Sicher ist aber, daß eine derartige systematische Theorie sowohl aus der allgemeinen Diskussion über Probleme sozialistischer Strategie und Taktik wie auch aus der Berücksichtigung der Erfahrungen der Arbeiterbewegung sich entwickeln wird.

2. Gesamtdarstellungen der sozialistischen Bildungspolitik und Erziehung

Eine historisch-materialistische Gesamtdarstellung der Geschichte der Bildungspolitik und Erziehung der Arbeiterbewegung im bürgerlichen Deutschland liegt noch nicht vor. Wesentliche Anstrengungen zur Verfassung einer derartigen Darstellung machen die fortschrittlichen Erziehungswissenschaftler der DDR. Sie haben sich seit 1962 in der Forschungsgemeinschaft »Bildungspolitische und pädagogische Tradition der revolutionären deutschen Arbeiterbewegung« zusammengeschlossen mit dem Ziel, »das reiche pädagogische Gedankengut und die revolutionäre bildungspolitische Wirksamkeit der deutschen Arbeiterbewegung zu erschließen«[9].

Mitglieder dieser Forschungsgemeinschaft haben die erste kursorische Darstellung der Geschichte der Bildungspolitik der deutschen Arbeiterbewegung im Rahmen des Lehrbuches »Geschichte der Erziehung«, Berlin 1956 vorgelegt. In den bisher erschienenen 10 Auflagen der »Geschichte der Erziehung« von 1956–1973 wurden ständig Verbesserungen vorgenommen, die auch die Abschnitte über die Geschichte der sozialistischen Bildungspolitik und Erziehung berührten. Die sich schließlich herauskristallisierende Darstellung der sozialistischen Bildungspolitik gliedert die Entwicklung dieser Politik in fünf Hauptperioden. Diese Gliederung, die aus der Analyse der ab 1963 veröffentlichten Arbeiten zur Geschichte der deutschen Arbeiterbewegung gewonnen wurde[10], legt den Schwerpunkt der Untersuchung der Geschichte der sozialistischen Bildungspolitik auf die Erforschung des Verhältnisses der Entwicklung von sozialistischer Parteistrategie und der Praxis sozialistischer Bildungspolitik und Erziehung[11]. So wird die

---

9 G. Hohendorf: Bildungspolitik und Pädagogik der revolutionären deutschen Arbeiterbewegung. In: Pädagogik, 27. Jg. 1972, H. 3, S. 265. Zur Arbeit der Forschungsgemeinschaft vgl. außerdem G. Hohendorf: Unser revolutionäres pädagogisches Erbe. In: Pädagogik 1961, Heft 4; R. Alt: Zu einigen Fragen der künftigen Arbeit auf dem Gebiet der Geschichte der Erziehung. In: Pädagogische Forschung 1967, H. 1, S. 72 ff.; Der Grundriß und neue Aufgaben auf dem Gebiet der Geschichte der Erziehung. In: Pädagogik, 18. Jg. 1963, H. 2, S. 193 ff.; K. Pecher: Eine neue Darstellung der schulpolitischen und pädagogischen Leistungen der deutschen Arbeiterklasse. In: Pädagogik, 23. Jg. 1968, H. 4, S. 363 ff.; A. Biciste: Tagung der Historiker der Pädagogik in Zwickau. Pädagogik, 26. Jg. 1971, S. 80 ff.; K. H. Günther: Zu den Aufgaben der Geschichte der Erziehung. In: Wissenschaftliche Zeitschrift des pädagogischen Instituts »Ernst Schneller«, Zwickau, Gesellschafts- und sprachwissenschaftliche Reihe, 1971, H. 1/2, S. 15 ff. s. dort auch weitere Beiträge.

10 Vgl. zum 5-Etappen-Modell der Entwicklung der deutschen Arbeiterbewegung: Autorenkollektiv: Grundriß der Geschichte der deutschen Arbeiterbewegung. Berlin 1963, S. 8–36; Autorenkollektiv: Geschichte der deutschen Arbeiterbewegung. Berlin 1966, Bd. 1–8.

11 Zum 5-Etappen-Modell der Geschichte der sozialistischen Bildungspolitik vgl.: Der Grundriß und neue Aufgaben auf dem Gebiet der Geschichte der Erziehung a. a. O., S. 194 ff.; K. Pecher: Eine neue Darstellung . . ., a. a. O.,

Etappe 1848–1869 »durch die schulpolitischen und pädagogischen Leistungen von Karl Marx und Friedrich Engels bestimmt«[12]. In der zweiten Hauptperiode (1869–1890) »dringen die pädagogischen Gedanken und schulpolitischen Forderungen von Marx und Engels in größerem Maße in die sich entwickelnde deutsche Arbeiterbewegung ein«[13]. Für die dritte Hauptperiode (1891–1918) wird als Charakteristikum angenommen, daß »nun die organisierte Erziehung der Kinder und Jugendlichen des Proletariats begann«[14]. Die vierte Hauptperiode (1918–1945) wird durch den Kampf der KPD als der besten Sachwalterin der »fortschrittlichen nationalen und revolutionären schulpolitischen Tradition«[15] bestimmt. Die 5. Hauptperiode (1945 ff.) wird durch die Spaltung Deutschlands und ihre schulpolitischen Folgen charakterisiert[16].

Als größter Mangel der bisherigen Darstellung der Geschichte der Bildungspolitik der deutschen Arbeiterbewegung wurde von den DDR-Pädagogen selbst die mangelhafte Berücksichtigung der »Einheit von Ökonomie, Politik und Pädagogik« kritisiert[17].

Die mangelhafte Ableitung der Bildungspolitik und Erziehung der deutschen Arbeiterbewegung aus ihren sozial- und wirtschaftsgeschichtlichen Grundlagen versuchen neuere Publikationen[18] zu überwinden.

Als ungelöstes Problem bei den bisherigen Ansätzen zu einer

S. 365 ff. Die »Geschichte der Erziehung« übernimmt seit 1961 nur die Kennzeichnung der zweiten und dritten Hauptperiode (vgl. Geschichte der Erziehung, a. a. O., S. 379 u. S. 442), sie entwickelt aber eine immanente Teilung in 5 Abschnitte.

12 Der Grundriß und neue Aufgaben auf dem Gebiete der Geschichte der Erziehung, a. a. O., S. 194.

13 Der Grundriß . . ., a. a. O., S. 195.

14 Der Grundriß . . ., a. a. O., S. 195.

15 Der Grundriß . . ., a. a. O., S. 196.

16 Diese 5-Teilung der Geschichte der sozialistischen Bildungspolitik hat sich in der DDR-Historik noch nicht verbindlich durchgesetzt. Die Schilderung der Entwicklung der sozialistischen Vorschulpolitik unterscheidet z. B. nur die Etappe des Kapitalismus von der des Imperialismus (vgl. E. Barow – Bernstorff u. a.: Beiträge zur Geschichte der Vorschulerziehung, Berlin 1968, S. 219 ff., 232 ff., 259 ff., 290 ff.).

17 Der Grundriß . . ., a. a. O., S. 203.

18 Vgl. R. Alt / W. Lemm (Hrsg.): Zur Geschichte der Arbeitserziehung in Deutschland. Berlin 1970–71, Bd. 1 und 2; Autorenkollektiv: Abriß der Geschichte der deutschen Arbeiterjugendbewegung (Entwurf). Berlin 1966, Bd. 1 und 2; Autorenkollektiv: Geschichte der deutschen Arbeiterjugendbewegung 1904–1945. Dortmund 1973.

Gesamtdarstellung der sozialistischen Bildungspolitik erweist sich bei den DDR-Autoren der Umstand, daß sie die Entwicklung der sozialistischen Bildungspolitik immer nur als Vorgeschichte der Bildungsreformen in der DDR betrachten können. Die Geschichte der sozialistischen Bildungspolitik wird zuwenig als ein Erbe betrachtet, das die westdeutsche Arbeiterbewegung aufgrund ihrer besonderen Lage und eigenen Geschichte sich anzueignen hat.

Von großer Wichtigkeit für eine Gesamtdarstellung der sozialistischen Bildungspolitik erweisen sich die bibliographischen Arbeiten, die in verschiedenen Ansätzen sämtliche in der DDR erschienenen Arbeiten zur sozialistischen Bildungspolitik verzeichnet haben[19].

Diese bibliographische Arbeit wurde fortgeführt in einer vierteiligen Aufsatzserie der Forschungsgemeinschaft »Bildungspolitische und pädagogische Traditionen der revolutionären deutschen Arbeiterbewegung« in den Jahren 1972/73. Diese Aufsatzserie leistet die bisher umfassendste Darstellung des DDR-Forschungsstandes zur sozialistischen Bildungspolitik von 1848–1945[20]. Wichtig für

---

19 Vgl. G. Hohendorf: Bibliographie zur Geschichte der Schulpolitik und Pädagogik der deutschen Arbeiterbewegung. In: Pädagogik 1963, H. 6, S. 563 ff.; G. Mundorf: Forschungen zur Schul- und Erziehungsgeschichte; K. H. Jahnke u. a.: Forschungen zur Jugendbewegung. Beides in: Historische Forschungen in der DDR. Analysen und Berichte. Zum XIII. Internationalen Historikertag in Moskau 1970. Berlin 1970, S. 210 ff. und 170 ff.; K. H. Jahnke u. a.: Bibliographie über die in der DDR angefertigten Arbeiten zur Geschichte der deutschen Jugendbewegung. Berlin 1969. Außerdem sind natürlich auch die bibliographischen Werke aus der DDR nützlich, die auch Quellen zur Geschichte der sozialistischen Bildungspolitik verzeichnen, wie z. B. A. Eberlein: Die Presse der Arbeiterklasse und der sozialen Bewegungen. Berlin 1968–70, Bd. 1–5; Archivalische Quellennachweise zur Geschichte der deutschen Arbeiterbewegung. Berlin 1961–65, Bd. 1–7.

20 Vgl. die Aufsätze: H. Flach u. a.: Stand, Aufgaben und Probleme der Erforschung der bildungspolitischen und pädagogischen Traditionen der deutschen Arbeiterbewegung in der 1. Hauptperiode ihrer Entwicklung. In: Pädagogik, 27. Jg. 1972, Nr. 3, S. 268 ff.; G. Krapp: Stand, Aufgaben und Probleme der Erforschung der bildungspolitischen und pädagogischen Traditionen der deutschen Arbeiterbewegung in der 2. Hauptperiode ihrer Entwicklung. In: Pädagogik, 27. Jg. 1972, Nr. 6, S. 550 ff.; G. Hohendorf: Bildungspolitik und pädagogische Tradition der deutschen Arbeiterbewegung in der 3. Hauptperiode ihrer Entwicklung. In: Pädagogik, 27. Jg. 1972, Nr. 11, S. 1033 ff.; H. Lemke: Stand, Aufgaben und Probleme der Erforschung der bildungspolitischen und pädagogischen Traditionen der deutschen Arbeiterbewegung in der 4. Hauptperiode ihrer Entwicklung. In: Pädagogik, 28. Jg. 1973, Nr. 6, S. 579 ff.

die Gesamtdarstellung sind schließlich auch die Quellensammlungen zur sozialistischen Bildungspolitik und Erziehung, die Material zur gesamten Geschichte der Bildungspolitik der Arbeiterbewegung abdrucken[21].

Gegenüber dem Umfang der Arbeiten zur sozialistischen Bildungspolitik und Erziehung in der DDR nehmen sich die Ansätze zum gleichen Thema in der BRD bescheiden aus. Eine universitäre Etablierung dieses Forschungszweiges der Erziehungswissenschaft gibt es in der BRD nicht. Die bisherigen Darstellungen der Geschichte der Pädagogik konnten »die Pädagogik der revolutionären Arbeiterbewegung totschweigen, die meisten sogar jede Erinnerung an jede revolutionäre Pädagogik ausmerzen«[22]. Wenn, selten genug, auf die sozialistische Bildungspolitik eingegangen wird, wird ihre Entwicklung verzerrt und ihre Bedeutung für die Gegenwart verkleinert oder geleugnet. Das klassische Beispiel einer bürgerlichen Bewältigung der Geschichte der sozialistischen Erziehung liefert Th. Dietrich[23]. Für ihn stellt sich die Entwicklung der sozialistischen Pädagogik in drei Etappen dar. 1. Etappe: Marx entwickelt auf dem Hintergrund des Kinderelends in Eng-

---

21 K. H. Günther (Hrsg.): Quellen zur Geschichte der Erziehung, Berlin 1968; M. Krecker (Hrsg.): Quellen zur Geschichte der Vorschulerziehung, Berlin 1971; Zur Geschichte der Arbeiterjugendbewegung in Deutschland. Eine Auswahl von Materialien und Dokumenten aus den Jahren 1904–1946, Berlin 1956.

22 H. Brumme: Über die Darstellung der Schulpolitik und Pädagogik der Arbeiterbewegung in Lehrbüchern zur Geschichte der Pädagogik. In: Jahrbuch für Erziehungs- und Schulgeschichte, 1963, 3. Jg., S. 170. Seit 1963 hat sich in diesem Punkt in der BRD nicht viel geändert. Auch in neueren Lexika der Erziehung wird der Begriff sozialistischer Erziehung immer nur böse verstümmelt. Bei den Konservativen, wie in dem von N. S. Nicklis herausgegebenen Handwörterbuch der Schulpädagogik, Bad Heilbrunn 1973, S. 138 f., wird die sozialistische Pädagogik immer noch als Sowjet- bzw. SPD-Pädagogik verkauft. Die Progressiven lassen sich schon etwas mehr auf die Sache ein. Das von C. Wulf herausgegebene Wörterbuch der Erziehung, München 1974, S. 546, versteht unter sozialistischer Pädagogik »systemtranszendierende Erziehung z. B. in der Weimarer Republik oder in der BRD«. Das von E. Rauch/W. Anzinger herausgegebene Wörterbuch Kritische Erziehung, Starnberg 1973, S. 338, begreift unter sozialistischer Pädagogik »Ideologiekritik und die Antizipation nichtbürgerlicher Lern- und Lebensformen«. Sozialistische Pädagogik wird auch hier allemal auf Erziehung reduziert. Ihre gesellschaftliche Funktion für den Prozeß gesellschaftlichen Fortschritts wird verkannt.

23 Th. Dietrich: Sozialistische Pädagogik – Ideologie ohne Wirklichkeit, Bad Heilbrunn 1966.

land und in Abhängigkeit von den utopischen Sozialisten[24] die Utopie der allseitigen Erziehung des Menschen im Sozialismus. Als Mittel dieser allseitigen Erziehung entwickelt er die polytechnische Erziehung und die Verbindung von Unterricht und Produktion[25]. 2. Etappe: Die deutsche Sozialdemokratie gestaltet die Marxsche Bildungsutopie in ein sozialistisches Einheitsschulideal[26] um, das weder von den entschiedenen Schulreformern[27] noch in den ersten Jahren der Sowjetunion[28] realisiert werden konnte. 3. Etappe: Erst die leninistische und stalinistische Planung des sozialistischen Schulsystems in der Sowjetunion erreicht die Erfüllung der Marxschen Bildungsideologie, aber nur mittels Gewalt[29]. Das Fazit von Dietrich: Marx' allseitige Erziehungskonzeption ist Utopie, aber sein Programm der polytechnischen Erziehung »entspricht der technischen Elementarerziehung der Gegenwart«[30]. Marx muß somit als Vorläufer der westdeutschen Arbeitslehre-Theorie gelten[31].

Diese Geschichte reduziert nicht nur die Bildungspolitik der Arbeiterbewegung auf SPD- und Sowjetpädagogik. Sie versucht der sozialistischen Bildungspolitik eine utopistische Strategie zu unterstellen, die ihren Beitrag zur Reform des Ausbildungssektors im Kapitalismus total verfälscht. Anders als Dietrich schätzt H. J. Heydorn die Entwicklung der sozialistischen Bildungspolitik und Erziehung ein. Für ihn leistet die Marxsche polytechnische Bildungstheorie den entscheidenden Beitrag zur Befreiung der Menschen von unbewußter Herrschaft[32]. Das von Marx intendierte Bildungsprogramm löst allerdings die Arbeiterbewegung nicht ein. Für Heydorn bleibt die Bildungspolitik der Arbeiterbewegung systemimmanent: »eine zusätzliche Assistenz des Bestehenden«[33]. Angesichts der heutigen Integration der Arbeiterklasse in die

---

24 Vgl. Th. Dietrich, a. a. O., S. 86–93.
25 Vgl. Th. Dietrich, a. a. O., S. 25–44.
26 Vgl. Th. Dietrich, a. a. O., S. 94–119.
27 Vgl. Th. Dietrich, a. a. O., S. 162–182.
28 Vgl. Th. Dietrich, a. a. O., S. 127–162.
29 Vgl. Th. Dietrich, a. a. O., S. 285 ff.
30 Th. Dietrich, a. a. O., S. 307.
31 Vgl. Th. Dietrich, a. a. O., S. 311, 321.
32 H. J. Heydorn: Über den Widerspruch von Bildung und Herrschaft, Frankfurt 1970, S. 134–167, bes. S. 166.
33 H. J. Heydorn, a. a. O., S. 207, ähnlich S. 245, 256.

»Front der Herrschenden«[34] wird bei der heutigen Tendenz zur technokratischen Gesamtschule für Heydorn der Lehrer zum revolutionären Subjekt. »Die Befreiung des Lehrers ist eine Voraussetzung jeder anderen Befreiung ... Der Lehrer ist kein Berufsrevolutionär, sondern Revolutionär im Beruf[35].« Auch Heydorn kann die wirkliche Geschichte und progressive Funktion sozialistischer Bildungspolitik und Erziehung nicht entschlüsseln. Endet für Dietrich die Geschichte der sozialistischen Bildungspolitik in der wirklichen Unmenschlichkeit, so für Heydorn in der unmenschlichen Wirkungslosigkeit, die erst eine neue revolutionäre Lehrerbewegung überwindet. Neue Ansätze zu einer Gesamtdarstellung der sozialistischen Bildungspolitik versuchte der Kinderladen Berlin-Schöneberg 1969[36]. Der dort entwickelte Abriß wurde weiter entwickelt von Lutz von Werder[37], der 1974 auch einen Versuch der Gesamtdarstellung der Geschichte der sozialistischen Bildungspolitik und Erziehung vorlegte[38]. Diese Arbeit orientiert sich nicht am Fünf-Etappen-Modell der DDR-Historik, wie es sich ergibt, wenn man die Etappen der Parteientwicklung als wirkliche Basis der sozialistischen Bildungspolitik betrachtet. Sie versucht, die Entwicklung der sozialistischen Bildungspolitik aus der Entwicklung der ökonomischen und politischen Grundlagen des staatlich getragenen Vergesellschaftungsprozesses der Erziehung abzuleiten und dabei die Entwicklung der Einflußnahme der organisierten Arbeiterbewegung auf die Staatstätigkeit herauszuarbeiten. Die Geschichte der Einflußnahme der Arbeiterparteien auf die Bildungspolitik des Staates wird in Abhängigkeit gesehen von der Entwicklung der Bildungsnachfrage der Arbeiterklasse, insbesondere unter der Bedingung der Herausbildung jüngerer Altersgruppen im Proletariat. Auf dieser Basis stellt sich die Entwicklung der sozialistischen Bildungspolitik im bürgerlichen Deutschland keineswegs nur als Vorgeschichte des neuen DDR-Bildungssystems oder als utopische oder reformistische Flause dar. Die Geschichte der sozialistischen Bildungspolitik enthüllt sich als eine von Verzögerungen,

34 H. J. Heydorn, a. a. O., S. 319.
35 H. J. Heydorn, a. a. O., S. 329.
36 Erziehung und Klassenkampf. Berlin 1969 (Anleitung für eine revolutionäre Erziehung Nr. 3) S. I–XLVIII.
37 Vgl. L. v. Werder: Von der antiautoritären zur proletarischen Erziehung. Frankfurt 1972, S. 46–54.
38 L. v. Werder: Sozialistische Erziehung in Deutschland. Frankfurt 1974.

Rückschläge, Vergessen und Neuansätzen gekennzeichnete Tradition, die im bürgerlichen Deutschland heute wieder die Tendenz entwickelt, ein verwissenschaftlichter Bestandteil der Politik der modernen Arbeiterbewegung zu werden. Die Wedersche Arbeit unterscheidet nach Maßgabe der Entwicklungsetappen der ökonomischen Grundlagen des Vergesellschaftungsprozesses der Erziehung vier Etappen der sozialistischen Bildungspolitik: die Zeit der industriellen Revolution in Deutschland (1800–1870), die Etappe der ersten technologischen Revolution (1870–1900), die Epoche der zweiten technologischen Revolution (1900–1945) und schließlich die Etappe der dritten technologischen Revolution (1945 ff.). Dieser neue Ansatz zur Darstellung der Geschichte der sozialistischen Bildungspolitik ermöglicht eine bessere Beleuchtung der wirtschaftlichen und politischen Grundlagen der bildungspolitischen Tätigkeit der Arbeiterklasse. Dieser Ansatz ist aber erst ein Anfang.

Die in der Bundesrepublik zu leistende Gesamtdarstellung der sozialistischen Bildungspolitik wird einen weiteren Aufschwung nehmen, wenn sie sich nicht nur auf die Forschung der DDR, sondern auch auf die entsprechende Forschung in der BRD bezieht. Ein wichtiges Ergebnis dieser Forschung ist sowohl die Edition von sozialistischen Quellentexten durch S. Voets[39] sowie die Veröffentlichung verschiedener bibliographischer Materialien[40]. Die Erforschung des bildungspolitischen Erbes der deutschen Arbeiterbewegung in der BRD muß aber auch die Teilarbeiten berücksichtigen, die in der DDR und der BRD zum Thema vorliegen. Deshalb sollen im folgenden der Stand und die Probleme der Forschung in den vier Hauptetappen der sozialistischen Bildungspolitik geschildert werden, wie sie sich im Lichte der DDR- und BRD-Forschung darstellen.

---

39 S. Voets (Hrsg.): Sozialistische Erziehung, Hamburg 1972.

40 Vgl. Erziehung und Klassenkampf, Berlin 1969, S. 1–140. Istituto Giangiacomo Feltrinelli: Die Kommunistische Partei Deutschlands, 1918–1933. Milano 1961 (Bibliographische Beiträge); H. Steiner: Bibliographie zur Geschichte der österreichischen Arbeiterbewegung 1867–1934. Wien 1962–67, Bd. 1–2. Nützlich sind auch noch die älteren Beiträge J. Stammhammer: Bibliographie des Sozialismus und Communismus. Jena 1893–1908, Bd. 1–3; E. Drahn: Bibliographie des Sozialismus und Communismus, 1914–1922. Berlin 1923.

3. Zur Erforschung der Hauptperioden

3.1. Die Arbeiterbewegung entwickelt Ansätze einer sozialistischen Bildungspolitik (1848–1870)

Die industrielle Revolution in Deutschland läßt nicht nur die Zahl der Arbeiter anschwellen. Sie schafft für die von den Produktionsmitteln getrennten Arbeiter, die auf dem Arbeitsmarkt ihre Arbeitskraft als Ware anbieten müssen, um leben zu können, zugleich das Problem der Ausbildung. Diese Ausbildung muß der Arbeiter erlangen, bevor der Kapitalist ihn im Produktionsprozeß produktiv anwendet. Diese Ausbildung muß dem Arbeiter eine Beweglichkeit des Arbeitsvermögens vermitteln, die ihn zur Anpassung an die Bewegungen des Kapitals kompetent macht. Wenn auch die stark expandierenden kapitalistischen Produktivkräfte eine solche Qualifikation von den Arbeitern verlangen, so degradieren die kapitalistischen Produktionsverhältnisse in der industriellen Revolution den Arbeiter zum ungelernten Teilarbeiter. Die Arbeiterschaft der industriellen Revolution rekrutiert sich wegen minimaler Qualifikationsanforderungen und nach dem Interesse des Kapitals an billigsten Arbeitskräften weitgehend aus den Reihen der proletarischen Frauen und Kinder. Die Einbeziehung proletarischer Frauen und Kinder in den Produktionsprozeß zerstört aber nicht nur jede kleinbürgerliche Familienform im Proletariat, sie gefährdet die Reproduktion der Gattung selbst. Angesichts dieser Entwicklung muß die Arbeiterklasse, auch wenn der einzelne Arbeiter »in vielen Fällen zu unwissend ist, die wahren Interessen seines Kindes oder die normalen Bedingungen der menschlichen Entwicklung zu verstehen«[41], sich mit der Notwendigkeit der Sicherung der Reproduktion der Arbeiterschaft wie der menschlichen Gattung durch gesellschaftliche Erziehung auseinandersetzen. Die Grenzen, die die kapitalistischen Produktionsverhältnisse der Durchsetzung einer angemessenen gesellschaftlichen Erziehung setzen, erzwingen von der Arbeiterklasse eine Doppelstrategie. Soweit die gesellschaftliche Erziehung der Arbeiterkinder in der bürgerlichen Gesellschaft erreicht werden kann, muß sie durch proletarischen Druck auf die Staatsgewalt erkämpft wer-

---

41 MEW 16, S. 194.

den[42]. Soweit die Arbeiterkinder aber für eine sozialistische Gesellschaft erzogen werden sollen, muß diese Erziehung außerhalb des staatlichen Erziehungssystems in den Organisationen der Arbeiterklasse stattfinden[43]. Diese Doppelstrategie zwingt sich der Arbeiterbewegung, soweit sie für den Sozialismus kämpft, im Kapitalismus auf. In Deutschland lassen sich beim Bund der Kommunisten und bei den Basisgruppen der 1. Internationalen Ansätze zu einer sozialistischen Bildungspolitik finden. In der industriellen Revolution in Deutschland werden drei Aspekte sozialistischer Bildungspolitik aufgeworfen:

1. Die Strategie und Taktik sozialistischer Bildungspolitik,
2. Die Bemühungen um eine sozialistische Erziehung der jungen Arbeitergeneration,
3. Ansätze einer marxistischen Erziehungstheorie.

Diese drei Aspekte sind von der DDR-Forschung schon bearbeitet worden. Es fehlt allerdings eine gründliche systematische Darstellung aller drei Hauptaspekte der ersten Periode. In den Überlegungen zur Strategie und Taktik der Bildungspolitik bei Marx und Engels wird herausgearbeitet[44], daß die Arbeiterpartei in unentwickelten kapitalistischen Verhältnissen »für das konsequent bürgerlich-demokratische Schulprogramm eintreten und gemeinsam mit den revolutionär-demokratischen Kräften für seine Realisierung kämpfen muß«[45]. In entwickelten Kapitalverhältnissen soll der Kampf um Bildungsreformen und die Kooperation mit Bündnisschichten in den Kampf um das sozialistische Bildungssystem in einer neuen Gesellschaft eingeordnet werden. Im entwickelten Kapitalismus ist es für die sozialistische Bildungspolitik erforderlich, »die Arbeiter für Teilziele zu mobilisieren, ohne Unklarheiten darüber zu dulden, daß eine wirklich demokratische Schule erst

---

42 MEW 16, S. 194.
43 MEW 16, S. 564.
44 K. H. Günther u. a.: Geschichte der Erziehung, a. a. O., S. 339 f.; H. Flach u. a.: Stand, Aufgaben und Probleme der Erforschung ..., a. a. O., S. 273 f.; P. N. Grusdew: Marx und Engels über Erziehung und Bildung. In: Ders. (Hrsg.): Marx und Engels über Erziehung und Bildung, Berlin 1960, S. 37–41.
45 H. Flach u. a., a. a. O., S. 273.

nach dem Sturz der herrschenden Klasse und nach dem Sieg der Revolution errichtet werden kann«[46]. Die Mobilisierung der Arbeiterklasse für sozialistische Endziele steht nun über der Bündnispolitik und der Betonung von sozialistischen Teilzielen. Mit dieser Einschätzung zeigen sich aber erst die Ansätze der Rekonstruktion der Strategie und Taktik der sozialistischen Bildungspolitik, wie sie Marx und Engels entwickelt haben. Die Erforschung der praktischen Anstrengungen der Arbeiterorganisationen wie z. B. des Bundes der Kommunisten oder der 1. Internationalen für eine sozialistische Erziehung ist noch nicht weit gediehen[47]. Auch das Wirken des Verbandes der deutschen Arbeitervereine und der vielen deutschen Arbeiterbildungsvereine wurde in der DDR noch nicht umfassend untersucht[48]. Der Schwerpunkt der Forschung zur ersten Etappe der Bildungspolitik der Arbeiterbewegung lag in der DDR auf der Untersuchung der Herausbildung der marxistischen Erziehungstheorie. Zu diesem Problem wurden von H. Karras, G. Krapp, W. Reischock, B. Suchodolsky, H. Flach systematische Arbeiten veröffentlicht[49]. Außerdem wurden eine Fülle von Aufsätzen zu einzelnen Fragen der marxistischen Erziehungstheorie pu-

---

46 H. Flach u. a., a. a. O., S. 274.

47 Vgl. M. Burow: Pädagogische Bestrebungen der Revolution von 1848. In: Pädagogik, 3. Jg. 1948, Heft 2, S. 97 ff.; K. Obermann: Die deutschen Arbeiter in der ersten bürgerlichen Revolution, Berlin 1950; O. Vag: Die Verbreitung und der Einfluß der Resolution über Erziehung des Genfer Kongresses der 1. Internationalen. In: Wissenschaftliche Zeitschrift der pädagogischen Hochschule Potsdam, gesellschafts- und sprachwissenschaftliche Reihe, 9. Jg. 1965, Heft 2, S. 215 ff.

48 Vgl. aber K. H. Günther: Bürgerlich-demokratische Pädagogen in Deutschland während der zweiten Hälfte des 19. Jahrhunderts, Berlin 1963; W. Friedrich: Die Überwindung des bürgerlichen Bildungsideals in den deutschen Arbeitervereinen. In: Beiträge zur Geschichte der deutschen Arbeiterbewegung, 1965, Heft 1, S. 77 ff.; vgl. auch E. Eyck: Der Vereinstag deutscher Arbeitervereine 1863–1868. Berlin 1904.

49 H. Karras: Die Grundgedanken der sozialistischen Pädagogik in Marx' Hauptwerk »Das Kapital«. Berlin 1956 (auch Frankfurt 1972); G. Krapp: Marx und Engels über die Verbindung des Unterrichts mit produktiver Arbeit und die polytechnische Bildung. Berlin 1958 (auch Frankfurt 1972); W. Reischock: Theoretische Grundlagen der polytechnischen Erziehung und ihr Inhalt in der Grundschule. Berlin, Humboldt-Universität, Päd. Diss., 1953; B. Suchodolski: Grundlagen der marxistischen Erziehungstheorie. Berlin 1961; H. Flach: Das Prinzip der Selbsttätigkeit in der Pädagogik der deutschen Arbeiterbewegung, Potsdam, Pädagogische Hochschule, Hab.-Schr. 1965, K. H. Günther: Geschichte der Erziehung, a. a. O., S. 325–347.

bliziert[50]. Auch Antologien mit Texten von Marx zu Bildungsfragen erschienen[51].

Um die marxistische Erziehungstheorie genauer zu charakterisieren und sie von utopistischen und anarchistischen Erziehungstheorien der Arbeiterbewegung abzugrenzen, untersuchte man auch den Beitrag Wilhelm Weitlings zur sozialistischen Bildungspolitik und Erziehung[52].

Auch die ersten marxistischen Bildungspolitiker wie August Bebel und Wilhelm Liebknecht fanden Beachtung[53].

In der BRD wurde die Strategie und Taktik sozialistischer Bil-

---

50 W. Wolf: Die grundlegenden Gedanken von Karl Marx über Erziehung und Bildung. In: Pädagogik, 8. Jg. 1953, Heft 3; W. Langbecker: Arbeiterklasse und sozialistische Bildung. In: Pädagogik, 1968, Heft 5, S. 400 ff.; H. Schulz: Marx und Engels zur Theorie des sozialistischen Erziehungsziels. In: Das sozialistische Menschenbild, Leipzig 1968; H. Flach: Karl Marx und die Begründung des Prinzips der Selbsttätigkeit. In: Pädagogik 1968, Heft 6, S. 530 ff.; W. Lemm: Grundlagen der Theorie der Arbeitserziehung bei Marx und Engels. In: R. Alt / W. Lemm: Zur Geschichte der Arbeitserziehung in Deutschland. Berlin 1970, Teil I., S. 162–196; W. Langbecker: Zur marxistisch-leninistischen Lehre von der Bildung und Erziehung als wesentlicher Bestandteil des gesellschaftlichen Reproduktionsprozesses. In: Wissenschaftliche Zeitschrift des pädagogischen Instituts »Ernst Schneller«, Zwickau, gesellschafts- und sprachwissenschaftliche Reihe 1971, Heft 1–2, S. 69 ff.

51 P. N. Grusdew (Hrsg.): Marx und Engels über Erziehung und Bildung. Berlin 1966; Karl Marx und Friedrich Engels: Über die Jugend, Berlin 1974.

52 W. Langbecker: Wilhelm Weitling als erster Erziehungstheoretiker des deutschen Proletariats. Potsdam, Pädagogische Hochschule, Päd. Diss. 1961; W. Langbecker: Die pädagogischen Forderungen der deutschen Arbeiter in der vormarxistischen Periode. In: Wissenschaftliche Zeitschrift der pädagogischen Hochschule Potsdam, gesellschafts- und sprachwissenschaftliche Reihe, 9. Jg. 1965, H. 2, S. 227–230.

53 Vgl. E. Eichler: August Bebel. In: Pädagogische Enzyklopädie, Berlin 1963, Bd. 1, S. 86 ff.; E. Eichler: August Bebel über die Rolle der Arbeiterbildungsvereine und über sozialistische Schulpolitik. In: Jahrbuch für Erziehungs- und Schulgeschichte. Berlin 1963, S. 119 ff.; August Bebel: Zu Fragen der Schulpolitik, Erziehung und Bildung. In: Pädagogik 1963, H. 9, S. 757 ff.; W. Liebknecht: Wissen ist Macht – Macht ist Wissen und andere bildungspolitische Äußerungen. Berlin 1968; H. Brumme: Das bildungspolitische Wirken des revolutionären Arbeiterführers Wilhelm Liebknecht. In: Pädagogik 1967, H. 2, S. 159 ff.; H. Brumme: Wilhelm Liebknecht über die Bildung und Erziehung des werktätigen Volkes. Berlin, Humboldt-Universität, Hab.-Schr. 1969; L. Hartung: Wilhelm Liebknecht über die allseitige Entwicklung der Persönlichkeit. In: Pädagogische Forschung, 1965, H. 5, 6; L. Hartung: August Bebel und Wilhelm Liebknecht zum marxistischen Bildungsbegriff. In: Wissenschaftliche Zeitschrift der Ernst-Moritz-Arndt-Universität, Greifswald 1967, Heft 5.

dungspolitik und die Anfänge sozialistischer Erziehung in der ersten Periode nur bei von Werder und H. Feidel-Mertz[54] untersucht. Der Schwerpunkt der BRD-Forschung über die erste Periode lag auf der Rekonstruktion einer politischen Ökonomie des Ausbildungssektors[55], wie sie im Marxschen »Kapital« vorliegt. Es gab auch fortschrittliche Ansätze der Rekonstruktion des Marxschen Begriffes der polytechnischen Erziehung[56]. Die Hauptarbeit der Untersuchung der ersten Periode leisteten bisher jedoch bürgerliche Wissenschaftler, die die marxistische Erziehungstheorie als antihumanistisch, totalitär und undemokratisch hinstellen wollten[57]. Ein Schwerpunkt dieser bürgerlichen Kritik an der Marxschen Erziehungstheorie wurde die Konzeption der polytechnischen Erziehung[58]. Die kritische Rezeption von Marx seitens

---

54 L. v. Werder: Sozialistische Erziehung, a. a. O., S. 31–61; H. Feidel-Mertz: Zur Ideologie der Arbeiterbildung, Frankfurt 1964. Vgl. auch die ältere Arbeit: H. Reisig: Die Rolle der Bildung für die Befreiung des Proletariats. Langensalza 1933, S. 18–110.

55 Vgl. E. Altvater / F. Huisken: Materialien zur politischen Ökonomie des Ausbildungssektors. Erlangen 1971; F. Huisken: Zur Kritik bürgerlicher Didaktik und Bildungsökonomie. München 1972, S. 223 ff.; AK München: Wissenschaft und Kapital. München 1972, S. 40–70; Schöbel, Schützendorf, Wagner: Zum Verhältnis von Produktion und Ausbildung. In: Ästhetik und Kommunikation 1971, H. 4; K. H. Roth / E. Kanzow: Unwissen als Ohnmacht. Berlin 1970, S. 30–91; M. Masuch: Politische Ökonomie der Ausbildung. Reinbek 1972; K. Gilgenmann: Zur gesellschaftlichen Formbestimmtheit von Erziehung und Ausbildung. In: G. Szell (Hrsg.): Privilegierung und Nichtprivilegierung im Bildungssystem, München 1972, S. 289 ff.; S. Gensior / B. Krais: Zur Vergesellschaftung von Erziehung und Ausbildung in der bürgerlichen Gesellschaft. In: Blätter für deutsche und internationale Politik, 1973, H. 4, S. 402 ff; Autorenkollektiv: Zur Kritik der Bildungsökonomie. Berlin 1974.

56 W. Markert: Polytechnische Bildung und Erziehung. In: Autorenkollektiv: Polytechnik in der Bundesrepublik?, Frankfurt 1972, S. 136–167; A. Diemer / C. Hübner: Erziehung, ein Werkzeug im Klassenkampf – Zur Theorie der polytechnischen Erziehung. In: Erziehung und Klassenkampf, 1. Jg. 1971, H. 3, S. 3–36; H. J. Heydorn: Über den Widerspruch . . ., a. a. O., S. 134–167.

57 K. Beutler und U. Henning: Zur pädagogischen Marxforschung und Marx-Vermittlung in der BRD. In: Zeitschrift für Pädagogik, 14. Jg. 1968, Nr. 6, S. 619 ff.

58 R. Reinig: Das Problem der polytechnischen Arbeitserziehung. Marburg 1962; S. Jenkner: Arbeitsteilung, allseitige Entwicklung des Menschen und polytechnische Bildung. Braunschweig 1966; B. Gierschke: Das Bild des Menschen bei Karl Marx und seine Bedeutung für das pädagogische Denken. Heidelberg, phil. Diss. 1958; H. Klages: Technischer Humanismus. Stuttgart 1964; H. E. Wittig: Die Marxsche Bildungskonzeption und die Sowjetpädagogik, Bad Harzburg 1964.

der bürgerlichen Erziehungswissenschaftler fand schließlich ihren Ausdruck in der Herausgabe von Antologien von Marx-Zitaten zur Frage der Erziehung[59]. Eine angemessene Rezeption der Marxschen Theorie der sozialistischen Bildungspolitik und Erziehung ist in der BRD bis heute nicht geleistet.

3.2. Die Arbeiterbewegung beginnt den Kampf um den Ausbildungssektor (1870–1900)

Die Konkurrenz und die Möglichkeit des technologischen Extraprofits stimulierten die Akkumulation des Kapitals und förderten die Umwälzung des Produktionsprozesses. Die Revolutionierung der technischen Basis der kapitalistischen Produktion wird durch die zum Zwecke der Erhaltung der menschlichen Gattung eingeführten Beschränkung des Arbeitstages und der daraus folgenden Notwendigkeit des Überganges zu Formen relativer Mehrwertproduktion weiter forciert. Die rapiden Veränderungen in der Produktion, die Errichtung eines deutschen Nationalstaates, hatten gründliche Auswirkungen auf den Umfang und die Struktur der für die Produktion und die Gesellschaft erforderlichen Arbeitskräfte. Die erste technologische Revolution machte, um der wachsenden Nachfrage nach ausgebildeten Arbeitskräften nachzukommen, die rasche Durchsetzung der Volksschulpflicht und Ansätze von Fortbildungsschulen notwendig. Dieser Fortschritt in der Vergesellschaftung der Erziehung verstärkte aber zugleich den Versuch des Kapitals, die gesellschaftliche Erziehung im Interesse der herrschenden Klasse und als Mittel zur Bekämpfung der erstarkenden Arbeiterbewegung, die auch mit dem Sozialistengesetz nicht vernichtet werden konnte, zu benutzen. Da das gegenüber der Produktion verselbständigte Ausbildungssystem nun zu einem wichtigen Mittel der Reproduktion der bestehenden Produktionsverhältnisse wurde und zugleich die Funktion erhielt, der stärker werdenden Arbeiterbewegung den Einfluß auf die jüngere Generation abzuschneiden, war die organisierte Arbeiterschaft gezwungen, ihren gesellschaftlichen Einfluß auf die Entwicklung des Aus-

---

59 K. Marx: Bildung und Erziehung. (Hrsg. v. H. E. Wittig) Paderborn 1968 (s. d. auch umfassende Bibliographie zum Thema des Marxschen Bildungsbegriffs, S. 314–341); K. Marx: Technologie und polytechnische Bildung. (Hrsg. v. H. Rademacher) Heidelberg 1965.

bildungssektors geltend zu machen. Der erstarkenden Arbeiterbewegung drängte sich nun unausweichlich die Aufgabe auf, eine sozialistische Bildungspolitik und Erziehung zu entwickeln, die die Durchsetzung der kapitalistischen Interessen im Ausbildungssektor bekämpfte. Besonders Marx und Engels versuchten durch Kritik der Lasalleschen Sozialstaatsillusionen, die die Hoffnung verbreiteten, der bürgerliche Staat organisiere schon eine allgemeine und gleiche Volkserziehung, die bildungspolitische Taktik für entwickelte kapitalistische Verhältnisse in der SPD durchzusetzen. Sie versuchten, die Bildungspolitik der SPD stärker auf den Kampf um das sozialistische Erziehungssystem in einer befreiten Gesellschaft zu orientieren. Sie entwickelten mit der Ausarbeitung der Hauptforderungen sozialistischer Bildungspolitik: der Allseitigkeit der Produzenten, die Einheitlichkeit ihrer wissenschaftlichen Ausbildung, der Verbindung der Ausbildung mit der Produktion, Maßstäbe, mit denen die Entwicklung des bürgerlichen Schulsystems und die Tendenzen bürgerlicher Schulreformen kritisiert werden konnten. Sie wiesen auch auf die Notwendigkeit der Propagierung systemsprengender sozialistischer Bildungsreformen hin und legten damit die Grundlage für die inner- und außerparlamentarische Bildungspolitik der Arbeiterbewegung. Die Entwicklung sozialistischer Bildungsstrategie durch Marx und Engels in der zweiten Periode wurde in der DDR schon untersucht[60]. Es wurde auch dargestellt, wieweit W. Liebknecht u. A. Bebel an diesem Prozeß beteiligt waren[61]. Trotz ihrer Anstrengungen verzögerte sich die Durchsetzung einer marxistischen Bildungspolitik in der SPD. Die

60 Vgl. H. Flach: Der Beitrag Friedrich Engels' zur Herausbildung und Propagierung der marxistischen Bildungspolitik. In: Wissenschaftliche Zeitschrift des Pädagogischen Instituts Ernst Schneller, Zwickau, gesellschafts- und sprachwissenschaftliche Reihe, 1971, H. 1/2, S. 59 ff.; G. Krapp: Zu den Fragen des allgemeinen kommunistischen Erziehungszieles, der Verbindung des Unterrichts mit produktiver Arbeit und der polytechnischen Bildung. In: Pädagogik 1969, H. 3, S. 206 ff.; R. Sperl, G. Krapp: Eine Schatzkammer großer Ideen. In: Pädagogik 1968, H. 5, S. 414 ff.

61 H. Brumme: W. Liebknecht und die Schulpolitik der deutschen Arbeiterbewegung. In: Wissenschaftliche Zeitschrift der Pädagogischen Hochschule Potsdam, gesellschafts- und sprachwissenschaftliche Reihe, 1965, Heft 2, S. 231 ff.; H. Brumme: Das bildungspolitische Wirken des revolutionären Arbeiterführers W. Liebknecht. In: Pädagogik 1967, H. 2, S. 159 ff.; G. Hohendorf: August Bebel über den Zustand des Schulwesens in Deutschland um 1900. In: Pädagogik 1956, H. 5/6.

Untersuchung der sozialdemokratischen Bildungspolitik durch DDR-Forscher deckte umfassende Fehler in der Programmatik und Taktik der Bildungspolitik der SPD auf. »Auf den Klassencharakter der preußisch-deutschen Schule, auf die Überwindung des Bildungsprivilegs der Besitzenden und Herrschenden wurde nicht direkt orientiert ... Die bildungspolitischen Teile der Parteiprogramme wiesen im wesentlichen nur aus, daß die Arbeiterklasse die schulpolitischen Forderungen des aufstrebenden Bürgertums und der Revolutionszeit von 1848 übernommen hatten[62].«

Die Forschung in der DDR hat auch die Widersprüche zwischen den außer- und innerparlamentarischen Aktionen der SPD in dieser Periode aufgedeckt[63]. Die Keime eines gegenüber dem staatlichen Erziehungssystem alternativen sozialistischen Erziehungssystems, die vor der Jahrhundertwende entstanden, sind bisher nur unzureichend erforscht worden. Es gibt zwar Darstellungen des literarischen Einflusses der sozialistischen Massenpresse und Massenliteratur auf die Erziehung in der Arbeiterfamilie[64],

---

62 G. Krapp: Stand, Aufgaben und Probleme ..., a. a. O., S. 555; Vgl. auch: L. Hartung: Die Darstellung der Marxschen Theorie von der Verbindung des Unterrichts mit produktiver Arbeit und von der polytechnischen Bildung in den schulpolitischen und pädagogischen Ansichten der deutschen Arbeiterbewegung im Zeitraum von 1869–1890/91. Berlin DPZI, Päd. Diss. 1965; L. Hartung: Gedanken und Forderungen der deutschen Arbeiterbewegung zur Arbeitserziehung 1871–1900. In: R. Alt / W. Lemm (Hrsg.): Zur Geschichte der Arbeitserziehung in Deutschland. T 1, a. a. O., S. 246 ff.; K. H. Günther u. a.: Geschichte der Erziehung, a. a. O., S. 379 ff.; H. Brumme: W. Liebknecht über die Bildung ..., a. a. O.

63 Vgl. G. Krapp: Stand, Aufgaben und Probleme ..., S. 556 f.; R. Alt: Bilderatlas zur Schul- und Erziehungsgeschichte. Berlin 1965, Bd. 2, S. 475.

64 F. Hammerschmidt: Entstehung und Entwicklung der ersten Jugendzeitschriften der deutschen Arbeiterjugendbewegung vor dem 1. Weltkrieg. In: Jahrbuch für Erziehungs- und Schulgeschichte, Berlin 1962, S. 132 ff.; A. Koch: Die Auseinandersetzung über das Problem einer spezifisch proletarischen Kindererziehung in der deutschen Sozialdemokratie vor dem Ersten Weltkrieg und die Verwirklichung der sozialistischen Erziehung und Bildung der Proletarierkinder durch revolutionäre Marxisten, insbesondere mit Hilfe der ersten deutschen sozialistischen Kinderzeitschrift »Für unsere Kinder«. Jena, phil. Diss. 1964. A. Koch: Die erste proletarische Kinderzeitschrift in Deutschland. In: Wissenschaftliche Zeitschrift der pädagogischen Hochschule Potsdam, gesellschafts- und sprachwiss. Reihe, 1965, H. 2, S. 239 ff.; B. Kaiser: Zur Geschichte des proletarischen deutschen Kinderbuchs. In: Almanach für die Freunde des Kinderbuchs, Berlin 1969, S. 33 ff.; G. Holtz-Baumert: Skizzenhaftes zum Kampf um eine sozialistische deutsche Kinderliteratur. In: Beiträge zur Kinder- und Jugendliteratur 1970, 7. Jg., S. 88 ff.; H. Wegehaupt:

aber die Geschichte der sozialistischen Schulentlassungsfeiern, der sozialistischen Jugendweihen und Jugendfeste sind noch nicht richtig erforscht[65]. Dagegen sind die ersten Anfänge der Arbeiterjugendbewegung im 19. Jahrhundert schon genauer untersucht worden[66]. Da die Entwicklung der Arbeiterjugendbewegung noch keinen großen Umfang annahm, blieb auch die Tätigkeit der ersten sozialistischen pädagogischen Schriftsteller gering. Das Wirken der bedeutendsten Vertreter der sozialistischen Pädagogik dieser Periode, besonders von Adolf Douai und Robert Seidel wurde von der DDR-Historik untersucht[67].

In der BRD sieht es mit der Untersuchung der zweiten Periode der sozialistischen Bildungspolitik trübe aus. Es gibt zwar Skizzen der Probleme der sozialistischen Bildungspolitik und Erziehungsansätze bei v. Werder, B. Voigt, H. Titze[68], in denen besonders das Wirken von W. Liebknecht untersucht wird, es gibt Anmerkungen zur sozialdemokratischen Arbeitserziehung R. Seidels[69], es gibt aber keine Gesamtuntersuchung, mit der man die Forschung der DDR zu dieser Periode richtig einschätzen könnte[70].

Kinder- und Jugendliteratur der Arbeiterklasse von den Anfängen bis 1945. In: Beiträge zur Kinder- und Jugendliteratur 1970, 7. Jg., S. 102 ff.; M. Lange: Die Bildungs- und Erziehungsarbeit der Arbeiterklasse mit Hilfe des Kinder- und Jugendbuches. In: Der Bibliothekar, 17. Jg. 1963, S. 922 ff.; vgl. auch H. Wegehaupt: Deutschsprachige Kinder- und Jugendliteratur der Arbeiterklasse von den Anfängen bis 1945. Bibliographie. Berlin 1972.

65 W. Billerbeck: Die Jugendweihe – eine revolutionäre Tradition der deutschen Arbeiterklasse. In: Pädagogik 1962, H. 3, S. 257 ff.; G. Krapp: Über die Anfänge der proletarischen Jugendweihe in Deutschland. In: Wissenschaftliche Zeitschrift des pädagogischen Instituts Ernst Schneller, Zwickau, gesellschafts- und sprachwiss. Reihe, 1971, H. 1/2, S. 120 ff.

66 G. Krapp: Der Hamburger Jugendbund 1892–1894. In: Pädagogik, 28. Jg. 1973, Nr. 11, S. 1045 ff.; H. Schuster: Arbeiterturner im Kampf um die Jugend, Berlin 1962; Autorenkollektiv: Geschichte der Körperkultur in Deutschland, Berlin 1965, Bd. II, S. 285–287; W. Sieger: Das erste Jahrzehnt der deutschen Arbeiterjugendbewegung 1904–1914, Berlin 1958, S. 31–37.

67 Vgl. Autorenkollektiv: Beiträge zur Geschichte der Vorschulerziehung. Berlin 1968, S. 232 ff.; G. H. Günther u. a.: Geschichte der Erziehung, a. a. O., S. 384 ff.

68 L. v. Werder, a. a. O., S. 62 ff.; B. Voigt: Bildungspolitik und politische Erziehung in den Klassenkämpfen. Frankfurt 1973, S. 141 ff.; H. Titze: Die Politisierung der Erziehung. Frankfurt 1973, S. 219 ff.; vgl. auch die ältere Darstellung bei H. Reisig: Die Rolle der Bildung . . ., a. a. O., S. 111–176.

69 Th. Dietrich: Sozialistische Pädagogik, a. a. O., S. 120–127.

70 Eine Ausnahme an originaler Forschung zu dieser Periode stellt Richters Untersuchung zum politischen Kinderbuch dar. Vgl. D. Richter: Kinderbuch

H. J. Heydorn kritisiert die sozialistische Bildungspolitik vor der Jahrhundertwende. Er stellt fest: eine systemstabilisierende Bildungspolitik »wird zum Charakteristikum der Linken, hat den Stellenwert einer zusätzlichen Assistenz des Bestehenden«[71]. Eine genaue Untersuchung der Entwicklung der sozialistischen Bildungspolitik dieser Epoche hat aber auch er nicht vorgelegt.

3.3. Die Arbeiterjugend greift ein (1900–1945)

Mit dem Eintreten in die imperialistische Phase des Kapitalismus in Deutschland kam es erneut zu gründlichen Veränderungen des Produktionsprozesses. Auf der Basis neuer wissenschaftlicher Erkenntnisse, mit Hilfe der Indienstnahme der Elektrizität und auf der Basis neuer Erkenntnisse der Chemie konnte eine höhere Form der Konzentration und Verwissenschaftlichung der Produktion erreicht werden. Da die kapitalistische Arbeitsteilung die Trennung von Kopf- und Handarbeit im Betrieb verschärfte, ging mit den in der zweiten technologischen Revolution wachsenden Anforderungen an die Qualifikation des Gesamtarbeiters keineswegs eine wachsende Anforderung an jeden einzelnen Arbeiter einher. Die Qualifikationsstruktur des Gesamtarbeiters polarisierte sich: neue Formen von Dequalifikationen standen neuen Formen von Requalifikationen gegenüber. Zwischen die qualifizierte Schicht der Ingenieur- und Facharbeiter und der großen Schicht unqualifizierter Arbeiter schob sich die neue Schicht der Halb- und Angelernten. Diese Polarisierung der Qualifikation des Gesamtarbeiters, von dessen einzelnen Gliedern gleichwohl eine erhöhte Mobilität und Flexibilitätskompetenz verlangt wurde, erforderte nun eine spezifische Weiterentwicklung des Ausbildungssektors. Der Ausbau eines dreigliedrigen allgemeinbildenden Schulsystems mußte um die Etablierung eines Berufsbildungssystems erweitert werden. Handwerk und Industrie übernahmen die Ausbildung in der Produktion. Für die Ausbildung der Lehrlinge in Theorie trat der Staat ein: das duale berufliche Bildungssystem entstand. Da aber die in diesem sich herausbildenden Bildungssystem ver-

---

und politische Erziehung, T. 1. In: Ästhetik und Kommunikation, 2. Jg. 1971, H. 4, S. 5 ff.

71 H. J. Heydorn: Über den Widerspruch von Bildung und Herrschaft, a. a. O., S. 207.

mittelten Qualifikationen keineswegs den Anforderungen der Produktion nach allseitig mobilen und flexiblen Arbeitern entsprach, ergab sich für die Arbeiterbewegung die Notwendigkeit, in den Prozeß der weiteren Vergesellschaftung der Erziehung in ihrem Interesse weiter einzugreifen. Dieser Interventionsprozeß der Arbeiterklasse wurde in der zweiten technologischen Revolution hauptsächlich durch drei Momente bestimmt:

1. durch die Verschärfung der Flügelkämpfe in der SPD, die schließlich zur Spaltung der Arbeiterbewegung und zur Gründung der KPD führte;
2. durch die Herausbildung einer politischen Bewegung der Arbeiterjugend und Arbeiterkinder, zu deren Entstehung sowohl die Herausbildung des kapitalistischen Erziehungssystems wie die verstärkte Ausbeutung der Arbeiterjugend beitrug;
3. durch die wechselnden Staatsformen, die den politischen Spielraum der Arbeiterbewegung unterschiedlich determinierten.

So gliedert sich der Versuch der Arbeiterbewegung, mit bildungspolitischen Maßnahmen in den Prozeß der Herausbildung des bürgerlichen Erziehungssystems zu intervenieren und zugleich den Einfluß auf die Jugend zu stärken, in der zweiten technologischen Revolution in drei besonderen Phasen. Die erste Phase (1900–1918), als die zweite technologische Revolution sich noch langsam entwickelte und auch die Entwicklung des Ausbildungssektors stagnierte, ist durch den Versuch der Arbeiterbewegung und der Arbeiterjugend charakterisiert, unter den Bedingungen des Kaiserreichs den politischen Einfluß der herrschenden Klasse auf Schule und Berufsschule zu bekämpfen. Die zweite Phase (1918–1933) verlangte mit dem Aufschwung der zweiten technologischen Revolution gewisse Reformen des Ausbildungssektors, deren Forcierung die Arbeiterbewegung unter den politischen Bedingungen der Weimarer Republik anstrebte. Die dritte Phase (1933–1945) führte aus Gründen des Abflauens der zweiten technologischen Revolution und schärfster politischer Verfolgung der Arbeiterbewegung zum Verschwinden legaler, sozialistischer bildungspolitischer Maßnahmen.

3.3.1. Die Arbeiterbewegung zwischen Reform und Revolution (1900–1918)

Angesichts der imperialistischen Entwicklung des Kapitalismus stand die Sozialdemokratie vor der Aufgabe, den Schwerpunkt ihrer Taktik auf die Einigung der Arbeiterklasse zu legen und klare Positionen gegenüber der herrschenden Klasse zu beziehen. Für die sozialistische Bildungspolitik hieß das:

1. Die SPD mußte ihre Beschränkung auf die Vertretung der schulpolitischen Forderungen des aufstrebenden Bürgertums aufgeben und stärker im Rückgriff auf Marx und Engels ein sozialistisches Schulprogramm, das die Interessen der Arbeiterklasse zusammenfaßte, entwerfen. Auch die Mittel und Wege der Durchsetzung dieses Programms waren zu entwickeln.
2. Da sich im Imperialismus die Arbeiterjugend als besondere Schicht der Arbeiterklasse herausbildete und Anstrengungen zur Teilnahme an der sozialistischen Emanzipation machte, stand die SPD ebenso vor der Aufgabe, diese Bewegung in ihre sozialistische Bildungspolitik und Erziehungsanstrengungen einzuordnen.

Diesen Aufgaben kam die SPD nur teilweise nach. Die Durchsetzung starker reformistischer Strömungen verzögerten die Entwicklung einer angemessenen Strategie des bildungspolitischen Kampfes unter den Bedingungen des entwickelten Kapitalismus. Es kam zu starken Auseinandersetzungen zwischen dem linken und rechten Flügel der SPD auch in Fragen der Bildungspolitik. Die rechte SPD forderte in der Bildungspolitik nur Reformen, die im Rahmen des Kaiserreichs zu verwirklichen waren. Die linken Sozialdemokraten betrieben dagegen die Entwicklung einer sozialistischen bildungspolitischen Strategie. Sie bauten das sozialistische Schulprogramm aus. Sie erarbeiteten die Taktik der Verbindung von Teil und Endziel, von Reform und Revolution, von innerparlamentarischem und außerparlamentarischem Kampf auch für die Bildungspolitik. Sie strebten danach, sowohl Einfluß auf die Staatstätigkeit im Ausbildungssektor als auch Einfluß auf die Arbeiterjugendbewegung zu gewinnen. Die Auseinandersetzung zwischen den beiden Flügeln der SPD in der Bildungspolitik ist bisher in der DDR noch nicht gründlich erforscht. Der Flügelkampf wird aber exemplarisch in den Hauptschulkämpfen der SPD, dem

Kampf um das Volksschulunterhaltungsgesetz in Preußen[72], in Analysen zur sächsischen Bildungspolitik[73] und in Untersuchungen zur Entwicklung eines sozialistischen Schulprogramms, besonders seit dem Mannheimer Parteitag 1906[74], belegt. Eine neue Qualität erreichte die sozialistische Bildungspolitik und Erziehung durch die Entstehung und Entwicklung der Arbeiterjugendbewegung[75] und der Arbeit der sozialdemokratischen Kinderschutzkommissionen[76] und Kindersportriegen[77] unter den Arbeiterkindern.

---

72 M. Werler: Die führende Rolle der Arbeiterklasse in den schulpolitischen Kämpfen um das preußische Volksschulunterhaltungsgesetz (1904–1906). Dresden, PH, Päd. Diss. 1972.

73 H. Idel: Der Kampf um das sächsische Volksschulgesetz vor dem 1. Weltkrieg unter Berücksichtigung der Rolle der SPD. Dresden, PH, Päd. Diss. 1968.

74 K. H. Günther, Geschichte der Erziehung, a. a. O., S. 442–447; G. Hohendorf: Bildungspolitische und pädagogische Tradition der deutschen Arbeiterbewegung in der 3. Hauptperiode ihrer Entwicklung. In: Pädagogik, 27. Jg. 1972, Nr. 11, S. 1034–1039. Zum Problem des sozialistischen Schulprogramms informieren auch ältere Arbeiten noch gut, z. B. H. Köllner: Das Schulprogramm der deutschen Sozialdemokratie, Langensalza 1920; R. Lohmann: Das Schulprogramm der Sozialdemokratie und ihre Schulpolitik. Berlin 1921; H. Schulz: Die Schulreform der Sozialdemokratie. Dresden 1911.

75 Vgl. W. Sieger: Das erste Jahrzehnt der deutschen Arbeiterjugendbewegung, 1904–1914. Berlin 1958; R. Schüller: Von den Anfängen der proletarischen Jugendbewegung bis zur Gründung der KJI. München 1971; Autorenkollektiv: Geschichte der deutschen Arbeiterjugendbewegung 1904–1945, Dortmund 1973; Autorenkollektiv: Abriß der Geschichte der deutschen Arbeiterjugendbewegung, Berlin 1966, Bd. 1. Auch eine Reihe von Erlebnisberichten schildern die Entstehung der Arbeiterjugendbewegung. Vgl.: H. Schumann: Jugend – Amboß oder Hammer. Bilanz und Lehren aus 60 Jahren Arbeiterjugendbewegung, Berlin 1964; W. Münzenberg: Die 3. Front, Berlin 1930; F. Globig: ... aber verbunden sind wir mächtig, Berlin 1958. S. Scholze: Dem Karl Liebknecht haben wir's geschworen, Berlin 1971; E. Schumann: Wir gingen mit Karl Liebknecht, Berlin 1960; E. Wiesner: Man nennte mich Enst, Berlin 1961. Wichtig sind auch die älteren Arbeiten. W. Münzenberg: Die sozialistische Jugendorganisation vor und während des 1. Weltkrieges, Berlin 1919; K. Korn: Die Arbeiterjugendbewegung, Berlin 1923, Band 1–3; C. Borgwardt: Die sozialistische Jugendbewegung, Rostock, phil. Diss. 1924; Th. v. Loebell: Die Jugendbewegung der sozialdemokratischen Partei, Jena, phil. Diss. 1921; H. Hackmack: Die sozialistische Jugendbewegung, Berlin 1918.

76 H. Treichl: Der Beitrag der sozialdemokratischen Kinderschutzkommission zum Schutz und zur Erziehung des proletarischen Kindes zu Beginn des 20. Jahrhunderts, Potsdam, PH, Päd. Diss. 1967; A. Koch: Kapitalistisch ausgebeutete Kinderarbeit vor dem 1. Weltkrieg und ihre Bekämpfung durch die Sozialdemokratie. In: Wissenschaftliche Zeitschrift der Universität Jena, Gesellschafts- und sprachwiss. Reihe, 1968, Nr. 1; J. Kuczynski: Studien zur

Zur sozialistischen Jugendbewegung gibt es in der DDR nicht nur umfassende Darstellungen ihrer Gründung und Entwicklung, nicht nur gute Quellensammlungen[78], es wurden auch wichtige Teilprobleme des Kampfes der Arbeiterjugend untersucht. Im Mittelpunkt der Untersuchungen stand bisher die antimilitaristische Arbeit der Arbeiterjugend, besonders gegen den 1. Weltkrieg[79]. Auch die Auswirkungen der politischen Spaltung der Arbeiterbewegung auf die Arbeiterjugendbewegung wurde aufgedeckt[80]. Es konnte gezeigt werden, daß z. B. der Einfluß des Re-

---

Geschichte der Lage des arbeitenden Kindes in Deutschland von 1700 bis zur Gegenwart, Berlin 1968, bes. S. 121 ff.; G. Hohendorf: Proletarische Jugendhilfsarbeit vor dem 1. Weltkrieg. In: Zeitschrift für Jugendhilfe und Heimerziehung, 1956, Heft 5; H. Treichel: Wie Frauen um den Schutz der Kinder kämpften. In: Jugendhilfe, 1969, H. 3.

77 H. Schuster: Arbeiterturner im Kampf um die Jugend, a. a. O., bes. S. 80 ff.

78 Zur Geschichte der Arbeiterjugendbewegung in Deutschland. Eine Auswahl von Materialien und Dokumenten aus den Jahren 1904–1946. Berlin 1956; Deutschlands Junge Garde, Berlin 1959, Bd. 1; Folgt ihrer Fahne, Dokumente marxistisch-leninistischer Jugendpolitik, Berlin 1971, Bd. 1–3; Deutschlands Junge Garde. 50 Jahre Arbeiterjugendbewegung, Berlin 1954.

79 Autorenkollektiv: Geschichte der deutschen Arbeiterjugendbewegung 1904 bis 1945, a. a. O., S. 93–149; W. Eildermann: Dokumente des Kampfes der Arbeiterjugend gegen Militarisierung und Krieg in der Zeit des Ersten Weltkrieges. In: Beiträge zur Geschichte der Arbeiterbewegung. 1. Jg. 1959, Nr. 1, S. 125 ff., und Nr. 2, S. 340 ff.; W. Eildermann: Die proletarische Jugendbewegung während des 1. Weltkrieges und der Novemberrevolution. In: Einheit, 13. Jg. 1958, Nr. 11, S. 1656 ff.; M. Globig: Revolutionäre Antikriegsarbeit der Jugend im Ersten Weltkrieg. In: Heute ist unsere Zeit. Berlin 1965, S. 28 ff.; R. Lindau: Die deutsche Arbeiterjugend im 1. Weltkrieg. In: Junge Generation, 5. Jg. 1951, Nr. 11, S. 32 ff.; S. Scholze: Die revolutionäre Arbeiterjugend im Kampf gegen den 1. Weltkrieg. In: Geschichtsunterricht und Staatsbürgerkunde, 10. Jg. 1968, Nr. 4, S. 322 ff.; W. Sieger: Die junge Front, Berlin 1958; M. Uhlemann: Unter dem Banner Karl Liebknechts. Deutsche Arbeiterjugend im Kampf gegen Militarismus und imperialistischen Krieg, 1904–1918, Berlin 1954.

80 W. Sieger: Das erste Jahrzehnt . . ., a. a. O., S. 120–146; M. Heinrich: Zur Spaltung der Arbeiterjugendbewegung im Ersten Weltkrieg durch die opportunistischen Kräfte in der deutschen Sozialdemokratie. In: Wissenschaftliche Studien des pädagogischen Instituts Leipzig, Sonderheft 1966, S. 137 ff.; R. König: Zur Rolle der opportunistischen Jugendführung der deutschen Sozialdemokratie in den Jahren 1914–1917. In: Wissenschaftliche Studien des pädagogischen Instituts Leipzig, Sonderheft 1966, S. 140 ff.; E. Schumann: Über den Kampf der oppositionellen Jugendgruppen in Leipzig im Jahre 1916. In: Wissenschaftliche Studien des Pädagogischen Instituts Leipzig, Sonderheft 1966, S. 94 ff.

visionismus den Kampf der Arbeiterjugend gegen die kapitalistische Form der Berufsausbildung stark behinderte[81]. Auch die Verzögerung der Entwicklung von Konzeptionen einer marxistischen Schulung der Arbeiterjugendlichen wurde enthüllt[82]. Wenn es auch von H. Flach und G. Roger erste zusammenfassende Arbeiten über die Entwicklung der sozialistischen Erziehung in der Arbeiterjugend vor dem 1. Weltkrieg gibt[83], so fehlen noch genauere Untersuchungen zu den Zielen, Mitteln und zum Erfolg der sozialistischen Arbeiterjugendbildung. Gut ist dagegen die Bedeutung des Einflusses der linken SPD, vertreten durch K. Liebknecht[84] und Clara Zetkin[85] auf die Arbeiterjugend aufgearbeitet. Die große Bedeutung der Zeit vor dem Ersten Weltkrieg für die sozialistische Bildungspolitik wird erst ganz deutlich, wenn man das Anwachsen der Zahl der pädagogischen Schriftsteller in der Arbeiterbewegung und ihr Werk betrachtet. Die bedeutenden sozialistischen pädagogischen Schriftsteller dieser Zeit standen auf dem linken Flügel der SPD, zu ihnen gehören Otto Rühle, Käthe Dunker, Heinrich Schulz, Franz Mehring, Karl Liebknecht, Clara Zetkin usw. Während aber das pädagogische Werk von Clara Zetkin

81 G. Schmelzer: Die berufspädagogischen Bestrebungen der sozialdemokratischen Jugendbewegung vor dem 1. Weltkrieg. In: Jahrbuch für Erziehungs- und Schulgeschichte 1969, S. 134 ff.

82 W. Sieger, Das erste Jahrzehnt . . ., a. a. O., S. 95 ff.

83 G. Roger: Pädagogische Bedeutung der proletarischen Jugendbewegung Deutschlands. Berlin 1957 (auch Frankfurt 1971); H. Flach: Die Jugenderziehung der Sozialdemokratie. Potsdam, PH, Päd. Diss. 1956.

84 F. Globig: Die revolutionäre Jugend folgte Karl Liebknecht. In: Einheit, 17. Jg. 1962, Sonderheft, S. 105 ff.; H. Flach: Karl Liebknechts Kampf gegen die bürgerliche Klassenschule. In: Hochschulzeitung der PH Potsdam, 1972, Nr. 8, Beilage; H. Flach: Karl Liebknecht über Jugenderziehung und Schule. In: Pädagogik 1959, Heft 1; H. Flach / O. Rückert: Erziehung zur revolutionären Tat. In: Pädagogik 1971, Heft 8; R. Ritschel: Karl Liebknecht zum Problem der Selbsterziehung der Jugend. In: Pädagogik 1971, Heft 11; W. Sieger: Das erste Jahrzehnt . . ., a. a. O., S. 107 ff.; H. Wohlgemuth: Karl Liebknecht und die Jenaer Osterkonferenz. In: Wissenschaftliche Studien des pädagogischen Instituts Leipzig 1966, Sonderheft, S. 79 ff. Gut ablesen kann man Liebknechts Einfluß auch aus seinen Schriften; vgl. ders.: Gesammelte Reden und Schriften. Berlin 1960 ff. BD II–VI, VIII, IX.

85 W. Sieger: Das erste Jahrzehnt . . ., a. a. O., S. 107 ff.; Autorenkollektiv: Geschichte der deutschen Arbeiterjugendbewegung 1904–1945, Dortmund 1973, S. 69 ff.; G. Hohendorf: Revolutionäre Schulpolitik und marxistische Pädagogik im Lebenswerk Clara Zetkins, Berlin 1962, S. 69 ff.; vgl. auch Clara Zetkin: Über Jugenderziehung. Berlin 1957.

ausgezeichnet erforscht ist[86] und es Beiträge zu Käthe Dunker[87], Franz Mehring[88] und Heinrich Schulz[89] gibt, ist die Arbeit von Otto Rühle in der DDR bisher überhaupt gar nicht gewürdigt worden[90]. Die Arbeiten dieser pädagogischen Autoren zeigen deutlich, wie die linke SPD die Grundfragen der sozialistischen Erziehung: das Verhältnis der Kritik der bürgerlichen Erziehung und die Ansätze einer sozialistischen Erziehung, die Einheit von sozialistischer Erziehung und politischem Kampf, das Problem der Selbsttätigkeit der Kinder in der Erziehung und die Probleme der Familienerziehung[91] vielfältig aufgreift, ohne allerdings schon eine systematische sozialistische Erziehungswissenschaft hervorbringen zu können.

Die Erforschung dieser Etappe der sozialistischen Bildungspolitik in der BRD ist noch nicht weit gediehen. Es gibt lediglich einige essayistische Anmerkungen von H. Feidel-Mertz[92]. H. J. Heydorn glaubt, daß die linke SPD dieser Zeit gar keine Zeit hatte »sich mit Bildung allzusehr einzulassen«[93]. Dagegen zeichnet v. Werder etwas genauer die Hauptprobleme dieser Etappe[94]. Er würdigt besonders die Bildungstheorie Clara Zetkins[95]. Zu anderen sozialistischen Pädagogen dieser Zeit gibt es in der BRD nur noch Bemer-

86 G. Hohendorf: Revolutionäre Schulpolitik ..., a. a. O.; G. Hohendorf: Clara Zetkin. Berlin 1965; R. Walther: Clara Zetkin zur proletarischen Familienerziehung, Berlin 1959; L. Dornemann: Clara Zetkin, Berlin 1951; W. Pieck: Clara Zetkin. Leben und Kampf, Berlin 1948; K. H. Günther u. a.: Geschichte der Erziehung ..., a. a. O., S. 448 f.

87 R. Kirsch: Käthe Dunker. Eine biographische Studie über ihr politisch-pädagogisches Wirken, Dresden, PH, Päd. Diss. v. 1969; K. H. Günther u. a.: Geschichte der Erziehung ..., a. a. O., S. 450 f.

88 E. M. Schliep: Franz Mehring zur Schul- und Bildungspolitik. In: Wissenschaftliche Zeitschrift des Pädagogischen Instituts Zwickau, 1971, Heft 1/2.

89 J. Schenk: Das schulpolitische Versagen von H. Schulz. Eine Studie zur Theorie und Praxis der reformistischen Bildungspolitik. Potsdam, PH, Päd. Diss. 1967; vgl. auch K. H. Günther: Geschichte der Erziehung ..., a. a. O., S. 452 f.

90 Vgl. lediglich die Kurznotiz in K. H. Günther u. a.: Geschichte der Erziehung ... a. a. O., S. 451 f.

91 Zetkin, Dunker, Borchert: Die Erziehung der Kinder in der proletarischen Familie. Berlin 1960.

92 H. Feidel-Mertz: Zur Ideologie ..., S. 83–90.

93 H. J. Heydorn: Zum Widerspruch ..., a. a. O., S. 208.

94 L. v. Werder: Sozialistische Erziehung in Deutschland, a. a. O., S. 101 bis 123.

95 L. v. Werder: a. a. O., S. 123–136.

kungen über H. Schulz[96]. Etwas gründlicher hat man in der BRD die sozialistische Jugendbewegung erforscht, ohne allerdings ihre pädagogische Bedeutung klar zu erkennen und zu würdigen[97]. J. Schult hat aber das besondere Verdienst, den Anfängen der sozialistischen Kindergruppenarbeit vor dem Ersten Weltkrieg nachgegangen zu sein[98].

3.3.2 Die Spaltung der Arbeiterbewegung (1918–1933)

Die weite technologische Revolution erreichte in den 20er Jahren in Deutschland ihren Höhepunkt. Die Taylorisierung und Rationalisierung der Produktion erforderte ein Anwachsen von Facharbeitern und technischer Intelligenz im Betrieb. Diese Anforderungen zogen gewisse Reformen im Ausbildungssektor nach sich. So wurde 1920 eine vierjährige allgemeine Grundschule beschlossen und des weiteren der Ausbau der Berufsschule in Angriff genommen. Neben die Handwerkslehre trat die einfache und gehobene Industrielehre. Von diesen Veränderungen profitierte aber nur eine kleine Schicht der Arbeiterjugend. Die Arbeitspotenzen der Masse der Arbeiter blieben hinter den Flexibilitäts- und Mobilitätsanforderungen kapitalistischer Arbeit weiter zurück. Ansätze von bürgerlicher Bildungsreform scheiterten bald. Die Arbeiterbewegung mußte deshalb mit dem Aufschwung der zweiten technologischen Revolution einerseits in richtiger Weise auf das Scheitern der bürgerlichen Bildungsreform reagieren, andererseits die Widersprüche in der Strategie sozialistischer Bildungspolitik und Erziehung überwinden. Die Lösung dieser Aufgabe wurde allerdings durch die Spaltung der Arbeiterbewegung in SPD und KPD erschwert.

---

96 H. Wulff: Heinrich Schulz 1872–1932. In: Bremer Jahrbuch, 48. Bd. 1962, S. 319 ff.; Th. Dietrich: Sozialistische Pädagogik . . ., a. a. O., S. 99–119.

97 E. Lindstaedt: Mit uns zieht die neue Zeit. Ein Beitrag zur Geschichte der deutschen Arbeiterjugendbewegung. Bonn 1954; J. Schult: Aufbruch einer Jugend. Bonn 1956; H. Schneider: Die sozialistische Jugendbewegung, ihre Geschichte, ihr Wesen, ihre Ziele und ihre Formen. Köln, Phil. Diss. 1952; H. Schelsky (Hrsg.): Arbeiterjugend – gestern und heute, Heidelberg 1955. Vgl. auch die Dokumentation: 50 Jahre sozialistische Arbeiterjugend. Mannheim 1954.

98 J. Schult: Aufbruch einer Jugend, a. a. O., S. 227–233.

Die SPD entwickelte sich in der Weimarer Zeit zu einer bloßen Reformpartei. Mit Hilfe des Staates und ohne an der Form der gesellschaftlichen Produktion etwas zu ändern, sollte eine gründliche Bildungsreform erreicht werden. Gegenüber der radikaleren Basis wurde die SPD-Führung jedoch oft zu verbalen radikaleren Zugeständnissen gezwungen. Auch der austromarxistische linke Flügel in der SPD um Anna Siemsen, Otto Jenssen, Franz Lepinski, Siegfried Bernfeld, Kurt Kerlow-Löwenstein und der linke Flügel der jungsozialistischen Bewegung verhinderten öfters das totale Abgleiten in den Reformismus. Die Bildungspolitik der SPD in der Weimarer Zeit ist in der DDR noch nicht richtig erforscht[99]. Zur Bedeutung der rechten SPD-Politiker gibt es nur kurze Anmerkungen[100]. Auf die Bedeutung von sozialistischen Politikern der beruflichen Bildung wie J. Schult wird überhaupt nicht eingegangen. Auch die wichtige bildungspolitische Arbeit der linken SPD ist bisher in der DDR überhaupt noch nicht untersucht worden. Es fehlen Studien über Anna Siemsen, Otto Jensen, Franz Lepinski und Siegfried Bernfeld. Es gibt lediglich den Versuch, den Einfluß des linken Führers des Austromarxismus, Max Adler, auf die SPD-Bildungspolitik darzustellen[101], einige verunglückte Anmerkungen zu Kerlow-Löwenstein[102] und eine Kritik des »Bundes entschiedener Schulreformer«, die der linken SPD nahestanden[103].

Auch die Erforschung der Entwicklung der sozialdemokratischen Arbeiterjugend[104] und der sozialdemokratischen Kinder-

99 Erste Ansätze in: Becker/Hohendorf/Mahr/Stolz: Die Schulpolitik der SPD und der Plan Z. Berlin 1960; K. H. Günther: Geschichte der Erziehung a. a. O., S. 529 ff., 553–563, H. Diere: Rechtssozialdemokratische Schulpolitik im Dienste des deutschen Imperialismus. Berlin 1964; M. Radtke: Der Verrat der revisionistischen SPD-Führung an der sozialistischen Schulrevolution. In: Wissenschaftliche Zeitschrift der E.-M.-Arndt-Univ. Greifswald, Gesellschafts- und Sprachwiss. Reihe, 7. Jg. 1958 Nr. 1/2; W. Rocksch: Die schulpolitischen Kämpfe der Arbeiterbewegung im Kreise Pirna während der Jahre 1924–32 unter besonderer Berücksichtigung des Schulkampfes der KPD. In: Pädagogik, 13. Jg. 1958, S. 66 ff.

100 Zu Richard Lohmann vgl. K. H. Günther u. a.: Geschichte der Erziehung a. a. O., S. 559 f., zu S. Kawerau vgl. K. H. Günther u. a.: Geschichte der Erziehung a. a. O., S. 560. Umfassender ist die Kritik an H. Schulz. Vgl. J. Schenk: Zur politischen und pädagogischen Position von H. Schulz in der Novemberrevolution 1918. In: Jahrbuch für Erziehungs- und Schulgeschichte, Berlin 1968. [Noten zu 101, 102, 103, 104 siehe nächste Seite!]

freundebewegung[105] ist noch nicht sehr entwickelt. Eine genauere Untersuchung der sozialdemokratischen Erziehungstheorie und Praxis und die Tätigkeit der SPD als staatstragender Partei der Weimarer Republik während ihrer Regierungszeit fehlt bisher noch.

Die Bildungspolitik und Erziehung der KPD

Die Erforschung der Bildungspolitik der KPD in der Weimarer Zeit ist in der DDR dagegen sehr gut ausgebaut. Die Forschung hat sich bisher auf drei Schwerpunkte konzentriert:

1. Die Bedeutung der Konstituierung der KPD, der kommunistischen Kinder- und Jugendorganisationen für die sozialistische Bildungspolitik und Erziehung.
2. Die Entwicklung einer marxistisch-leninistischen Erziehungstheorie und Praxis.
3. Der Einfluß der internationalen und der sowjetischen Bildungs-

---

101 K. Pecher: Zur Kritik der pädagogischen Positionen des Austromarxismus als Grundlage des modernen Revisionismus – dargestellt am Beispiel M. Adlers. In: Wissenschaftliche Zeitschrift des pädagogischen Instituts Zwickau, 1971, Heft 1–2; K. H. Günther: Geschichte der Erziehung, a. a. O., S. 560; Becker/Hohendorf/Mahr/Stolz, a. a. O., S. 47–49.

102 K. H. Günther: Geschichte der Erziehung a. a. O., S. 561 f.; Becker/Hohendorf/Mahr/Stolz, a. a. O., S. 49 f.

103 L. Paul: Ziele und Inhalte des Produktionsplanes des Bundes entschiedener Schulreformer. Leipzig. DHFK Päd. Diss. 1962; M. Radtke: Paul Oestreich – ein politischer Pädagoge. In: Pädagogik 1958, Heft 3.

104 Vgl. Geschichte der deutschen Arbeiterjugendbewegung 1904–1945, a. a. O., S. 233–240, 438–442, 450, 462; G. Roger: Die pädagogische Bedeutung der proletarischen Jugendbewegung Deutschlands, Frankfurt 1971, S. 50–60; W. Ferchland: Zur Entwicklung der antiimperialistischen und antifaschistischen Oposition in den sozialdemokratischen Jugendverbänden 1929–1933. Greifswald, Phil. Diss. 1966. Vgl. aber die älteren Arbeiten: O. Stählin: Die sozialistische Arbeiterjugendbewegung, Leipzig 1931; E. Ollenhauer: Die sozialistische Arbeiterjugend, Berlin 1929.

105 G. Roger, a. a. O., S. 143–147; K. H. Günther: Geschichte der Erziehung a. a. O., S. 561–563. Vgl. aber die älteren Arbeiten: K. Algermissen: Sozialistische und christliche Kinderfreundebewegung, Hannover 1931; V., Fadrus: Die Kinderfreundebewegung in Österreich und Deutschland. In: Die Erziehung, 1930, 5. Jg., S. 238 ff., 294 ff.; H. Albrecht: Proletismus und Erziehung, München 1931; H. K. E. Klein: Erziehung zur Revolution. München-Leipzig 1934.

politik auf die kommunistische Arbeiterbewegung.

Die Gründung der KPD war »von entscheidender Bedeutung für die Bildungspolitik und Pädagogik der deutschen Arbeiterbewegung und damit für die Entwicklung des Bildungswesens ... in Deutschland überhaupt«[106]. Diese These wurde durch die DDR-Forschung belegt[107]. Es wurde nachgewiesen, daß die KPD eine bildungspolitische Strategie entwickelte, in der der Kampf für umfassende Reformen im Bildungswesen verbunden wurde mit dem Kampf um den Aufbau einer sozialistischen Einheitsschule, in der Unterricht und Produktion, Erziehung und Arbeit eng miteinander vermittelt sein sollten. Die Entwicklung dieser ersten, eindeutig marxistischen bildungspolitischen Strategie durch die KPD, die dabei die Taktik der Einheitsfront und Aktionseinheit anwandte, war allerdings nicht einfach. Die KPD mußte erst linksradikale Positionen in der Bildungspolitik überwinden. Sie mußte sich mit der Vorstellung[108], sozialistische Erziehung könnte es erst in der sozialistischen Gesellschaft geben bzw. der Kapitalismus sei nur durch revolutionäre Erziehung allein zu überwinden, kritisch auseinandersetzen. Eine detaillierte Untersuchung, wie sich die bildungspolitische Strategie in der Weimarer Zeit entfaltete und wie versucht wurde, das Scheitern der bürgerlichen Bildungsreformen zu überwinden, liegt leider noch nicht vor. Aber der Prozeß der Herausbildung des Endziels für den Schulkampf: die Entwicklung der marxistischen Schulprogramme der KPD in der Weimarer Zeit

---

106 H. König (Hrsg.): Beiträge zur Bildungspolitik und Pädagogik der revolutionären deutschen Arbeiterbewegung in der Zeit der Novemberrevolution und der revolutionären Nachkriegskrise 1918–1923, Berlin 1968, T. 1, S. 35.

107 G. Hohendorf: Die Novemberrevolution 1918 und die Bildungspolitik der Arbeiterklasse. In: Pädagogik 1968, H. 11, S. 949 ff.; H. Londershausen: Die Gründung der KPD – eine entscheidende Wende in der Schulpolitik der deutschen Arbeiterklasse. In: Pädagogik 1958, H. 12, S. 854 ff.; A. Lindemann: Die Novemberrevolution und die Gründung der KPD – eine Wende in meinem Leben. In: Pädagogik 1959, H. 1; G. Hohendorf: Die Schulpolitik der deutschen Arbeiterklasse in der Novemberrevolution 1918. In: Pädagogik 1958, Heft 11; K. H. Günther u. a.: Geschichte der Erziehung, a. a. O., S. 531.

108 H. König: Probleme der Strategie und Taktik des bildungspolitischen Kampfes der revolutionären Arbeiterbewegung. In: H. König (Hrsg.): Beiträge ..., a. a. O., Bd. 1, S. 45–58; H. König: Ergebnisse und Lehren des bildungspolitischen und pädagogischen Kampfes der revolutionären deutschen Arbeiterbewegung ... In: H. König (Hrsg.): Beiträge ..., a. a. O., Bd. 2, S. 282 ff.

wurde untersucht[109]. Es liegen Analysen vor, die zeigen, wie die KPD den Kampf für die Einheitlichkeit, Weltlichkeit des Schulsystems und für die Verbindung von Unterricht und Produktion in den Jahren 1919 bis 1923 geführt hat[110]. Auch die Bedeutung der Entstehung der kommunistischen Jugend – und Kinderorganisationen für die sozialistische Bildungspolitik und Erziehung wurde analysiert[111]. Die Entwicklung der kommunistischen Kinder-[112] und Jugendbewegung[113] fand mehrfache Darstellung. Diese Forschungsergebnisse haben zum Teil ihren Niederschlag in der »Geschichte der deutschen Arbeiterjugendbewegung« gefunden[114]. Genauer untersucht wurden die großen Schulkämpfe der Weima-

---

109 K. H. Günther u. a.: Geschichte der Erziehung, a. a. O., S. 531–537.

110 H. Lemke: Einheitsschulbestrebungen der revolutionären deutschen Arbeiterbewegung. In: H. König (Hrsg.): Beiträge ..., Bd. 1, S. 118–181; K. H. Zieris: Der Kampf um die Trennung von Schule und Kirche ... In: H. König (Hrsg.): Beiträge ..., Bd. 1, S. 182–243; R. Müller: Der Grundsatz der Verbindung von Unterricht und Erziehung mit produktiver Arbeit ... In: H. König (Hrsg.): Beiträge ... Bd. 1, S. 244–309; R. Alt u. a.: Die Arbeitserziehung in den Gedanken und Forderungen der revolutionären deutschen Arbeiterbewegung in der Zeit der Weimarer Republik. In: R. Alt/W. Lemm: Zur Geschichte der Arbeitserziehung in Deutschland, Berlin 1971, T. 2, S. 43 bis 69; H. Flach: Der Kampf der KPD um die sozialistische Erziehung der Arbeiterkinder in der Weimarer Republik. In: Sozialistische Erziehung in Jugendhilfe, Heim und Hort, 5. Jg. 1959, Nr. 1, S. 7 ff.

111 K. Elsen: Die kommunistische Kinderorganisation Deutschlands ... In: H. König: Beiträge ..., Bd. 2, S. 44–102; K. Rimkeit: Die Gründung des kommunistischen Jugendverbandes Deutschland und ihre historische Bedeutung. In: Theorie und Praxis, 3. Jg. 1957, Nr. 3, S. 39 ff.

112 W. Lindner: Grundlagen der Arbeit der Pionierorganisation Ernst Thälmann. Berlin 1955, S. 11–61; K. Sothmann: Von der kommunistischen Kindergruppe zur Pionierorganisation. In: Junge Generation, 6. Jg. 1952, H. 24, 7. Jg. 1953, H. 1–4; vgl. auch die älteren Arbeiten: D. Breitenstein: Die sozialistische Erziehungsbewegung, Freiburg 1930, M. Diederichs, Rote Kindererziehung. In: Süddeutsche Monatshefte, 29. Jg. 1932, H. 7, S. 472 ff.

113 H. Pietschmann: Der politisch-ideologische Klärungsprozeß in der kommunistischen Jugendbewegung Deutschlands zur Durchsetzung marxistisch-leninistischer Auffassungen über Jugendarbeit. Februar 1919 bis September 1921, Greifswald, Phil. Diss. 1969; M. Uhlemann: Arbeiterjugend gegen Cuno und Poincaré, Berlin 1966; vgl. auch die älteren Arbeiten: A. Kurella: Gründung und Aufbau der KJI, Berlin 1930 (auch München 1970); R. Chitarow: Der Kampf um die Massen, Berlin 1931 (auch München 1970).

114 Autorenkollektiv: Geschichte der deutschen Arbeiterjugendbewegung 1904–1945, a. a. O., S. 150–466; siehe auch K. H. Günther, u. a.: Geschichte der Erziehung ..., a. a. O., S. 546–550.

rer Zeit[115] in Thüringen, in dem die KPD für die Durchsetzung einer 7klassigen Einheitsschule eintrat. Der Kampf der KPD für radikale Reformen im Bereich der Fürsorgeerziehung[116], der beruflichen Bildung[117], der Vorschulerziehung[118], der Wehrerziehung[119] wurden ebenso dargestellt. Auch zu einzelnen Aspekten der Arbeiterjugendbewegung wurde geforscht[120].

Die gründlichsten Arbeiten liegen in der DDR zu den großen sozialistischen Pädagogen der Weimarer Zeit vor. Dabei nimmt das Leben und Werk E. Hoernles einen zentralen Platz ein[121].

---

115 P. Mitzenheim: Die Entwicklung des Schulwesens in Thüringen zur Zeit der Weimarer Republik unter besonderer Berücksichtigung der Greilschen Schulreformen. Jena. Phil Diss. 1964; P. Mitzenheim: Die Greilsche Schulreform in Thüringen, Jena 1965; G. Horn: Der Kampf der KPD um die Verteidigung und den Ausbau der in der Novemberrevolution 1918 und durch die Aktionseinheit der Arbeiterparteien 1922 und 1923 in Thüringen errungenen Ansätze eines einheitlichen und demokratischen Schulwesens. Berlin, Humboldt-Univ. Päd. Diss. v. 21. 11. 1968.

116 R. Hawlitschek: Die Bestrebungen der revolutionären deutschen Arbeiterbewegung unter Führung der KPD für eine Verbesserung der Fürsorge, Erziehung und Bildung physisch und psychisch geschädigter Kinder und Jugendlicher in der Zeit von 1918 bis 1933. Berlin, Humboldt-Univ. Päd. Diss. 1970.

117 A. Fuhrich: Forderungen und Kampf der KPD und des KJVD für die Verbesserung der Berufsausbildung in Preußen (1924–1933). Berlin, Humboldt-Univ. Phil. Diss. 1965; G. Schmelzer: Die fortschrittlichen Bestrebungen der revolutionären deutschen Arbeiterjugend auf dem Gebiet der Berufsausbildung. In: H. König (Hrsg.): Beiträge . . ., Bd. 2, S. 103–149.

118 E. Barow-Bernstorff: Die Forderungen der revolutionären Arbeiterbewegung auf dem Gebiet der Vorschulerziehung und der Kampf um ihre Verwirklichung in den Jahren 1918 bis 1923. In: H. König (Hrsg.): Beiträge . . ., a. a. O., Bd. 2, S. 11–43.

119 H. Schwabe: Erziehung und Bildung der jungen Proletarier zur Wehrhaftigkeit unter Führung der KPD in der Zeit der Weimarer Republik. Berlin, Humboldt-Univ., Päd. Diss. 1972.

120 H. Kelbert: Der Kampf der revolutionären Arbeiterjugend in der Novemberrevolution 1918 in Deutschland um eine bessere Berufsausbildung. Berlin 1958; G. Rudloff: Die proletarisch-revolutionäre Jugendliteratur 1918 bis 1932. Halle, phil. Diss. 1963; Proletarisch-revolutionäre Literatur 1918–1933. Ein Abriß. Berlin 1962, S. 216–243.

121 W. Mehnert: Der Beitrag E. Hoernles zum schulpolitischen und pädagogischen Kampf der KPD in der Zeit der Weimarer Republik. Berlin 1958; W. Mehnert: Edwin Hoernle, Berlin 1963; K. Sothmann: Edwin Hoernle als Pädagoge. In: Die neue Schule, 1952, H. 32; G. Hohendorf: Edwin Hoernles Beitrag zur Entwicklung der marxistisch-leninistischen Pädagogik. In: Pädagogik, 28. Jg. 1973, Nr. 12, S. 1136 ff.

Stellt doch sein Beitrag den Höhepunkt der Entwicklung der sozialistischen Pädagogik der Weimarer Zeit und den ersten Ansatz zu einer sozialistischen Erziehungswissenschaft dar. Sein Kampf sowie der von A. Kurella, F. Ausländer, E. Wiesner für die Entwicklung der kommunistischen Kinderbewegung ist gut dokumentiert[122]. Das pädagogische Werk E. Hoernles und Th. Neubauers[123] liegt in wissenschaftlichen Ausgaben vor. Darüber hinaus gibt es wissenschaftliche Biographien über Ernst Schneller[124], Theodor Neubauer[125], F. Ausländer[126] und weitere wichtige Pädagogen[127]. Die KPD verarbeitete in ihrer Bildungspolitik auch Erfahrungen der internationalen und sowjetischen Arbeiterbewegung. Diese Einflüsse hat die DDR-Historik gleichfalls untersucht[128]. So umfassend die bisherige Forschung zur sozialistischen Bildungspolitik und Erziehung ist, so wenig ist bisher in der DDR über linkskommunistische und anarchistische Bildungspolitik und Erziehung gearbeitet worden. Diese Ansätze werden allenfalls nebenbei erwähnt[129].

---

122 H. Flach, H. Londershausen (Hrsg.): Das proletarische Kind. Berlin 1958; R. Wothge u. a. (Hrsg.): Zur Pädagogik und Schulpolitik der KPD in der Weimarer Republik, Berlin 1961; Seid bereit für die Sache Ernst Thälmanns. Eine Auswahl von Dokumenten zur Geschichte der revolutionären Kinderbewegung in Deutschland. Berlin 1958.

123 E. Hoernle: Schulpolitische und pädagogische Schriften. Berlin 1962; Th. Neubauer: Die neue Erziehung der sozialistischen Gesellschaft, Berlin 1973.

124 K. H. Zieris: Ernst Schneller, Berlin 1966.

125 S. Müller: Theodor Neubauer, Berlin 1964; S. Müller: Die Entwicklung Th. Neubauers vom fortschrittlich-demokratischen Lehrer zum Kommunisten. Dargestellt an seinen pädagogischen Schriften. Berlin DPZI, Päd. Diss. 1966.

126 F. Albrecht: Über das bildungspolitische Wirken Fritz Ausländers in den Jahren 1919 bis 1932, Berlin, Humboldt-Univ. Päd. Diss. 1970.

127 Kommunistische Pädagogen. In: Pädagogik 1968, Beiheft 4.

128 Ch. Leithold: Der Einfluß der sowjetischen Bildungspolitik und Pädagogik der revolutionären deutschen Arbeiterbewegung in der Zeit von 1917 bis 1923. In: H. König (Hrsg.): Beiträge ..., Bd. 1, S. 59–117; H. König: Der Einfluß der großen sozialistischen Oktoberrevolution auf die Bildungspolitik und Pädagogik der deutschen Arbeiterbewegung in der Weimarer Zeit. In: Pädagogische Forschung 1967, Sonderh. S. 58 ff.; K. H. Jahnke: Die Beziehungen zwischen dem Komsomol und der revolutionären deutschen Arbeiterjugend im ersten Jahrzehnt der Sowjetmacht. In: Zeitschrift für Geschichte 1967, H. 6; H. Flach (Hrsg.): Deutschsprachige Publikationen sowjetischer Pädagogen in der Weimarer Zeit, Berlin 1962.

129 Vgl. die Hinweise zur linksradikalen kommunistischen Arbeiterjugend (KAJ). In: Autorenkollektiv: Geschichte der deutschen Arbeiterjugendbewegung 1904–1945, a. a. O., S. 269 f., 276 f.

Die Erforschung der sozialistischen Bildungspolitik der Weimarer Zeit in der BRD hat bisher nur fragmentarische Ansätze hervorgebracht. Eine relativ geschlossene Darstellung dieser Periode bieten nur B. Voigt[130] und von Werder[131]. Die Bedeutung der revolutionären Pädagogen der Weimarer Republik arbeiten Christian Marzahn, U. Hecker u. a. heraus[132]. H. J. Heydorn greift bei der Darstellung dieser Periode viel zu kurz. Er glaubt, daß die Arbeiterbewegung in dieser Epoche »keine pädagogisch-relevante Theorie entwickelt hat«[133]. Er beschränkt sich auf die Analyse der pädagogischen Theorien von Otto Rühle und Leonard Nelson, die ihm allein von allen sozialistischen Pädagogen »mit einem durchdachten Konzept über die kapitalistische Bildungsverfassung hinausweisen«[134]. Die Wichtigkeit Otto Rühles für eine sozialistische Erziehungstheorie wird auch von anderen Forschern der BRD belegt[135]. Auch zu Edwin Hoernle liegen Arbeiten vor[136]. In der BRD fehlt allerdings bisher eine gründliche Aufarbeitung

130 B. Voigt: Bildungspolitik und politische Erziehung in den Klassenkämpfen, Frankfurt 1973, S. 215–367.

131 L. v. Werder: Sozialistische Erziehung in Deutschland, a. a. O., S. 136 bis 215.

132 C. Marzahn: Zur Bedeutung der revolutionären Pädagogen der Weimarer Republik für die Rekonstituierung einer marxistischen Erziehungstheorie und -praxis heute. In: Erziehungs- und Klassenkampf, 1. Jg., 1971, Nr. 1, S. 31–48; U. Hecker: Zur Aktualität der marxistischen Pädagogik der Weimarer Republik für den Aufbau einer sozialistischen Kinderorganisation in der BRD. In: Marxistische Blätter 1974, 12. Jg., Nr. 3, S. 86 ff.; Autorenkollektiv: Revolutionäre Erziehung im Kapitalismus und Sozialismus, Köln 1973; L. v. Werder: Von der antiautoritären zur proletarischen Erziehung, Frankfurt 1972, S. 27–60; Rotkol: Soll Erziehung politisch sein, Frankfurt 1970. Die wichtigsten Pädagogen der Weimarer Zeit sind mit ihren Hauptwerken neu aufgelegt worden: E. Hoernle: Grundfragen proletarischer Erziehung, Frankfurt 1973; O. F. Kanitz: Das proletarische Kind in der bürgerlichen Gesellschaft, Frankfurt 1974; O. Rühle: Zur Psychologie des proletarischen Kindes, Frankfurt 1970 (Neuausgabe Frankfurt 1975). Wichtige Dokumente zur sozialistischen Schulpolitik wurden veröffentlicht: L. v. Werder / R. Wolff: Schulkampf, Frankfurt 1970; SDS-Gruppe Kiel: Kommunistische Erziehung I, Kiel 1970; S. Vöets (Hrsg.): Sozialistische Erziehung, Hamburg 1972.

133 H. J. Heydorn, Zum Widerspruch, a. a. O., S. 245.

134 H. J. Heydorn: a. a. O., S. 268.

135 U. Eßbach-Kreuzer/W. Eßbach: Solidarität und soziale Revolution, Frankfurt 1974, S. 59–93; G. Mergner: Arbeiterbewegung und Intelligenz, Starnberg 1973; J. Raspe: Zur Sozialisation proletarischer Kinder, Frankfurt 1972, S. 26 ff., L. v. Werder: Vorwort. In: O. Rühle, Zur Psychologie des proletarischen Kindes, Frankfurt 1975.

der linkssozialdemokratischen Pädagogen wie z. B. O. F. Kanitz[137], S. Bernfeld[138], A. Siemsen, M. Adler[139]. Auch die Geschichte der sozialistischen Jugendbewegung ist in der BRD kaum wissenschaftlich durchleuchtet worden[140]. Die gründliche Bibliographie von E. Tramsen und einem Autorenkollektiv könnte bei der Lösung dieser Aufgaben hilfreich sein[141].

Der heute angesichts des Scheiterns der bürgerlichen Bildungsreform gängige Rückgriff auf die Bildungspolitik und Erziehung der KPD der Weimarer Zeit kann sich in der BRD wie man sieht, kaum auf eine wissenschaftliche Erforschung der Bildungspolitik der KPD stützen. Die Gefahr, daß der heutige Rückgriff auf die KPD völlig willkürlicher oberflächlicher und apologetischer Ausschlachtung unterliegt, ist dabei noch das geringste Problem.

3.3.3. Die Arbeiterbewegung im antifaschistischen Widerstand

Die zweite technologische Revolution fand in Deutschland ihren Abschluß unter den Bedingungen der faschistischen Diktatur. Aus machtpolitischen und militärischen Gründen und um die aus der Kriegsrüstung erwachsenen Anforderungen an die Qualifikation der Arbeiter zu erfüllen, kam es zu einer Beseitigung des Föderalismus des deutschen Bildungssystems und zu einer massiven Faschisierung des Unterrichts. Die Ausbildung konnte im Sinne des faschistischen Systems effektiviert, das Bildungsniveau der Arbeiterklasse rapide gesenkt werden. Die illegalisierten Arbeiterparteien

---

136 Rotkol: Soll Erziehung politisch sein?, a. a. O., S. 95 ff., 165 ff., L. v. Werder: Sozialistische Erziehung . . ., a. a. O., S. 198–215.

137 Vgl. aber B. Voigt: Bildungspolitik . . ., a. a. O., S. 343–356; L. v. Werder: Vorwort in: O. F. Kanitz: Das proletarische Kind in der bürgerlichen Gesellschaft, Frankfurt 1974.

138 Vgl. aber S. Bernfeld: Antiautoritäre Erziehung und Psychoanalyse, Berlin 1974, Bd. 1–3.

139 Rotkol: Soll Erziehung politisch sein?, a. a. O., S. 55–61; B. Voigt, Bildungspolitik . . ., a. a. O., S. 343–350.

140 Vgl. E. Lindstaedt: Mit uns zieht die neue Zeit, Bonn 1954; J. Schult: Aufbruch einer Jugend, Bonn 1956; H. Schneider: Die sozialistische Jugendbewegung, Köln, Phil. Diss. 1952.

141 E. Tramsen: Bibliographie zur geschichtlichen Entwicklung der Arbeiterjugendbewegung bis 1945, insbesondere in Deutschland, Frankfurt 1973; Erziehung und Klassenkampf, Berlin 1969 (Anleitung für eine revolutionäre Erziehung Nr. 3).

mußten deshalb bei der Entwicklung einer antifaschistischen Strategie auch die Umrisse einer fortschrittlichen Bildungspolitik entwerfen. Da es auch in der Illegalität zu keiner Einheitsfront von SPD und KPD kam, versuchten beide Parteien getrennt den Kampf gegen die Hitlerdiktatur. Innerhalb der SPD gelang es hauptsächlich dem Prager Exilparteivorstand Konsequenzen aus der verheerenden Niederlage von 1933 zu ziehen. Der Prager Parteivorstand entwarf eine revolutionäre Strategie für den Sturz des Faschismus und den Aufbau einer sozialistischen Gesellschaft. Innerhalb dieser sozialistischen Gesellschaft sollte eine sozialistische Einheitsschule errichtet werden. Auch im »Manifest der demokratischen Sozialisten des ehemaligen KZ Buchenwald vom 13. 4. 45« wurde im Rahmen des Kampfes um eine sozialisierte Produktion und eine »deutsche Volksrepublik« der Aufbau eines neuen Bildungssystems gefordert. Die Ansätze einer revolutionären Bildungspolitik von Teilen der illegalisierten SPD sind in der DDR noch nicht erforscht worden[142]. Die illegale Arbeit der sozialdemokratischen Arbeiterjugend wurde dagegen gewürdigt[143] und in ihren Zusammenhang mit der Entwicklung der antifaschistischen Arbeit der KPD angeordnet[144].

Gründlicher ist in der DDR die Entwicklung der Bildungspolitik der KPD erforscht. Die Bedeutung der Wende in der Strategie der KPD in den Jahren 1933–35 wird auch für die Bildungspolitik analysiert[145]. Diese Neuorientierung hatte weitreichende Folgen.

---

142 Einen ersten Hinweis gibt K. H. Günther u. a.: Geschichte der Erziehung, a. a. O., S. 616.

143 F. Petrik: Zur Zerschlagung der proletarischen und bürgerlichen deutschen Jugendbewegung durch den Faschismus. In: Wissenschaftliche Zeitschrift der Universität Greifswald, gesellschafts- und sprachwiss. Reihe 1965, Heft 2–3; verschiedene Beiträge in: Wenn wir gemeinsam kämpfen, sind wir unüberwindlich. Protokoll der wissenschaftlichen Konferenz ... Greifswald v. 24. u. 25. Januar 1962, Berlin 1963; G. Kalina: Zum Anteil der Arbeiterjugend am antifaschistischen Widerstandskampf in den Jahren 1933–35 in Berlin. Rostock, phil. Diss. 1969.

144 Autorenkollektiv: Geschichte der deutschen Arbeiterjugendbewegung 1904–1945, a. a. O., S. 467–607.

145 G. Naumann: Zu einigen Problemen der revolutionären Jugendbewegung im »Grundriß der Geschichte der deutschen Arbeiterbewegung«. In: Beiträge zur Geschichte der Arbeiterbewegung 1963, H. 2; E. Heinrich: Die Versklavung der deutschen Jugend durch die Faschisten und der Kampf der deutschen Kommunisten zur Rettung der jungen Generation. In: Wissenschaftliche Zeitschrift der Karl-Marx-Universität Leipzig, gesellschafts- und sprach-

Der bildungspolitische Kampf sollte nun im Unterschied zum Kampf der KPD in der Weimarer Zeit nicht mehr unmittelbar auf die Erkämpfung der sozialistischen Einheitsschule, auf die Verbindung von Unterricht und Produktion gerichtet sein, sondern auf die demokratische Schulreform und die Reform der Berufsausbildung. Bevor die Diktatur des Proletariats errichtet werden konnte, sollte der Kampf um eine demokratische und antifaschistische Volksrepublik auf der Basis der Einheit der Arbeiterklasse und einem breiten Bündnis mit allen antifaschistischen Kräften erfolgreich durchgeführt worden sein. Diese Strategie forderte auch, daß an die Stelle einer kommunistischen Partei-Jugendorganisation eine umfassende Einheitsorganisation aller fortschrittlichen Jugendlichen, »Die freie deutsche Jugend«, treten mußte[146].

Anstelle der Erziehung für eine sozialistische Gesellschaft sollte nun für die antifaschistisch-demokratische Übergangsetappe erzogen werden[147]. Die Bedeutung dieser Neuorientierung für die Bildungspolitik und Erziehung der Arbeiterjugend wurde in der DDR erforscht[148].

Für die sozialistische Erziehungswissenschaft bedeutete der Faschismus einen furchtbaren Schlag[149]. Die wichtigsten sozialistischen Pädagogen wurden ermordet oder starben im Exil[150]. O. F. Kanitz starb 1940 im KZ Buchenwald, Th. Neubauer wurde 1945 hingerichtet, Ernst Schneller 1944 im KZ erschossen, Otto Rühle starb 1941 in Mexiko, Siegfried Bernfeld 1952 in den USA. Keiner von den sozialistischen Pädagogen, die wie E. Hoernle 1945 aus

---

wiss. Reihe, Leipzig 14. Jg., 1965, Heft 2, S. 239 ff.; H. Welzel: Zur Rolle des ZK der KPD im antifaschistischen Widerstandskampf. In: Wenn wir gemeinsam kämpfen, sind wir unüberwindlich, a. a. O., S. 109 ff.

146 E. Krüger/G. Gloudajewski: Zur Gründung der FDJ in der CSR im Jahre 1938. In: Beiträge zur Geschichte der Arbeiterbewegung, 1. Jg, 1959, H. 2, S. 328 ff.

147 A. Nothnagel: Zur Bedeutung der Schulung und Ausbildung junger Antifaschisten für den Widerstandskampf. In: Für ein besseres Deutschland, Berlin 1966 (Schriftenreihe: Geschichte der FDJ, H. 7), S. 80 ff.

148 K. H. Jahnke: Der Anteil der deutschen Jugend am antifaschistischen Widerstandskampf, unter besonderer Berücksichtigung der kommunistischen Widerstandsbewegung 1933 bis 1945. Greifswald, Hab.-Schr. 1966; Autorenkollektiv: Geschichte der deutschen Arbeiterjugendbewegung 1904–1945, a. a. O., S. 467–605.

149 K. H. Günther u. a.: Geschichte der Erziehung, a. a. O., S. 618.

150 Autorenkollektiv: Antifaschistische Lehrer im Widerstandskampf, Berlin 1967.

dem Exil zurückkehren konnten, wählten die BRD. In der BRD ist man ihrem Schicksal nicht nachgegangen. Die Bedeutung ihres Werkes wurde von der herrschenden Wissenschaft verschwiegen. Die Bedeutung der neuen Strategie der KPD für die Bildungspolitik der Arbeiterbewegung im bürgerlichen Deutschland nach Hitler ist nicht zur Kenntnis genommen worden[151].

3.4. Zur Rekonstruktion einer sozialistischen Bildungspolitik und Erziehung (1945–1974)

Nach dem Zweiten Weltkrieg kam es mit einiger Verspätung zu einem neuen Aufschwung der Produktivkräfte: der dritten technologischen Revolution. Sie machte sich durch Ansätze der Verbreiterung der Automation bemerkbar. Die Fortschritte in der Konzentration und Verwissenschaftlichung der Produktion, die Automatisierung der Steuerung und Regelung der Produktion, die Reduzierung der Quantität der Industriearbeiter erforderten nun stärker als jemals zuvor in der Entwicklung der bürgerlichen Gesellschaft eine neue allseitige Qualifikation der Produzenten. Diese neue allseitige wissenschaftliche Qualifikation verlangt ein Erziehungssystem, das in Form einer wissenschaftlichen Einheitsschule die allgemeine und berufliche Bildung integriert und darüber hinaus eine lebenslängliche Weiterbildung möglich macht. Die von der sozialistischen Bildungspolitik geforderte Einheitsschule gewinnt nun äußerste Aktualität. Aber die kapitalistischen Produktionsverhältnisse verhindern diese höhere Stufe der Vergesellschaftung der Erziehung. Die bürgerliche Bildungsreform bleibt stockend. Der Aufschwung der Bildungspolitik und Erziehung der Arbeiterbewegung ist deshalb für den Fortschritt der Vergesellschaftung der Erziehung notwendiger denn je.

Die Nachkriegsperiode

Die Ansätze der dritten technologischen Revolution samt ihren Folgen für den Ausbildungssektor zeigten sich in der BRD erst nach Abschluß der Rekonstruktionsperiode. Bis in die 60er Jahre

---

151 Vgl. aber L. v. Werder: Sozialistische Erziehung in Deutschland, a. a. O., S. 218–225.

hinein hatte die Arbeiterbewegung große Schwierigkeiten in der Bildungspolitik mehr als eine Reformperspektive zu entwickeln. Die weitere Spaltung der Arbeiterbewegung und die Integration weiterer Teile der Arbeiterklasse in die SPD wirkten sich aus.

Die SPD knüpfte nach einem kurzen Zögern, von 1945 bis 1948, weitgehend an die Reformpolitik der Weimarer Zeit an. Sie baute ihre Anleihen bei frühbürgerlichen Bildungsreformvorstellungen aus und ordnete ihre Bildungspolitik in ein Konzept der Demokratisierung der bürgerlichen Gesellschaft ein, ohne an eine Vergesellschaftung der Produktionsmittel zu denken. So versuchte sie, eine Verlängerung der gemeinsamen Grundschule auf 6 Jahre, ab 1953 eine differenzierte Einheitsschule, ab 1957 die Erhöhung der Schulpflicht auf 10 Jahre und die Erweiterung der Berufsschule auf 12 Wochen zu erkämpfen. Diese Reformvorstellungen begründete sie ab 1954 mit ihrer Theorie der zweiten industriellen Revolution, die »völlig andere Anforderungen an die Eignung und die Ausbildung der arbeitenden Menschen stellt«[152]. Auf dem Hintergrund ihrer Theorie von der zweiten industriellen Revolution, verfaßte die SPD 1958 das umfassende bildungspolitische Manifest: »Die Zukunft meistern (Plan Z)«. Dieser Plan »Z« legt erstmals in der Geschichte der SPD ein Konzept der längerfristigen, finanzpolitisch abgestimmten Bildungsplanung vor. Die Ziele, auf die sich diese Planung richtete, legte sie in ihrem Godesberger Programm 1959 dar. Sie forderte nun: Die Ausdehnung der Schulpflicht auf 10 Jahre, den Ausbau des zweiten Bildungsweges, der Forschung und der Hochschulen. Während die Bildungspolitik der SPD sich weitgehend technokratisch legitimierte, stützte sich die sozialdemokratische Jugendorganisation »Die Falken« bei ihren Erziehungsversuchen auf die Prinzipien des ethischen Sozialismus. Dieser ethische Sozialismus, der die Regelung des gesellschaftlichen Lebens nach den sozialen Grundwerten »Freiheit, Gerechtigkeit, Freundschaft« ohne Änderung der gesellschaftlichen Basis anstrebte, führte bei den Falken einerseits zu moralisch begründetem Protest gegen die Wiederbewaffnung und atomaren Aufrüstung in der BRD, andererseits zu einer Neuauflage bündisch-romantischer Freizeiterziehung. Die Aufgaben sozialistischer Bil-

---

152 C. Schmidt: Mensch und Technik. In: L. Brandt: Die zweite industrielle Revolution, Hannover 1956, S. 42.

dungspolitik und Erziehung wurde nicht mehr wahrgenommen.

Die Untersuchung der Bildungspolitik und Erziehung der SPD von 1945–1960 geschah in der DDR nur sehr punktuell. Die Forschung beschränkte sich auf die Untersuchung der Ansätze der Kooperation von KPD und SPD in den Westzonen 1945–46[153] und auf die Kritik des Planes »Z«[154]. Sie untersuchte auch die Widersprüche zwischen der SPD-Führung und der Arbeiterjugendbewegung[155]. Außerdem wurde der antimilitaristische Kampf der Arbeiterjugend analysiert[156]. Eine genauere Erforschung der Bildungspolitik und Erziehung der SPD, der Jusos und der Falken in der Nachkriegsperiode gibt es nicht. Die Bildungspolitik der 1956 verbotenen KPD[157], im Rahmen ihres Kampfes für eine demokratische Etappe der Umwälzung der Gesellschaft, wird in der DDR kaum gewürdigt. Über die Geschichte der FDJ in Westdeutschland, die 1952 verboten wurde, breitet sich das Schweigen.

Für die Nachkriegsetappe ist die Forschung in der BRD weiter. Mit den beiden Arbeiten von A. Hoffmann[158] und G. Scharfen-

---

153 H. Becker u. a.: Progressive und reaktionäre Bestrebungen zur Reformierung des westdeutschen Schulwesens in den Jahren 1945–60. In: Autorenkollektiv: Schulentwicklung und Schulreform in einigen kapitalistischen Ländern Europas, Berlin 1962, S. 31 f.

154 K. H. Günther u. a.: Geschichte der Erziehung, a. a. O., S. 691; Becker/Hohendorf/Mahr/Stolz: Die Schulpolitik der SPD und der Plan Z. Berlin 1960; H. Becker u. a.: Progressive und reaktionäre Bestrebungen ..., a. a. O., S. 64 ff.

155 R. Fiddike: Die SPD-Führung handelt entgegen den Interessen der westdeutschen Jugend. In: Wenn wir gemeinsam kämpfen, sind wir unüberwindlich, Berlin 1963, S. 179 ff.

156 D. Krehmke: Zum Kampf der Arbeiterjugendorganisation Westdeutschlands gegen die Bestrebungen des deutschen Imperialismus zur Schaffung einer neuen Aggressionsarmee. Potsdam, PH, Päd. Diss. 1967; K. Krawczack: Die Lage der westdeutschen Arbeiterjugend, Berlin 1960, S. 142 ff.; Uhlemann, M.: Der Anteil der westdeutschen Arbeiterjugend am Kampf gegen die Pariser Verträge und gegen die Aufnahme Westdeutschlands in die NATO 1954/55. In: Geschichtsunterricht und Staatsbürgerkunde, 7. Jg. 1965, Nr. 1, S. 10 ff.

157 Wenige Hinweise bei: H. Becker u. a.: Progressive und reaktionäre Strebungen, a. a. O., S. 80 f.; K. H. Günther u. a.: Geschichte der Erziehung ..., a. a. O., S. 669; H. G. Hoffmann: Schulpolitik der Monopole – heute. Berlin 1966, S. 170–176; vgl. auch die Dokumentation: Dokumente der KPD 1945 bis 1956. Berlin 1965; Die KPD lebt und kämpft. Dokumente der KPD 1956–1962, Berlin 1963. Außerdem Autorenkollektiv: KPD 1945–1965, Berlin 1966.

158 A. Hoffmann: Die bildungspolitischen Vorstellungen der CDU und SPD. Erlangen/Nürnberg, phil. Diss. 1968.

berg[159] zur Bildungspolitik der SPD ist deren Bildungspolitik schon genauer erfaßt. Mit der Untersuchung der Bildungspolitik der KPD und der FDJ in Westdeutschland hapert es allerdings noch in der BRD[160]. Heydorn trifft den Kern der Entwicklung, wenn er über die radikalen Bildungspolitiker dieser Periode schreibt: »Nur kurz leuchteten die alten ... Ansätze wieder auf; die neuen teilen ihr Schicksal. Kleine Inseln bleiben im besten Falle erhalten«[161].

Die Rekonstruktion sozialistischer Bildungspolitik und Erziehung

Mit dem Ende der Rekonstruktionsperiode gegen 1960 setzten sich in der BRD immer stärker einige Momente der dritten technologischen Revolution durch. Die Substitution menschlicher Arbeit durch Maschinen, die Übernahme der Steuerung der Maschinen durch elektronische Apparate dehnte sich aus. Die Mechanisierung der Produktion schritt weiter fort. Fließfertigungen und Teilautomatisierungen setzten sich durch. Diese Umwälzung des Produktionsprozesses stellten neue Anforderungen an die Qualifikation der Arbeitskraft. Die kapitalistischen Produktionsverhältnisse verhinderten aber die geforderte neue Anpassung des Ausbildungssektors an die Produktion. Trotz wachsender staatlicher Bildungsforschung und Planung blieben die realen Reformen bescheiden. Angesichts der Dauerkrise der bürgerlichen Bildungsreform sah sich die Arbeiterbewegung gezwungen, ihre Bildungspolitik und Erziehungsanstrengungen erneut zu überprüfen. Sie mußte außerdem ihr Verhältnis zu den linksradikalen bildungspolitischen Ansätzen der neuentstandenen Studentenbewegung klären.

Die SPD basierte ihre Bildungspolitik nun stärker auf die Reformargumente der neuen bürgerlichen Bildungsökonomie. Um die Bildungsinteressen der Arbeiter aufzugreifen und systemimmanent zu wenden, stellte die SPD darauf ab, daß Erziehung und

159 G. Scharfenberg: Bildung und Herrschaft. Soziopolitische Ziele in der Bildungspolitik der SPD und CDU von 1945–1970, Berlin 1973; vgl. auch G. Scharfenberg (Hrsg.): Dokumente zur Entwicklung der Bildungspolitik der SPD, Berlin 1971.

160 Erste Ansätze: K. W. Beise u. a.: Zur Geschichte des Kampfes um die Schule. In: Erziehung und Klassenkampf 1971, 1. Jg., Nr. 1, S. 51–66, L. v. Werder: Sozialistische Erziehung in Deutschland, a. a. O., S. 236–253.

161 H. J. Heydorn: Über den Widerspruch ..., a. a. O., 273.

Bildung Faktoren des wirtschaftlichen Wachstums seien und die Stellung der BRD in der internationalen Konkurrenz gründliche Bildungsreformen erfordere. Das Ziel der Bildungsreform wurde von der SPD in den 60er Jahren ständig verändert. Ab 1968 erhob sie die Gesamtschule zum Ziel ihrer Schulpolitik, ab 1972 forderte sie die Integration von allgemeiner und beruflicher Bildung in Form einer integrierten Sekundarstufe II. Da die Durchsetzung dieser Ziele an den Grenzen kapitalistischer Produktionsverhältnisse scheiterte, orientierte sich die SPD seit 1970 stärker auf die Berufsbildungspolitik, in der Hoffnung, hier der Reform zum Durchbruch zu verhelfen. Die illusionäre Bildungspolitik der SPD, lediglich mit Hilfe des Staates und ohne Mittel, um die Interessen des Kapitals zu überwinden, forcierte bürgerliche Bildungsreform anzustreben, hat innerhalb der Jusos und der Falken zur Kritik an der SPD geführt. Die linke SPD arbeitet als Alternative zum Scheitern der bürgerlichen Bildungsreform an Ansätzen sozialistischer Bildungspolitik und Erziehung. Die DKP vertritt die Tradition sozialistischer Bildungspolitik, wie sie sich nach 1933 herausgebildet hat. Sie geht davon aus, daß die Arbeiterklasse erst die bürgerliche Staatsgewalt ergreifen muß, ehe der Übergang zur sozialistischen Gesellschaft entwickelt werden kann. Die antimonopolitische Demokratie ist für sie das wichtigste Vermittlungsglied zwischen der heutigen Lage der Arbeiter und der sozialistischen Gesellschaft. Mit der Möglichkeit gründlicher Bildungsreformen rechnet die DKP erst nach der Übernahme des Staates durch eine Volksfrontregierung. Während die DKP heute den bildungspolitischen Kampf auf die Verbesserung der Haupt- und Berufsschule orientiert, strebt die für den Fall einer Volksfrontregierung das demokratische 10klassige Einheitsschulsystem an, das im Sozialismus in ein einheitliches 12klassiges sozialistisches Bildungssystem umgewandelt werden soll. Anders als die SPD erkennt die DKP, daß der Kampf um den Ausbildungssektor Teil des gesellschaftsverändernden Klassenkampfes ist. Sie dringt auf die Mobilisierung der Arbeiterjugend und Kinder für ihr Bildungsrecht.

In der DDR-Forschung wird die Bildungspolitik der SPD in kritischer Absicht untersucht. Dabei kommt es der DDR-Forschung besonders darauf an, die ungenügende Bildungspolitik des rechten SPD-Flügels aufzudecken[162]. Sie versucht darzulegen,

---

162 Vgl. H. Stolz: Menschenbildung und Erziehungsziel rechtssozialdemo-

daß auch die Bildungsreformanstrengungen der SPD nur »Verschleierungspläne zur Irreführung der oppositionellen Kräfte sind und der Herrschaftsstabilisierung der Monopole dienen«[163]. Die DDR-Forschung zielt nicht nur auf die Kritik der rechten SPD ab, sondern zugleich auch auf die Kritik der linksradikalen bildungspolitischen Positionen der Studentenbewegung und der neuen Linken. Man versucht nachzuweisen, daß die linksradikale Bildungspolitik nur ein »eklektizistisches Gemisch verschiedenartiger kleinbürgerlich-anarchistischer Ideologien und Theorien« darstellt[164].

Man geht von der Position aus, daß zuerst die illegale KPD[165] und dann die 1968 gegründete DKP auf bildungspolitischem Gebiet eine klare Alternative gegenüber der bürgerlichen und linksradikalen Bildungspolitik darstellen. Das Ziel der Bildungspolitik der DKP sei »die Brechung des Bildungsmonopols und die Durchsetzung des Rechts auf Bildung für die bisher unterdrückten Klassen und Schichten«[166]. Eine Kritik der Zwei-Etappen-Strategie, in dem man über die Erkämpfung eines antimonopolistischen Bildungssystems auch zu einem sozialistischen Bildungssystem kommen will, wird in der DDR nicht entwickelt. Die Analysen des

---

kratischer Ideologien in Westdeutschland. In: Pädagogik 17. Jg. 1962, S. 362 ff.; H. G. Hofmann: Die Hamburger Kulturkonferenz der SPD und die Interessen der westdeutschen Lehrer und Eltern. In: Pädagogik, 19. Jg. 1964, S. 82 ff.; H. Becker: Neue Modelle zur »großen Bildungsreform« in der BRD. In: Pädagogik, 24. Jg., 1969, S. 368 ff.

163 H. G. Hofmann: Grundprobleme der Bildungspolitik in der BRD. In: Jahrbuch 1971. Akademie der pädagogischen Wissenschaft der DDR, Berlin 1972, S. 275.

164 G. Sielski: Auseinandersetzung mit kleinbürgerlich-revolutionaristischen Erziehungsauffassungen der Neuen Linken. In: Pädagogik, 27. Jg., 1972, Nr. 11, S. 1054; vgl. auch F. Hofmann: Zur Situation der pädagogischen Wissenschaft in der BRD. In: Pädagogik, 28. Jg., 1973, Nr. 3, S. 273 ff.; H. G. Hoffmann: Der Antikommunismus in den bürgerlich-reformistischen und anarchistischen pädagogischen Lehren der Gegenwart. In: Pädagogik, 29. Jg., 1974, Nr. 7, S. 683 ff.

165 H. G. Hofmann: Die schulpolitischen Forderungen der KPD aus dem Jahre 1964 – Grundlage des schulpolitischen Kampfes aller demokratischen Kräfte der BRD. In: Vergleichende Pädagogik, 1. Jg., 1965, S. 389 ff.; Autorenkollektiv: Die westdeutsche Bildungskrise, Berlin 1967, S. 236 ff.

166 H. G. Hofmann: Grundprobleme der Bildungspolitik in der BRD, a. a. O., S. 285; R. Sareick: Die bildungspolitische Alternative der Arbeiterklasse und ihrer marxistisch-leninistischen Partei in der BRD. In: Die marxistisch-leninistische Pädagogik, eine streitbare Waffe im Kampf gegen den Antikommunismus, Berlin 1972, S. 301–308.

Aufbaus der SDAJ[167] und der Jungen Pionieren haben bisher kaum greifbare Resultate gebracht.

Die Forschung der Bildungspolitik der SPD, DKP und der neuen Linken in der BRD hat bisher zu einer klaren Favorisierung der kritischen Untersuchung der Bildungspolitik und Erziehung der neuen Linken geführt. Während es zur Bildungspolitik und Erziehung der SPD und DKP nur wenige Ansätze gibt[168], wächst die Flut von Arbeiten über die Bildungspolitik und Erziehung der neuen Linken. Selten in dieser Flut sind Selbstdarstellungen der neuen Linken[169]. Eine systematische sozialistische Theorie der sozialistischen Bildungspolitik liegt auch noch nicht vor. Selbst einen Versuch, die Ergebnisse der Forschung einer neuen Generation sozialistischer Erziehungswissenschaftler wie z. B. M. Baethge, J. Beck, A. Combe, H. J. Gamm, W. Gottschalch, H. J. Heydorn, F. Huisken, G. Koneffke, F. Nyssen, U. Preuss-Lausitz, H. G. Rolf, M. R. Vogel usw. systematisch auszuwerten, gibt es noch nicht. Von einer wissenschaftlich angeleiteten außer- und innerschulischen sozialistischen Erziehung in der heutigen BRD zu sprechen, ist verfrüht. Mit einiger Mühe kann man innerhalb der neuen Linken zwei Ansätze von Bildungspolitik unterscheiden. Einmal gibt es ein unkritisches Anknüpfen an die Bildungspolitik der KPD der Weimarer Zeit, deren wirkliche Bildungspolitik weder in der DDR noch in der BRD schon vollständig erforscht ist. So lehnen sektiererische marxistisch-leninistische Miniparteien trotzdem unter Berufung auf die KPD der Weimarer Zeit jeden

---

167 Vgl. aber: R. Bach: Der Kampf junger Arbeiter und Studenten gegen den Antikommunismus in der BRD. In: Die marxistisch-leninistische Pädagogik . . ., a. a. O., S. 227–232.

168 A. Nevermann: Bildungspolitik und SPD. In: W. Schluchter (Hrsg.): Sozialdemokratie und Sozialismus heute. Köln 1968, S. 160 ff.; U. Jaeggi: Kapital und Arbeit in der BRD, Frankfurt 1973, S. 286 ff.; H. Bilstein u. a.: Organisierter Kommunismus in der BRD, Opladen 1972; M. Hübner u. a.: Neuere Literatur zur Entwicklung der Arbeiterjugendbewegung von 1968–1971. In: Erziehung und Klassenkampf, 1. Jg., 1971, Nr. 3, S. 56 ff.; R. J. Priemer: Die Arbeiterjugend nimmt den Kampf auf. In: Marxistische Blätter, 7. Jg., 1969, Nr. 4., S. 7 ff.

169 K. W. Beise u. a.: Die Revolte gegen die technokratische Schulreform. In: Erziehung und Klassenkampf 1971, 1. Jg., Nr. 2, S. 6 ff.; H. J. Heydorn: Zu einer Neufassung des Bildungsbegriffs, Frankfurt 1972; H. Ortmann: Politische Ökonomie und Pädagogik. In: Erziehung und Klassenkampf, 1973, 3. Jg., Nr. 9, S. 39 ff.

Kampf um eine demokratische Einheitsschule ab und wollen schon heute ohne richtige Berücksichtigung von Reformen den Kampf um das sozialistische Bildungssystem führen[170]. Zum anderen gibt es parteikritische Basis- und Stadtteilgruppen, die eine Veränderung der gesellschaftlichen Erziehung mehr durch antikapitalistische autonome Erziehungsversuche erreichen wollen[171]. Die Situation sozialistischer Bildungspolitik ist auch heute wieder ein vermitteltes Spiegelbild des aktuellen Standes der Arbeiterbewegung.

Die Flut der Kritik der Bildungspolitik und Erziehung der neuen Linken[172] unterstellt der neuen Linken ein Wissen, das sie noch gar nicht hat und im Hinblick auf die Unterstellungen auch nie haben wird. So behauptet Brezinka einfach: »Die Pädagogik der neuen Linken ist Bestandteil der Strategie zur geistigen Vorbereitung eines totalitären sozialistischen Gesinnungsstaates[173].« Er stellt die sozialistische Erziehung natürlich auf eine Stufe mit der nationalsozialistischen Erziehung[174]. Er fordert zugleich Berufsverbot für kritische Erziehungswissenschaftler[175]. Er ruft zur politischen Unterdrückung der fortschrittlichen Erziehungswissenschaft auf[176]. Die heutigen Gegner sozialistischer Bildungspolitik und Erziehung kennen die lange Geschichte dessen, was sie bekämpfen, gar nicht. Sie haben keine Ahnung von der Parteinahme der sozialistischen Erziehungswissenschaft für die wirkliche Emanzipation der Arbeiterkinder und Arbeiterjugendlichen. Aber an einer wissenschaftlich begründeten Emanzipation der Arbeiterjugend ist die Reaktion auch gar nicht interessiert.

---

170 KPD. Kampf – Kritik – Umgestaltung. Proletarische Schule und Universität in China. Berlin 1971, S. VIII. KPD/ML: Revolutionäre Erziehung im Kapitalismus und Sozialismus, Köln 1973, S. 43.

171 Vgl. etwa die entsprechenden Beiträge zum Georg-von-Rauch-Haus und zur Jugendzentrumsbewegung in: Erziehung und Klassenkampf, Zeitschrift für marxistische Pädagogik, Frankfurt, 3. Jg., 1973 ff.

172 Vgl. u. a. W. Brezinka: Erziehung und Kulturrevolution. Die Pädagogik der neuen Linken, München 1974; W. Brezinka: Die Pädagogik der neuen Linken, Stuttgart 1973; L. Kerstins Modelle emanzipatorischer Erziehung. Bad Heilbrunn 1974; H. Barth: Emanzipation als Erziehungsziel. Bad Heilbrunn 1974; F. H. Paffrath: Das Ende der antiautoritären Erziehung. Bad Heilbrunn 1972.

173 W. Brezinka: Erziehung und Kulturrevolution, a. a. O., S. 224.

174 W. Brezinka: a. a. O., S. 225.

175 W. Brezinka: a. a. O., S. 225.

176 W. Brezinka: a. a. O., S. 228.

4. Die Geschichte des pädagogischen Denkens der Arbeiterbewegung und die zukünftige soziologische Erziehungswissenschaft

Die bisherige, nicht sehr gründliche Erforschung des pädagogischen Denkens der deutschen Arbeiterbewegung zeigt, daß dieses Denken den Hauptmystifikationen, die das wirkliche gesellschaftliche Wesen der Erziehung verdecken, nicht aufgesessen ist. Unter wechselnden politischen und ökonomischen Verhältnissen haben die Sozialwissenschaftler der Arbeiterbewegung auf der Basis unterschiedlicher Staats- und Klassenanalysen die Strategie und Taktik der Reform des Ausbildungssektors entfaltet und durchzusetzen versucht. Sie versuchten, die Hauptmerkmale der jeweiligen gesellschaftlichen Entwicklungsetappe in ihrer Auswirkung auf die gesellschaftliche Erziehung und die Jugend herauszuarbeiten. Auf einer solchen Basis versuchten sie auch, die für die jeweilige Etappe richtigen Ziele und Mittel der Reform der Erziehung zu bestimmen. Diese Ansätze einer soziologischen Erziehungswissenschaft schlugen sich sowohl nieder in den Werken der wenigen großen sozialistischen Pädagogen, in populären Schriften der Massenaufklärung wie in politischen Programmen. Eine systematische soziologische Erziehungswissenschaft hat die Arbeiterbewegung nicht hervorgebracht. Die Erforschung ihrer Versuche, das mystifizierte Erziehungsdenken zu durchbrechen, ist aber eine Stufe, die heute überwunden werden muß, ehe auf der Basis einer modernen umfassenden Gesellschaftstheorie sich die zukünftige soziologische Erziehungswissenschaft entfalten kann.

10. Zum Grundstudium der soziologischen Erziehungswissenschaft

Die Analysen des sozialwissenschaftlichen Gehalts exemplarischer Aspekte der fortschrittlichen Erziehungswissenschaft haben gründliche Defizite der Erziehungswissenschaft an wissenschaftlicher Kenntnis der Gesellschaft und der gesellschaftlichen Bestimmtheit von Erziehung aufgedeckt. Nicht nur die Aufdeckung dieser Defizite, sondern ihre Aufhebung ist heute erforderlich. Der zweiten Forderung kann im Rahmen dieses Buches abschließend nur recht ungenügend in Form eines kommentierten Literaturleitfadens zum Studium der soziologischen Erziehungswissenschaft nachgekommen werden.

Angesichts aber des Ausbleibens der Konstituierung von systematischen Studiengängen der soziologischen Erziehungswissenschaft an den pädagogischen Ausbildungsinstitutionen der BRD sind diese Hinweise nicht überflüssig[1]. Diese Hinweise können vielleicht Anregungen geben, nicht nur zum Selbststudium, sondern auch zur Studiengangdiskussion und zu Problemen universitärer Didaktik und Curriculumreform für das Fach Erziehungswissenschaft.

Mit »lehrformelartigen Bereichsunterteilungen«[2], die vom Studium der Unterrichtsfächer bis zum Studium des Lehrens und Lernens reichen[3] oder mit der Skizzierung der Hauptströmungen der Erziehungswissenschaft[4], ist das Problem des sozialwissenschaftlichen Kerninhaltes und des Studiengangs der soziologischen Erziehungswissenschaft nicht zu lösen. Jedes Studium der soziologischen Erziehungswissenschaft muß nicht nur die Interessen und Bewußtseinsinhalte der Pädagogik-Studenten und die Anforderun-

---

1 Damit sind nicht nur Probleme des Lehrens und Lernens der Erziehungswissenschaft, die neuerdings von H. Giesecke: Anleitung ..., a. a. O., bes. S. 78 ff. und H. J. Gamm: Einführung ..., S. 10 ff. aufgegriffen wurde, sondern auch alle anderen Sozialwissenschaften angesprochen. Zu den Problemen der Konstituierung von sozialwissenschaftlichen Studiengängen im Bereich der Soziologie sowie Politologie vgl. z. B. J. Matthes: Einführung in das Studium der Soziologie, Reinbek 1973; R. R. Grauhahn, W. D. Narr: Studium der Sozialwissenschaft – demonstriert an der Politikwissenschaft. In: Leviathan, 1. Jg., 1973, Heft 1, S. 90 ff.

2 R. R. Grauhahn, W. D. Narr: Studium ..., a. a. O., S. 96.

3 Vgl. etwa den Vorschlag von H. Giesecke in: ders.: Anleitung zum pädagogischen Studium, a. a. O., S. 80–83.

4 Vgl. R. Lassahn: Einführung in die Pädagogik, Heidelberg 1974.

gen ihrer zukünftigen Berufspraxis[5] berücksichtigen, sondern auch die sozialwissenschaftlichen Inhalte, die erst die Arbeitskraft des Pädagogen qualifizieren können. Das Hauptziel des Grundstudiums der soziologischen Erziehungswissenschaft wird die Entwicklung des soziologischen Denkens und der soziologischen Phantasie[6] für Pädagogen sein. Diese soziologische Kompetenz umfaßt »die Fähigkeit von völlig unpersönlichen und fernliegenden Veränderungen (der Gesellschaft) zu den intimsten Zügen des menschlichen Wesens gehen zu können – und die Beziehungen zwischen beiden zu sehen«[7].

Ein Grundstudium der soziologischen Erziehungswissenschaft sollte unter Berücksichtigung der Basisanforderungen an ein Grundstudium folgende vier Abschnitte haben:

1. Der soziologische Begriff der Erziehung soll geklärt werden.
2. Das systematische und historische Verhältnis von Gesellschaft und Erziehungssystem muß analysiert werden.
3. Die gesellschaftliche Bestimmtheit der Erziehungstheorie muß aufgedeckt werden.
4. Die gesellschaftlichen Grundlagen fortschrittlicher Bildungspolitik sind zu klären.

1. Der soziologische Begriff der Erziehung

Da jeder Pädagogik-Student auf der Basis familiärer und schulischer Erziehungserfahrungen schon einen Begriff von Erziehung hat, der allerdings kaum sozialwissenschaftlichen Ansprüchen genügen wird, so sollte das Studium der soziologischen Erziehungswissenschaft mit der Aneignung eines *soziologischen Begriffs von Erziehung* begonnen werden. Um der Gefahr zu entgehen, Erziehung im Rahmen eines abstrakt gefaßten autonomen »pädagogischen Verhältnisses«[8] zu analysieren, ist angezeigt, Erziehung als speziellen Arbeitsprozeß, der aus der Produktion herausgesetzt ist

---

5 Vgl. P. Baltes, A. E. Hoffmann: Berufsfelder des Diplom-Pädagogen, Heidelberg 1975.
6 O. Negt: Soziologische Phantasie und exemplarisches Lernen, Frankfurt/M. 1971
7 C. W. Mills: Kritik der soziologischen Denkweise, Darmstadt 1973, S. 40.
8 Dieser Gefahr sitzt z. B. die verbreitete Einführung von W. Klafki u. a.: Erziehungswissenschaft . . ., a. a. O., Bd. 1, S. 55 ff. voll auf.

und die Formung der inneren Natur des Menschen zur Ausbildung seiner gesellschaftlichen Kompetenz zum Ziel hat, zu begreifen. Die Entwicklung der inneren Natur des Menschen durch den Menschen selbst darf andererseits keineswegs von einer trennenden Betrachtung der »biologischen und psychologischen Voraussetzung der Erziehung« einerseits und der »geschichtlich-gesellschaftlichen Dimension der Erziehung« andererseits ausgehen[9]. Es wird deshalb darauf ankommen, die Grundbestimmungen der natürlich-geschichtlichen Natur des Menschen der Entfaltung eines Begriffs vom pädagogischen Arbeiterprozeß zu Grunde zu legen. Schließlich muß im Rahmen der Analyse der gesellschaftlichen Bestimmtheit von Erziehung der Klassencharakter der Erziehung geklärt werden. Zu diesem Zweck müssen die Formen der Determinierung der Erziehung durch die ökonomischen und politischen Strukturen der Gesellschaft dargelegt werden. Erst die Entfaltung eines derartigen Begriffs von Erziehung kann das vulgäre Verständnis von Erziehung bei den Pädagogik-Studenten in ein anfänglich wissenschaftliches Verständnis transformieren. Ein derartiger soziologischer Erziehungsbegriff sollte mit dem Text von J. Gröll: Erziehung im gesellschaftlichen Reproduktionsprozeß, Frankfurt/M. 1975, S. 18–68 erarbeitet werden.

2. Zum systematischen und historischen Verhältnis von Gesellschaft und Erziehungssystem

Erziehung ist erst begriffen, wenn sie in ihrer, in der bürgerlichen Gesellschaft entwickelten, institutionalisierten Form, die durch ein besonderes Verhältnis zum Staat und zur Produktion determiniert ist, erkannt ist. Zur Vertiefung der Einheit in das Wesen institutionalisierter gesellschaftlicher Erziehung kann die Auseinandersetzung über die Gründe der Trennung von familiärer und staatlicher Erziehung beitragen. Der Student kann bei der Erarbeitung der Ursachen der Vergesellschaftung der Erziehung in der bürgerlichen Gesellschaft, der gleichzeitig eine bestimmte Entwicklung familiärer Erziehung einhergeht, erkennen, daß die bürgerliche Gesellschaft als erste in der Menschheitsgeschichte durch die Trennung von privater und öffentlicher Erziehung zu Ansätzen

9 Diesen Ansatz versucht z. B. H. Giesecke: Einführung . . ., a. a. O.

gesellschaftlicher Erziehung kommt. Die Vergesellschaftung der Erziehung in der bürgerlichen Gesellschaft muß aus folgenden Ursachen abgeleitet werden:

1. Der Übergang von der feudalen zur industriellen Produktionsweise macht für alle Produzenten neue allgemeine Qualifikationen erforderlich.
2. Die Arbeitskraft als Ware muß in der bürgerlichen Gesellschaft vor ihrer Anwendung in der Produktion qualifiziert werden.
3. Die Bedingungen der Marktwirtschaft machen zum Zweck der Herstellung gleicher Konkurrenzbedingungen für alle Lohnarbeiter eine gleiche Ausbildung vor Auftreten auf dem Arbeitsmarkt nötig.
4. Die Arbeitskraft muß schließlich in einer allgemeinen Weise qualifiziert werden, so daß sie mit einer allgemeinen Flüssigkeit begabt unter marktwirtschaftlichen Bedingungen mobil sein kann.

Wenn der Student die Ursachen für die Trennung von privater und öffentlicher Erziehung begriffen hat, sollte er auch die besonderen Bedingungen analysieren, unter denen in der bürgerlichen Gesellschaft familiäre Erziehung im Unterschied zu öffentlicher Erziehung sich vollzieht. Er sollte den Schein durchschauen lernen, daß familiäre Erziehung bloße private Erziehung sei. Trotz des privaten Charakters familiärer Erziehung ist sie vollständig von der Sozialstruktur der bürgerlichen Gesellschaft determiniert. Da in der bürgerlichen Gesellschaft einerseits die Familienform der Besitzer von Produktionsmitteln tradiert wird, andererseits die bloßen Besitzer von Arbeitskraft zur Übernahme dieser Familienform bezwungen werden, ist einmal die differenzierte Betrachtung der Unterschiede der privaten Erziehung in Familien von Produktionsmittelbesitzern und Familien von Arbeitskraftbesitzern notwendig. Andererseits ist die Herausarbeitung der spezifischen Formen autoritärer und gewalttätiger Erziehung in den Familien nötig, die besonders in der Zwangsvermittlung gesellschaftlich noch unterschiedlich bewerteter Geschlechtsrollen besteht. Schließlich ist zu erkennen, daß die Entwicklung der Produktivkräfte und die Verallgemeinerung der Lohnarbeit private Kleinkinderziehung immer unrentabler macht und deshalb Tendenzen zur Vergesellschaftung auch der familiären Erziehung sich entwickeln. Die Besonderheiten der Familienerziehung erhellt das Buch von G. Heinsohn/R. Knieper: Theorie des Familienrechts, Frankfurt/ M. 1974.

Der Student sollte nach der Analyse der gesellschaftlichen Bestimmungen familiärer Erziehung zur Analyse öffentlicher Erziehung fortschreiten. Das wissenschaftliche Bewußtsein des Pädagogik-Studenten wird nun durch die Aneignung der Analyse des Verhältnisses von Erziehungssystem und Staat, Erziehungssystem und Produktion erweitert werden. Dabei wird es besonders darauf ankommen, die gesellschaftliche Besonderung und gesellschaftliche Vermitteltheit des Erziehungssystems zur Gesellschaft über den Staat zu klären. Die Strukturierung und Hierarchisierung des Erziehungssystems und sein Klassencharakter muß aus der kapitalistischen Form der Produktion abgeleitet werden. Die ökonomischen und politischen Triebkräfte der weiteren Vergesellschaftung der Erziehung in der bürgerlichen Gesellschaft und ihre klassenspezifischen Grenzen sollten hier dargestellt werden.

Da diese Analyse in den verbreiteten Beiträgen zur Einführung in das Studium der Erziehungswissenschaft[10] nicht geleistet wird und die politische Ökonomie des Ausbildungssektors[11] die politische Determination des Ausbildungssektors unterschlägt, sollte hier auf einen neueren Beitrag der Soziologie der Erziehung zurückgegriffen werden. Trotz seines eklektizistischen Charakters wird hier das Studium von K. Hurrelmann: Erziehungssystem und Gesellschaftssystem, Reinbek 1974 empfohlen.

Die systematische Entfaltung des soziologischen Erziehungsbegriffs bleibt abstrakt und leer, wenn nicht die sozialgeschichtliche Realität des Begriffs aufgesucht wird, die zu diesem Begriff drängt. Das Studium der soziologischen Erziehungswissenschaft sollte angesichts des enormen Umfanges sozialgeschichtlicher Betrachtungen hier nur exemplarisch die Sozialgeschichte des öffentlichen Erziehungssystems in der BRD umfassen. Keine der gängigen Einführungen kennt die Sozialgeschichte der Erziehung in der BRD. Die ökonomischen und politischen Determinanten für die Rekonstruktion des klassenspezifischen Erziehungssystems nach 1945, die Bildungsreform-Versuche nach dem Ende der Rekonstruktionsperiode, und das Stagnieren der Bildungsreformen seit Einbruch der jüngsten Wirtschaftskrise werden in den bisherigen Anfangs-

---

10 Vgl. etwa H. J. Gamm: Einführung ..., a. a. O., und H. Giesecke: Einführung ..., a. a. O,

11 Vgl. etwa E. Altvater, F. Huisken: Materialien zur politischen Ökonomie des Ausbildungssektors, Erlangen 1971.

semestern der Erziehungswissenschaft sträflich vernachlässigt. Der Student sollte aber trotzdem zumindest durch die Lektüre von F. Huisken: Zur Kritik bürgerlicher Didaktik und Bildungsökonomie, München 1972, Kap. 3 seinen systematischen Begriff von Erziehung um die historische Dimension erweitern.

3. Erziehungstheorie und Gesellschaft

3.1 Allgemeine Erziehungstheorie

Erst wenn systematisch und historisch begriffen ist, daß durch die Erziehung in der bürgerlichen Gesellschaft »eine grundlegende Ungleichheit der Aufstiegschancen und damit der dichotomische Klassencharakter der Gesellschaft stabilisiert und perpetuiert wird«[12], kann erkannt werden, daß die herrschende allgemeine Erziehungstheorie große Schwierigkeiten hat, die soziale Determination der Erziehung richtig widerzuspiegeln. Diese Schwierigkeiten wirklicher gesellschaftlicher Einsicht liegen offenbar daran, daß der herrschenden Erziehungswissenschaft die Gesellschaft immer noch als die gemeinschaftliche Vereinigung freier Individuen erscheint und sie einen Erziehungsprozeß unterstellt, der gesellschaftlich gleiche nur durch Natur unterschiedene Individuen zum Ergebnis hat. Der herrschenden Erziehungswissenschaft muß deshalb der Erziehungsprozeß als autonom gegenüber der Gesellschaft erscheinen.

Zu einer fruchtbaren Auseinandersetzung mit der allgemeinen Erziehungstheorie unter der Frage, wieweit sie die bürgerliche Gesellschaft wirklich begreift, sollte der Student auf der Basis von K. Mollenhauer: Theorien zum Erziehungsprozeß, München 1972 kommen.

Bei Mollenhauer ist weiter zu prüfen, wieweit das pädagogische Verhältnis als natürlich-soziales und nicht bloß als natürliches Verhältnis durchschaut wird. Es ist zu fragen, wieweit Erziehung als Kommunikation und Interaktion angesichts unterschiedlicher Sprachkodes und Lernkompetenzen beim Arbeiter- und beim Bürgerkind als gebrochen begriffen wird. Mollenhauer ist schließlich

---

12 C. v. Krockow: Klassenbegriff und Bildungssystem. In: K. Hurrelmann (Hrsg.): Soziologie der Erziehung, Weinheim 1974, S. 122.

daraufhin zu überprüfen, wie weit seine Theorie der Erziehung die Verhinderung der politischen und ökonomischen Mündigkeit der Arbeiterjugend und besonders der jungen Arbeiterinnen sowie die Bedingungen ihrer politischen, ökonomischen und pädagogischen Emanzipation erklären kann.

3.2. Spezielle Erziehungstheorie: Schulische Erziehung

Die Theorien schulischer Erziehung machen die gleichen Fehler in der Erklärung gesellschaftlicher Erziehungstheorie in der Analyse der Erziehung überhaupt[13]. Über die Probleme schulischer Erziehung erfährt der Student deshalb mehr in der Schuldidaktik als in der Schultheorie. Der Student der soziologischen Erziehungswissenschaft sollte sich besonders den Problemen der Vermittlung von Sozialwissenschaft in der Schule zuwenden. Da die bekannten Einführungen in das erziehungswissenschaftliche Studium ein wirkliches Eindringen in die von der Didaktik reflektierten Erziehungsprozesse in der Schule nicht leisten, sollte der Student hier auf die fortgeschrittensten Beiträge zur Konstituierung sozialwissenschaftlicher Curricula zurückgreifen.

Zu diesem Zweck bietet sich folgendes Buch an: E. Callies u. a.: Sozialwissenschaft für die Schule, Umrisse eines Struktur- und Prozeßcurriculums, Stuttgart 1974. Der Student kann hier prüfen, mit welchen Mitteln und wieweit die Schule Arbeiterkinder zum soziologischen Denken führen will.

4. Bildungspolitik und Gesellschaft

Das Studium der soziologischen Erziehungswissenschaft führt zur Einsicht in die Notwendigkeit der gründlichen Reform des bestehenden Erziehungssystems. Wie aber Individuen und Gruppen im Rahmen gesellschaftlicher Verhältnisse politisch handeln müssen, um das Erziehungssystem zu verändern, kann nicht allein, wie in den fortschrittlichen Einführungen in das Studium der Erziehungswissenschaft, mit dem Hinweis auf die Notwendigkeit des schulreformerischen Engagements der Lehrer beantwortet wer-

---

13 Hinweise auf die Fehler der Theorie schulischer Erziehung findet man bei J. Beck: Lernen in der Klassenschule, Reinbek 1974.

den[14]. Die soziologische Analyse des Klassencharakters des Erziehungssystems macht vielmehr deutlich, daß der Entwicklungsprozeß des Erziehungssystems letztlich der politische Ausdruck der ökonomischen Triebkräfte der Gesellschaft ist. Das Grundstudium der soziologischen Erziehungswissenschaft muß deshalb zuletzt zur Aneignung der historischen und aktuellen politischen Strategie und Taktik der fortschrittlichen gewerkschaftlichen und parteilichen Kräfte führen, die auch auf Bildungsreformen drängen. Der Student sollte sich dabei besonders über die fortschrittliche Funktion von Kinder- und Jugendorganisationen bei der Reform der Erziehung informieren. Innerhalb fortschrittlicher Bildungspolitik gilt es, den bisher gepflegten Voluntarismus und Aktionismus elitärer Gruppen zu durchschauen und zu überwinden. Das Studium folgender Bücher wird in diesem Zusammenhang nahegelegt: L. v. Werder: Sozialistische Erziehung in Deutschland, Frankfurt 1974; B. Voigt: Bildungspolitik und politische Erziehung in den Klassenkämpfen, Frankfurt 1973.

Nach der Absolvierung eines derartigen Grundstudiums sollte im Hauptstudium der soziologischen Erziehungswissenschaft stärker die Durchdringung der Probleme der pädagogischen Berufspraxis angestrebt werden[15].

---

14 Neuerdings taucht dieser Fehler wiederum bei C. Hagemann-White/R. Wolff: Lebensumstände und Erziehung, Frankfurt 1975, S. 363 ff., auf.

15 Die genauere Struktur des Hauptstudiums und insbesondere die engere Verflechtung von Studium und Berufspraxis stellt sich zur Zeit weitgehend noch als ein Problem der Forschung dar. Vgl. J. Matthes: Einführung ..., a. a. O., H. Giesecke: Anleitung ..., a. a. O.; W. Klafki u. a.: Erziehungswissenschaft. Frankfurt 1971, Bd. 3, S 173 ff.; G. Steindorf: Pädagogikstudium. Bad Heilbrunn 1975, S. 19 ff.

Auswahlbibliographie

In der heutigen Massenuniversität ist nicht nur eine rapide Verschlechterung des Lehrangebots festzustellen. Auch die Bedingungen kollektiven Lernens konnten bisher kaum effektiv entwickelt werden. Deshalb wird das Selbststudium und die Arbeit mit dem Buch zur wesentlichen Basis des Studienerfolgs. Gerade Lehramtskandidaten und Diplompädagogen werden mit dem Realitätsschock beim Übergang in die Praxis eher fertig, wenn sie gründliche kritische Kenntnisse der pädagogischen Theorie haben, als wenn sie aus Angst vor der Praxis auf jede Theorie verzichten. Um das Selbststudium und das Lernen in Arbeitsgruppen zu unterstützen, soll im folgenden ausgewählte Literatur aufgeführt werden, die im erziehungswissenschaftlichen Grundstudium, über die im Abschnitt 10 genannten Titel hinaus, von Nutzen sein könnte.

1. Einige bedeutende erziehungswissenschaftliche Zeitschriften:

Zeitschrift für Pädagogik, erscheint alle 2 Monate im Verlag Beltz, Weinheim.

Die Deutsche Berufs- und Fachschule – Zeitschrift für Berufs- und Wirtschaftspädagogik, erscheint monatlich im Franz Steiner Verlag, Wiesbaden.

betrifft: erziehung, erscheint monatlich im Beltz-Verlag, Weinheim.

Die berufsbildende Schule, erscheint monatlich im Heckners Verlag, Wolfenbüttel.

päd. extra, erscheint monatlich im päd. extra verlag, Frankfurt.

Wirtschaft und Erziehung, erscheint monatlich im Heckners Verlag, Wolfenbüttel.

Neue Sammlung, erscheint alle zwei Monate im Verlag Vandenhoeck & Ruprecht, Göttingen.

Westermanns Pädgagogische Beiträge, erscheint monatlich im Georg Westermann Verlag, Braunschweig.

Die Deutsche Schule, erscheint monatlich im Schroedel Verlag, Hannover.

2. Lexika und Nachschlagewerke:

päd. extra Redaktion: Kritisches Lexikon der Erziehungswissenschaft und Bildungspolitik, Reinbek 1975.

E. Rauch, W. Anzinger: Wörterbuch Kritische Erziehung, Frankfurt 1975.
Ch. Wulf (Hrsg.): Wörterbuch der Erziehung, München 1974.
H. Groothoff (Hrsg.): Fischerlexikon Pädagogik, Frankfurt 1964.
Th. Ellwein u. a. (Hrsg.): Erziehungswissenschaftliches Handbuch, Berlin 1970 ff.
J. Speck/G. Wehle (Hrsg.): Handbuch pädagogischer Grundbegriffe, München 1970 f.
H. Groothoff/M. Stallmann (Hrsg.): Neues Pädagogisches Lexikon, Stuttgart 1971.

3. Zu Problemen des Studiums der Pädagogik:

G. Achinger: Das Studium des Lehrers, Berlin 1969
H.-K. Beckmann (Hrsg.): Zur Reform des pädagogischen Studiums und der Lehrerausbildung, Weinheim 1968.
H. Bokelmann u. H. Scheuerl (Hrsg.): Der Aufbau erziehungswissenschaftlicher Studien und der Lehrberuf, Heidelberg 1970.
H. Heiland: Schulpraktische Studien. Bad Heilbrunn 1973.
H. J. Gamm: Einführung in das Studium der Erziehungswissenschaft, München 1974.
N. S. Nicklis: Die Schulpraktika im pädagogischen Grundstudium, Bad Heilbrunn 1972.
G. Steindorf: Pädagogikstudium. Planung und Gestaltung, Bad Heilbrunn 1975.

4. Zur Technik des wissenschaftlichen Arbeitens:

W. Böttcher u. J. Zielinski: Wissenschaftliches Arbeiten, Düsseldorf 1973.
H. Giesecke: Anleitung zum pädagogischen Studium, München 1974.
J. E. Heyde: Technik des wissenschaftlichen Arbeitens, Berlin 1966.
H. Kliemann: Anleitungen zum wissenschaftlichen Arbeiten, Freiburg 1965.
W. Kröber: Kunst und Technik der geistigen Arbeit, Heidelberg 1969.
K. Poenicke: Das wissenschaftliche Manuskript, Berlin/München 1964.
O. P. Spandl: Die Organisation der wissenschaftlichen Arbeit, Heidelberg 1971.

5. Einführung in die Pädagogik

J. Beck u. a.: Erziehung in der Klassengesellschaft, München 1971.

D. Benner: Hauptströmungen der Erziehungswissenschaft, München 1973.

S. Bernfeld: Sisyphus oder die Grenzen der Erziehung, Frankfurt 1971.

W. Fischer: Was ist Erziehung?, München 1966.

A. Flitner u. H. Scheuerl (Hrsg.): Einführung in pädagogisches Sehen und Denken, München 1972.

H. Giesecke: Einführung in die Pädagogik, München 1973.

H. Kanz (Hrsg.): Einführung in das erziehungswissenschaftliche Grundstudium, Stuttgart 1973.

W. Klafki u. a.: Funk-Kolleg Erziehungswissenschaft, 3 Bde., Frankfurt 1970.

M. J. Langeveld: Einführung in die theoretische Pädagogik, Stuttgart 1973.

R. Lassahn: Einführung in die Pädagogik, Heidelberg 1974.

K.-H. Schäfer u. K. Schaller: Kritische Erziehungswissenschaft und kommunikative Didaktik, Heidelberg 1973.

J. F. Soltis: Einführung in die Analyse pädagogischer Begriffe, Düsseldorf 1971.

E. Weber (Hrsg.): Pädagogik. Eine Einführung. 4 Bde., Donauwörth 1972 ff.

P. Xochellis: Pädagogische Grundbegriffe. Eine Einführung in die Pädagogik, München 1973.

6. Geschichte der Pädagogik

Autorenkollektiv: Geschichte der Erziehung, Berlin 1974.

Th. Ballauff u. K. Schaller: Pädagogik. Eine Geschichte der Bildung und Erziehung, 3 Bde., Freiburg-München 1969–1973.

P. Barth: Die Geschichte der Erziehung in soziologischer und geistesgeschichtlicher Beleuchtung, Darmstadt 1967.

F. Blättner: Geschichte der Pädagogik, Heidelberg 1968.

Th. Dietrich: Geschichte der Pädagogik. 18.–20. Jahrhundert, Bad Heilbrunn 1970.

W. Raith: Von Comenius bis ins 20. Jahrhundert. Geschichte der neuzeitlichen Pädagogik, Starnberg 1969.

A. Reble: Geschichte der Pädagogik, Stuttgart 1969.

H. J. Rechtmann: Geschichte der Pädagogik, Zürich 1967.

W. Ruß: Geschichte der Pädagogik, Bad Heilbrunn 1968.
L. v. Werder: Sozialistische Erziehung in Deutschland, Frankfurt 1974.

7. Schriften wichtiger Erziehungswissenschaftler:

H. Blankertz: Berufsbildung und Utilitarismus, Düsseldorf 1963.
H. Blankertz: Theorien und Modelle der Didaktik, München 1969.
H. Blankertz: Bildung im Zeitalter der großen Industrie, Hannover 1969.
H. Fend: Sozialisierung und Erziehung, Weinheim 1969.
H. Fend: Konformität und Selbstbestimmung, Weinheim 1973.
H. Fend: Gesellschaftliche Bedingungen schulischer Sozialisation, Weinheim 1974.
H. J. Gamm: Kritische Schule, München 1970.
H. J. Gamm: Das Elend der spätbürgerlichen Pädagogik, München 1972.
H. Giesecke: Die Jugendarbeit, München 1971.
H. Giesecke: Didaktik der politischen Bildung, München 1972.
H. Giesecke: Bildungsreform und Emanzipation, München 1973.
W. Gottschalch: Soziales Lernen und politische Bildung, Frankfurt 1969.
W. Gottschalch: Zur Soziologie der politischen Bildung, Frankfurt 1970.
W. Gottschalch u. a.: Sozialisationsforschung, Frankfurt 1971.
W. Gottschalch: Bedingungen und Chancen politischer Sozialisation, Frankfurt 1972.
H. v. Hentig: Systemzwang und Selbstbestimmung, Stuttgart 1968.
H. v. Hentig: Cuernavaca oder Alternativen zur Schule, Stuttgart 1971.
H. J. Heydorn: Über den Widerspruch von Bildung und Herrschaft, Frankfurt 1970.
H. J. Heydorn: Zu einer Neufassung des Bildungsbegriffs, Frankfurt 1972.
H. J. Heydorn u. G. Koneffke: Studien zur Sozialgeschichte und Philosophie der Bildung, Bd. 1 u. 2, München 1973.
W. Lempert: Leistungsprinzip und Emanzipation, Frankfurt 1971.
W. Lempert: Berufliche Bildung als Beitrag zur gesellschaftlichen Demokratisierung, Frankfurt 1974.
K. Mollenhauer: Einführung in die Sozialpädagogik, Weinheim
K. Mollenhauer: Erziehung und Emanzipation, München 1968.

K. Mollenhauer: Theorien zum Erziehungsprozeß, München 1973.
K. Mollenhauer u. a.: Die Familienerziehung, München 1975.
H. G. Rolff: Bildungsplanung als rollende Reform, Frankfurt 1970.
H. G. Rolff: Sozialisation und Auslese durch die Schule, Heidelberg 1972.
H. G. Rolff u. a.: Strategisches Lernen in der Gesamtschule, Reinbek 1974.

Personen- und Sachregister